VOIX DE FEMMES
VOIES DE PASSAGE

Lise Baroni, Yvonne Bergeron,
Pierrette Daviau et Micheline Laguë

Recherche-action réalisée pour
le Réseau Femmes et Ministères

VOIX DE FEMMES
VOIES DE PASSAGE

PRATIQUES PASTORALES ET ENJEUX ECCLÉSIAUX

aulines

DANS LA MÊME COLLECTION

Virginia RAMEY MOLLENKOTT, *Dieu au féminin. Images féminines de Dieu dans la Bible*

Yvonne BERGERON, *Partenaires en Église. Femmes et hommes à part égale*

© Paulines 1995
Filles de Saint-Paul
5610, rue Beaubien Est
Montréal (Québec) H1T 1X5

ISBN 2-920912-10-0

Maquette de la couverture : *Sylvie Morrissette*

Bibliothèque nationale du Québec
Bibliothèque nationale du Canada
Dépôt légal – 1er trimestre 1995

Cette recherche-action a été rendue possible grâce à une subvention du Conseil de recherches en sciences humaines du Canada.

La publication de cet ouvrage a bénéficié d'une subvention du Fonds Gérard-Dion.

Avant-propos

En 1988, la parution de la recherche *Les soutanes roses*[1] offrait le premier portrait du personnel féminin en pastorale au Québec. Ce fut une révélation. Et aujourd'hui encore les personnes qui découvrent cette étude sont stupéfaites de constater qu'autant de femmes sont engagées en Église. Réalisée à la demande du *Réseau Femmes et Ministères*[2], cette publication, en plus de surprendre les lectrices et les lecteurs, suscita de nombreuses questions chez celles et ceux qui n'avaient pas mesuré l'ampleur du phénomène.

Quant aux membres du Réseau, elles souhaitaient aller plus loin dans la réflexion. Afin d'explorer les multiples avenues déjà ouvertes, il leur paraissait important d'évaluer les enjeux des nouvelles pratiques pastorales que les travailleuses en Église élaborent au quotidien. Cette volonté de donner une suite aux *Soutanes roses* s'affermit particulièrement lors d'une rencontre du

---

1. Sarah BÉLANGER, *Les soutanes roses. Portrait du personnel pastoral féminin au Québec*, Montréal, Bellarmin, 1988.
2. *Le Réseau Femmes et Ministères* est un collectif national fondé en 1982 dont les objectifs sont de :
   – travailler à l'amélioration du statut collectif des femmes en Église,
   – promouvoir l'éducation et la recherche théologique et pastorale concernant le rôle et la place de la femme dans l'institution ecclésiale,
   – sensibiliser le public en général et les leaders ecclésiaux sur la situation des femmes en Église, sur leurs rôles et responsabilités, par des colloques, des sessions, des publications, etc.

Réseau où un partage d'expériences permit le constat de situations nouvelles auxquelles plusieurs commençaient à faire face :

> Cette semaine un homme de soixante-deux ans et un jeune de dix-huit ans m'ont suppliée d'entendre leur confession.
>
> Deux jeunes couples ont insisté récemment pour que je sois le témoin de leur mariage affirmant que c'était avec moi qu'ils avaient cheminé et non avec le prêtre.
>
> Comme intervenante en milieu carcéral, les gars me demandent fréquemment de les confesser et de leur donner l'absolution.
>
> À l'hôpital, les bénéficiaires veulent de plus en plus que ce soit moi qui administre le sacrement des malades[3].

Et la liste des exemples s'allongeait au fur et à mesure que les échanges progressaient. Ces récits illustrent comment les femmes en Église sont de plus en plus sollicitées, non seulement pour accomplir des tâches de suppléance ou d'animation, mais pour exercer des pratiques ministérielles autrefois, et encore maintenant, réservées aux seuls prêtres. De cette rencontre, du cheminement et du questionnement relatifs à la théologie des ministères et de la mission même du Réseau, est né le projet de recherche-action dont nous présentons aujourd'hui les principaux résultats.

Examiner les pratiques des femmes engagées en Église pour en faire une lecture théologique et ecclésiologique devenait une urgence. Tout le groupe s'est alors engagé à collaborer aux entrevues et à participer activement aux diverses étapes du processus de validation de la recherche confiée à une équipe interdisciplinaire de quatre chercheures[4]. Ces dernières ont fait des démarches et

---

3. Toutes les citations sans référence sont extraites des entrevues auxquelles nous avons tenté de rester le plus fidèles possible. Nous nous sommes cependant permis les corrections linguistiques nécessaires pour assurer le passage de la langue parlée à la langue écrite.

4. Les chercheures (nous optons pour ce terme au lieu de chercheuses, plus rarement utilisé dans les milieux de recherche) enseignent aux Universités de Montréal, de Sherbrooke et à l'Université Saint-Paul à Ottawa. Elles ont une formation en théologie systématique, en théologie pastorale, en travail social, en sémiotique et en psychosociologie des groupes. De plus, leurs expériences variées en praxis pastorale a favorisé une mise en commun de connaissances et d'expériences diversifiées et complémentaires.

obtenu, en 1991, une subvention du Conseil de recherches en sciences humaines du Canada[5].

Fruit d'une mise en commun d'expériences, de consultations, d'analyses critiques et d'actions concertées, cette œuvre collective dépasse le travail de réflexion et d'écriture des quatre chercheures. Elle résulte de la prise en charge d'une recherche-action amorcée et soutenue par l'ensemble des membres du Réseau Femmes et Ministères et a requis la collaboration de nombreuses travailleuses en Église. Plus encore, elle est parole écrite de près de deux cent vingt-cinq répondantes de vingt-six diocèses francophones du Canada, qui ont osé émettre une parole existentielle pour décrire leurs pratiques, leurs perceptions, leurs visions, leurs appels intérieurs. Retentissent aussi tout au long du parcours leurs motivations humaines et spirituelles pour construire une Église vivante aux couleurs de l'Évangile du Christ.

Malgré les différences de leurs milieux (géographique, social ou pastoral), les répondantes manifestent clairement l'intention ferme de s'insérer dans une nouvelle manière de faire Église. Les témoignages généreux et authentiques ont exigé l'engagement intellectuel et affectif de chaque participante de même qu'une disponibilité à la critique et à la remise en question. Ces expressions illustrent déjà fort bien la capacité d'évolution des agentes au triple plan des mentalités, des rapports interpersonnels et des pratiques ecclésiales.

Par ailleurs, si l'engagement des femmes dans l'Église est devenu un phénomène dont l'ampleur n'est plus à démontrer, leur contribution est-elle reconnue et rétribuée à sa juste valeur? Que pensent de leur situation les femmes rencontrées? Comment voient-elles leurs ministères et leur place dans l'institution ecclésiale? Quelles sont leurs aspirations, leurs motivations, leurs requêtes? Avec ouverture et simplicité, elles nous ont fait part de leur conception de l'Église, des chemins parcourus et à parcourir, des avancées et des reculs dont elles sont témoins au quotidien.

---

5. Cette subvention a permis l'embauche d'une assistante de recherche et d'une secrétaire ainsi que l'achat de matériel informatique; elle a également contribué à défrayer les coûts de transport et de logement lors des entrevues et des rencontres de travail des chercheures.

Avec ardeur, elles nous ont partagé les luttes à mener pour que l'univers ecclésial devienne plus conforme aux valeurs évangéliques de justice, d'égalité, de liberté et de vérité qu'elles recherchent. De notre côté, nous avons voulu être fidèles à leurs témoignages de vie « en honorant leurs paroles et leurs pratiques[6]» et en y discernant les promesses d'avenir.

Après avoir exposé les buts de cette recherche et la méthodologie adoptée (chapitre 1), nous donnerons immédiatement la parole aux femmes en laissant émerger, à partir de quatre signifiants récurrents, les composantes de leurs pratiques (chapitre 2). Nous regrouperons ensuite ces dernières sous des profils qui font ressortir les configurations globales du paysage ecclésial dans lequel elles évoluent (chapitre 3). Puis, à l'aide des catégories de l'appel, de l'acculturation et de l'interdépendance, nous nous attarderons aux fondements évangéliques de la pratique des femmes interviewées (chapitre 4). Cela rendra possible l'interprétation théologique que nous faisons sous l'axe unificateur du concept de *réception* (chapitre 5). Finalement, en formulant des enjeux qui nous paraissent majeurs dans l'Église et la société d'aujourd'hui (chapitre 6), nous redonnerons la parole, non seulement aux interviewées, mais à tous ceux et celles qu'habite la passion d'une humanité et d'une Église à libérer.

---

6. Expression d'une femme, membre du Réseau.

CHAPITRE 1

UNE AUTRE RECHERCHE
SUR LES FEMMES

Les deux dernières décennies ont vu apparaître de nombreux fruits du travail et de la présence des mouvements de femmes dans les secteurs socioculturels, politiques et religieux de notre pays. La nouveauté de ce phénomène a fait émerger l'importance du rôle des femmes sur ces diverses scènes; elle met au défi plusieurs manières de penser et d'agir de la société et questionne dans leurs fondements les rapports hommes/femmes. Dans notre société occidentale, y compris dans la plupart des milieux d'Église, on fait, en général, un bilan positif des luttes des femmes depuis la Deuxième Guerre mondiale. On s'entend pour affirmer que l'égalité entre les hommes et les femmes est un projet en cours de réalisation et admis dans la majorité des secteurs professionnels. Des gains indéniables ont été obtenus.

Pourtant les statistiques et la vie concrète prouvent qu'il existe un décalage profond entre la théorie et les pratiques, entre les droits reconnus et les droits accordés, entre les modèles proposés et leur mise en œuvre. Les mentalités individuelles et collectives renvoient encore bien rapidement les femmes à leurs tâches ménagères. Plusieurs acceptent encore trop facilement de demeurer minoritaires et sous-payées dans la plupart des professions libérales[1]. Ainsi, dans différents milieux de travail, des femmes

---

1. Dans son avis sur la violence faite aux femmes, le Conseil du statut de la femme établit des liens entre l'inégalité et la violence : « La violence apparaît à la fois comme une conséquence de l'infériorisation des femmes

sont toujours objets de discrimination plus ou moins avouée, plus ou moins subtile[2]... Celle-ci se vérifie entre autres dans l'attribution des tâches et des rôles, dans des conditions d'emploi moindres et dans leurs salaires inférieurs. La discrimination structurelle et systémique persiste également dans la plupart des secteurs de vie de la société[3]. Quant aux milieux religieux, même si on y fait de belles déclarations concernant l'égalité fondamentale des hommes et des femmes[4], les modèles traditionnels masculins continuent à régler les structures et les rôles d'une part, et à dicter, d'autre part,

---

dans la société et comme une façon de perpétuer l'inégalité entre hommes et femmes en remettant celles-ci à leur "place".» *Pour que cesse l'inacceptable : avis sur la violence faite aux femmes*, Conseil du statut de la femme, Gouvernement du Québec, 1993, p. 2.

2. *Le Devoir* du 11 octobre 1993, en citant la politique québécoise en matière de condition féminine, écrit : « Une proportion de 42,1 % des femmes travaillent dans les 10 principales professions féminines tandis que seulement 23,8 % des hommes œuvrent dans les 10 principales professions masculines. Pour atteindre le même ratio que les femmes, il faut en compter, pour les hommes, une trentaine. La représentation des femmes s'est accrue dans certaines professions traditionnellement masculines, mais également dans la plupart des professions féminines, accentuant ainsi la ségrégation professionnelle [...]. Dans un contexte démographique où la main-d'œuvre se raréfie, la ségrégation professionnelle représente un obstacle à l'utilisation optimale des ressources humaines. Elle est aussi source d'inégalité pour les femmes qui ont un accès moindre au large éventail des professions. »

3. Un autre article dans *Le Devoir* du 23 septembre 1993 note : « La profession juridique est dominée par des valeurs blanches et masculines. La pratique du droit crée un environnement hostile aux femmes. Voilà ce qu'affirme un rapport dévastateur rendu public par le Barreau canadien. [...] Le constat du groupe est sévère : les avocates sont victimes de discrimination aussi bien de la part de leurs collègues que de celle des juges. Elles gagnent moins que leurs homologues masculins, sont très souvent l'objet de harcèlement sexuel, voient leurs possibilités de carrière restreintes et ont moins de chance de se faire proposer le statut d'associées dans un cabinet. »

4. Le Pape, dans sa lettre sur la dignité de la femme, promulguée à l'occasion de l'année mariale, insiste d'ailleurs sur ce caractère égalitaire de nature entre les hommes et les femmes. Cf. JEAN-PAUL II, Lettre apostolique *La dignité et la vocation de la femme*, **Mulieris Dignitatem**, 1988. Cette affirmation contraste évidemment avec de nombreux autres textes des papes sur le statut inférieur des femmes. Cf. *La femme dans l'Enseignement des Papes*, Introduction, choix et ordonnance des textes par les moines de Solesmes, Solesmes, 1982.

les décisions et les pratiques. Faut-il rappeler, en effet, que dans l'Église catholique, les femmes sont toujours exclues de certaines fonctions, c'est-à-dire de celles relatives aux ministères ordonnés (diaconat, presbytérat, épiscopat)? Encore aujourd'hui, l'Église considère leur «accession» à certaines tâches ministérielles comme un privilège provisoire parce que résultant davantage du manque de prêtres ou du vieillissement de ces derniers que d'un choix délibéré. Ainsi cherche-t-elle à contourner cet inévitable défi du partenariat réel entre prêtres et laïques et refuse-t-elle de discuter la brûlante question du sacerdoce des femmes[5].

Or, depuis les vingt dernières années, les laïques (et parmi eux, une très large majorité de femmes[6]) sont de plus en plus présents dans des tâches ministérielles. Malgré les restrictions romaines, les femmes exercent de plus en plus les ministères de la Parole, de la sacramentalisation, de la miséricorde et parfois même du gouvernement. La présente recherche démontre clairement que, dans la pratique, plusieurs travailleuses en Église exercent des ministères, hier encore exclusivement réservés aux clercs, sans cependant en recevoir la reconnaissance officielle et sans se voir attribuer le statut correspondant à leurs responsabilités[7]. En nombre croissant également[8], des théologiennes questionnent le discours ecclésial

---

5. JEAN-PAUL II interdit même de considérer la question comme encore «ouverte au débat...», cf. Lettre apostolique *Sur l'ordination sacerdotale exclusivement réservée aux hommes*, **Ordinatio Sacerdotalis**, Cité du Vatican, Libreria Editrice Vaticana, 22 mai 1994, n° 4. Lettre publiée aussi dans *L'Église canadienne*, 27/8, 1994, p. 225-226.

6. Une approximation basée sur les chiffres fournis par les diocèses lors du sondage et comparés avec les statistiques officielles des diocèses fournies dans l'*Almanach populaire catholique 1993*, Québec, Revue Sainte-Anne, 1993, permet d'estimer que les femmes, laïques et religieuses, constituent actuellement plus de 70% des ressources humaines de l'Église francophone du Québec.

7. Voilà pourquoi la recherche veut contribuer à la clarification d'un statut pour les agents de pastorale. Au Canada, jusqu'à aujourd'hui, les femmes travaillant en Église sont répertoriées par le Conseil du statut de la femme dans la catégorie «femmes au travail non classées ailleurs» (catégorie 99) alors que le Bureau de Statistiques Canada les classifie parmi les «membres du clergé et assimilés» (catégorie 25).

8. Non seulement le nombre de femmes théologiennes s'est-il accru considérablement depuis les vingt-cinq dernières années, mais les diverses facultés de théologie du pays ont une population étudiante davantage

dominant. Avec des praticiennes, elles analysent la situation et proposent de nouvelles manières de faire communauté. De leur côté, les interviewées ont été ouvertes à la discussion en vue d'apporter des solutions à cette opposition de moins en moins acceptable entre Église d'hommes et Église de femmes, Église cléricale et Église laïque, Église de chrétienté et Église de diaspora.

Ce faisant, ne prolongent-elles pas la mémoire des nombreuses femmes[9] dont la présence active a marqué l'Église canadienne depuis le début de la colonie? Nous pensons particulièrement aux fondatrices (dont celles de Montréal) qui ont grandement contribué à la naissance et à la consolidation de l'Église d'ici tout au long de son évolution. Soulignons l'influence des religieuses novatrices en éducation, dans l'action caritative, dans la gestion des services de santé et des services sociaux, dans les secteurs de la formation des jeunes filles. De grandes figures parmi elles ont marqué nos divers mouvements sociaux et ecclésiaux. Toujours présentes dans la vie sociale et ecclésiale, les femmes sont restées souvent dans l'ombre des évêques ou des clercs.

Enfin, revenant aux répondantes, mentionnons que la qualité de leurs pratiques, l'importance de leur nombre, la solidité de leur formation, la reconnaissance de leurs compétences par les chrétiennes et les chrétiens ne sont plus à démontrer. La force et la pertinence de leurs actions au cœur des communautés, les appels intérieurs de plusieurs à exercer un ministère au sein de l'Église interrogent fondamentalement le fait qu'elles ne soient pas reconnues comme membres à part entière de cette Église.

Ainsi, une réflexion en profondeur sur les diverses pratiques des femmes en Église invite donc à remettre en cause la façon dont l'Église-Institution interprète la Tradition. En effet, une véritable praxis[10] ecclésiale amorcée par des femmes se répand de plus en

---

féminine que masculine. À titre d'exemples, l'Université de Montréal en compte 62,4%, l'Université Saint-Paul (Ottawa), 55% et l'Université Laval, 54%.

9. Est-il nécessaire de mentionner ici les Marie de l'Incarnation, Marguerite Bourgeoys, Marguerite d'Youville, Jeanne Mance et plus récemment les Marie Gérin-Lajoie et Simonne Monet-Chartrand, sans compter ces nombreuses éducatrices qui ont formé des croyants et des croyantes influents?

10. La praxis peut se définir comme un ensemble de pratiques et/ou d'actions ordonnées à une certaine fin, par opposition à vision ou à théorie.

plus en Occident, plus particulièrement en Amérique du Sud et chez nous. Cela soulève des questions fondamentales qui dépassent la reconnaissance de « l'égalité de nature » pour poser plus profondément le problème de l'égalité au niveau des fonctions ministérielles des femmes et des hommes dans l'Église.

Buts de la recherche

Partant de ces premiers constats et de l'étude sociologique de Sarah Bélanger qui décrit globalement la situation, les conditions de travail et les motivations des femmes engagées dans des tâches pastorales[11], nous porterons un regard plus attentif sur les pratiques elles-mêmes pour en dégager les constantes et les configurations aux plans sociologique, pastoral et ecclésial.

Notre intention majeure est de vérifier si une vision nouvelle de l'Église et des ministères émerge de la pratique pastorale exercée par des femmes dans les diocèses francophones du Canada. Nous ne cherchons pas uniquement à éclairer l'engagement actuel des femmes à la lumière du discours théologique et des grandes données de la Tradition, mais à esquisser un nouveau profil de leurs fonctions pastorales. Cela nous conduit à montrer en quoi les pratiques des femmes mettent en cause les normes disciplinaires de l'Église concernant les ministères et spécialement le ministère ordonné. Cela oblige, par le fait même, à questionner les principes pastoraux qui président aux décisions dans l'Église.

Cette recherche veut aussi identifier les conséquences praxéologiques qui se dégagent des exigences de la mission de l'Église et les avenues ouvertes par la reconnaissance non équivoque de cette mission. Réarticuler une théologie des ministères qui soit une réponse aux exigences de la mission et aux besoins des communautés chrétiennes d'aujourd'hui nous apparaît une nécessité. L'émergence de laïques dans des fonctions pastorales, et plus encore celle des femmes, questionne la Tradition, le type d'insertion culturelle et la structure organisationnelle de l'Église actuelle.

---

11. *Les soutanes roses, op. cit.*

Nous souhaitons également préciser ce que les femmes entendent par « nouveau modèle d'Église » et contribuer à son instauration. Ce renouvellement comporte des enjeux et des défis prioritaires dont il faudra tenir compte pour construire une Église vivante. Trop souvent, sous le couvert du respect des traditions ou de différences culturelles, des vérités gênantes sont passées sous silence. Refusant cette option, nous prévoyons faire connaître les conclusions de cette étude, et ce, particulièrement aux groupes concernés (Églises, groupes de décideurs, mouvements de femmes, agentes de pastorale, public plus large). Nous désirons par là soutenir les efforts de changement déjà entrepris, susciter des actions concertées et développer des stratégies efficaces pour une transformation des mentalités, des comportements et des structures discriminatoires. Nous espérons même que cette recherche, d'une façon ou d'une autre, exerce quelque influence en des lieux dépassant nos frontières et manifeste notre solidarité avec des femmes toujours aux prises, dans les faits, avec la reconnaissance de leurs droits fondamentaux.

Méthodologie

Analyser et questionner les pratiques des femmes en Église afin de découvrir l'ecclésiologie qui s'en dégage, les nouveautés qui s'y logent, nous oblige à choisir une méthodologie de recherche axée sur la réalité-terrain. La méthode de la recherche-action jointe à certaines caractéristiques de la recherche féministe nous offre un cadre à la fois pratique et thématique. En effet, selon les analystes, ces deux méthodes tendent à unir ce que la recherche classique sépare souvent : « la théorie et la pratique, la recherche et l'action, l'individuel et le communautaire, l'affectif et l'intellectuel[12] ». Il nous apparaît que la complicité alliant ces deux dimensions propose un savoir susceptible de remettre en question les structures existantes, souvent responsables d'inégalités, pour promouvoir les droits humains, la solidarité et le partage réel des richesses et du pouvoir[13].

---

12. Robert MAYER et Francine OUELLET, *Méthodologie de recherche*, Chicoutimi, Gaëtan Morin, 1992, p. 104.
13. Cf. Lucie BÉLANGER, « Une heureuse rencontre des savoirs », dans *Bulletin du RQCF* (Réseau Québécois des Chercheuses Féministes) 3/3, 1994, p. 9.

14

Ces deux méthodologies combinées (recherche-action et recherche féministe) relèvent davantage d'une approche qualitative qui privilégie le vécu comme base de recherche et d'action. Ce type de recherche nécessite un processus dans lequel actrices et chercheures interagissent, partagent le vécu, posent les problèmes et cherchent ensemble à les solutionner en vue d'enrichir la collectivité et les individus tant aux plans cognitif, affectif que pragmatique. Partir de la pratique des femmes en Église pour y cerner les constantes, les divergences, les piétinements et les nouveautés implique de travailler sur une réalité changeante. Aussi importe-t-il de revenir constamment à cette réalité afin d'en préserver la richesse et d'assurer la justesse de l'interprétation. Le défi consiste ici à rester collé à ce qui se pratique *de facto* et non à ce que l'on souhaiterait qu'il se fasse.

On ne peut se le cacher, la recherche empirique, et par conséquent la recherche-action et la recherche dite féministe, n'ont pas encore acquis leurs lettres de noblesse dans le monde universitaire davantage préoccupé du « haut savoir ». En effet, ce combiné « fait appel à une révolution épistémologique où la dite objectivité est soupçonnée de dissimuler sous une neutralité et une rigueur apparentes l'engagement servile à l'égard des pouvoirs de domination et d'exploitation[14] ». En choisissant une méthodologie axée sur le changement, nous nous inscrivons dans une démarche qui suppose un investissement énorme sur le terrain et une grande proportion de temps accordée à discuter entre nous et avec les praticiennes. Aussi sommes-nous conscientes de rester en marge de la recherche dite traditionnelle pour nous aventurer dans un corridor encore peu exploré.

Recherche-action

La recherche-action, surtout utilisée dans les sciences sociales, éducationnelles et administratives, comporte explicitement une finalité d'intervention sociale impliquant l'éducation et la formation des personnes engagées dans la démarche ou concernées par elle. Les participantes comme les chercheures de cette présente recherche

---

14. *Ibid.*, p. 9.

se sont donc compromises dans un processus de conscientisation et d'analyse critique qui débouchera, nous le souhaitons, sur des interventions renouvelées à l'intérieur de l'institution ecclésiale. La composition de l'équipe multidisciplinaire des chercheures a favorisé la collaboration, la concertation et les échanges de points de vue. Cela a permis une meilleure connaissance des conditions et de l'impact du vécu des femmes en Église et un traitement plus équitable des acquis susceptibles d'être généralisés.

Nous le voyons, cette étude allie la pensée théorique à l'intervention. Travailler avec des groupes extérieurs, analyser avec eux les problèmes de leur milieu, les aider à les percevoir plus nettement et à prendre en charge les principaux enjeux de leur vie collective suppose un nouveau rapport au savoir, une façon particulière de concevoir la recherche. Dans une telle démarche, la méthode elle-même présente un véritable défi méthodologique et stratégique puisque l'objet est défini en fonction d'une expérience ou d'un problème concret plus ou moins immédiat. Dans le cas présent, il est relié au champ encore jeune et fluctuant *des pratiques des femmes en Église.*

Notre problématique ne s'est donc pas définie à partir de théories ou d'hypothèses préalables à confirmer ou à infirmer. Elle s'est articulée en fonction d'une situation concrète et nouvelle, celle de l'arrivée massive des femmes en pastorale. Nous le savions au départ, les données recueillies ont peu de valeur quand on les considère comme des variables isolées. Elles en acquièrent davantage lorsqu'elles sont inscrites dans un processus de changement social en cours de réalisation et mises en relation les unes aux autres. Il nous a fallu ainsi respecter le processus circulaire qui fonctionne selon une logique en « spirale », plutôt que linéaire, selon laquelle un cycle se complète par une interprétation, une conclusion et une prise de décision qui entraînent elles-mêmes un autre cycle, également basé sur la réflexion et l'action. Voilà d'ailleurs ce que nous espérons provoquer en retournant auprès des femmes interviewées pour les informer des conclusions de la présente recherche.

Cette attitude participative, alliant l'observation à l'interaction directe, instaure une relation de sujet à sujet entre toutes les partenaires sans toutefois exclure la distance critique. Pour l'équipe de recherche, en effet, il s'agit d'élaborer une théorie «provisoire» et non pas de recueillir des informations à partir d'une problématique et d'un cadre qui orienteraient les données (ce qui ne dispense pas le savoir théorique de répondre aux exigences de pertinence et d'efficacité). Cela suppose bien évidemment la cueillette des conclusions des autres recherches, des études et idées sur le sujet[15]. Cela exige avant tout de faire s'exprimer les femmes sur leurs pratiques et sur la perception qu'elles ont de leur travail, ce à quoi nous nous sommes longuement consacrées, sachant pertinemment que cela ne va pas toujours de soi comme le signale une collègue :

> N'assistons-nous pas depuis quelques années à un profond choc des cultures entre chercheures et praticiennes militantes plutôt qu'à la belle aventure « tissée serrée » des premières heures de la recherche féministe? Est-ce que cette folle et envoûtante conviction du coude à coude pour porter le projet de changer le monde nous habite et nous relie toujours[16]?

Si la méthodologie de la recherche-action constitue un lieu privilégié d'interactions, un riche va-et-vient entre théorie et pratique, les exigences imprévisibles du terrain et la formation variée des chercheures constituent aussi un obstacle à surmonter pour rester fidèle au « vécu des femmes » tout en maintenant la rigueur scientifique. Nous n'avons pas échappé à cette difficulté, en particulier en dégageant les composantes idéologiques sous-jacentes aux

---

15. Nous voulons ici rendre compte des principales recherches récentes consultées dans le champ des études pastorales et féministes :
– Sarah DÉLANGER, *Les soutanes roses, op. cit.*
– Yvonne BERGERON, *Partenaires en Église. Femmes et hommes à part égale*, Montréal, Éditions Paulines, 1991.
– Anita CARON (dir.), *Femmes et pouvoir dans l'Église*, Montréal, VLB, 1991.
– Simonne MONET-CHARTRAND, *Pionnières québécoises et regroupements de femmes d'hier à aujourd'hui*, Montréal, Remue-Ménage, 1990.
– Monique DUMAIS, *Les droits des femmes*, Montréal/Paris, Éditions Paulines/Médiaspaul, 1991.
– Monique DUMAIS et Marie-Andrée ROY, *Souffles de femmes. Lectures féministes de la religion*, Montréal/Paris, Éditions Paulines/Médiaspaul, 1989.
– Jean-Marc GAUTHIER et Jean-Marc CHARRON, *Entre l'arbre et l'écorce. Un monde pastoral en tension*, Montréal, Fides, 1993.
16. L. BÉLANGER, « Une heureuse rencontre des savoirs », *loc. cit.*, p.10.

pratiques et aux discours des répondantes. En effet, à partir des données recueillies, les chercheures deviennent les interprètes des valeurs, des perspectives pastorales, des savoirs et des projets ecclésiaux présents dans les pratiques. Car le but de la recherche empirique — faut-il le rappeler? — est d'attirer l'attention sur les tensions existantes dans un système, sur les nouveautés qui émergent ou sur des tendances répétitives, récupératrices de modèles passés.

Dimension féministe de notre recherche

C'est à cet égard particulièrement que l'approche féministe de notre recherche se précise. En effet, la logique de la recherche-action menée jusqu'à son point ultime conduit à se rallier à un mouvement social pour traduire ses aspirations, ses tensions, ses visions. Dans cette optique notre étude se rapproche de la méthodologie propre à la recherche féministe. En effet, la seule recherche-action (pas plus d'ailleurs que la recherche classique) n'est pas nécessairement libératrice des populations avec lesquelles elle travaille. Or, aller jusqu'au bout d'un projet entrepris avec un groupe qui souffre des inégalités d'un système quel qu'il soit conduit éventuellement les intervenantes comme les chercheures à se

> relier à un projet [qui] s'allie aux secteurs identifiés comme marginalisés, opprimés; elle [la recherche féministe] fait cause commune avec leur destin et essaie de mettre le potentiel libérateur de la connaissance et de la science à leur service[17].

Portant sur les femmes, réalisée par des femmes et avec des femmes, cette étude s'insère dans un courant « lié, par ses postulats, au féminisme, donc à l'objectif ultime de transformation des rapports sociaux de sexe[18] ». S'inscrivant en solidarité avec les femmes en Église, dont les initiatives et les luttes pour la transformation des structures et des mentalités se retrouvent au cœur des

---

17. Francine DESCARRIES et Christine CORBEIL, « La recherche-action, un défi féministe à relever », dans *Cahiers réseau de recherches féministes*, 1, p. 7, citées par L. BÉLANGER, *ibid.*, p. 10.

18. *Méthodologie de recherche, op. cit.*, p. 207.

entrevues, notre recherche s'apparente en quelque sorte aux recherches dites féministes. Une revue de la littérature récente le confirme : de très nombreuses recherches réalisées ces dernières années s'intéressent aux conditions de travail des femmes, à leur carrière professionnelle ou politique, à leur difficile insertion sociale et culturelle[19].

Celle que nous présentons concerne le milieu restreint de l'Église catholique francophone d'ici, principalement l'Église du Québec. Nous savons que l'Église catholique romaine demeure un des derniers bastions à ne pas reconnaître aux femmes la pleine égalité fonctionnelle. Pourtant, nous l'avons déjà évoqué, les femmes exercent de plus en plus de fonctions réservées jusqu'à récemment aux seuls ministres ordonnés. Cette situation n'en finit pas de causer des malaises profonds tant chez les femmes que chez des hommes laïques et chez certains clercs. Aussi la volonté d'aller au-delà de l'intuition du sens commun nous convie-t-elle, par le présent travail, à une analyse critique et systématique des pratiques vécues.

Bien que ne s'alliant pas à un projet de militance féministe, les analyses et les conclusions de cet ouvrage se prononcent quant à la situation des femmes en Église. Si nous ne prétendons pas modifier les comportements ou transformer les mentalités, nous espérons toutefois conscientiser un certain nombre d'individus à l'intérieur et à l'extérieur de l'Église et, par là, promouvoir des prises de position pour une action libératrice concernant la place des femmes dans le champ de la pastorale et de l'Église dans son ensemble. En ce sens, nous ouvrons sur des propositions d'actions concrètes à entreprendre donnant raison aux justes réclamations

19. Nous voulons en signaler quelques-unes qui rejoignent notre observation et notre méthodologie :
– En collaboration, *Femmes en tête. De travail et d'espoir. Des groupes de femmes racontent le féminisme*, Montréal, Remue-Ménage, 1990.
– Pauline FAHMY, *Femmes entre vie et carrière. Le difficile équilibre*, Montréal, Adage, 1992.
– N. GUBERMAN, J. LEBLANC, F. DAVID, J. BELLEAU, *Un mal invisible. L'isolement social des femmes*, Montréal, Remue-Ménage, 1993.
– Chantal MAILLÉ, *Les Québécoises et la conquête du pouvoir. Enquête sur l'émergence d'une élite politique féminine au Québec*, Montréal, Saint-Martin, 1990.
– Marisa ZAVALLONI (dir.), *L'émergence d'une culture au féminin*, Montréal, Saint-Martin, 1987.

entendues lors des entrevues. Un parti pris favorable aux femmes teinte donc notre écriture et nos propos en vue d'apporter notre modeste contribution à ce courant de transformation de la réalité des femmes engagées dans l'Église. En effet, nous sommes convaincues que leur apport est loin d'être négligeable dans ce vaste concert du mouvement féministe qui vise le changement social par la libération du dynamisme encore peu exploité des femmes. Notre approche rejoint ainsi au sens large celle des études féministes dont le « lieu de consensus est une volonté de produire un savoir renouvelé et intégré, susceptible de contribuer [...] à la redéfinition de nouveaux rapports homme-femme[20] ».

D'autre part, si cette recherche ne se réclame pas de la « théologie féministe », elle n'en porte pas moins un regard de féministes sur la théologie. En effet, poser un regard critique sur les différences injustifiées maintenues entre les femmes et les hommes et sur l'interprétation qu'en donne l'Église, et les analyser sous l'angle du pouvoir, n'est-ce pas s'inscrire dans une démarche féministe s'apparentant aux objectifs d'une certaine théologie de la libération ? S'il y a une manière féministe de chercher et de connaître, y aurait-il une façon de gérer l'Église qui soit différente du modèle patriarcal encore prédominant dans le discours théologique et dans le code canonique qui régit les pratiques ?

Au-delà des questions de méthodologie, notre projet veut favoriser plus de justice, d'autonomie et d'égalité au sein d'une institution hiérarchique et masculine. Cette égalité, cette justice se vivent et s'expriment principalement au cœur du quotidien. Voilà pourquoi les paroles et les pratiques, les expériences et les confidences des deux cents répondantes constituent notre principal matériau d'analyse, notre point de référence constant.

Échantillonnage

La perspective qualitative pour laquelle notre collectif a opté n'exigeait pas que les personnes choisies soient statistiquement représentatives de la population globale de l'Église. Les interviewées

---

20. Ruth ROSE, citée dans L. BÉLANGER, « Une heureuse rencontre des savoirs », *loc. cit.*, p. 9.

demeurent pourtant des témoins privilégiées en regard de l'objet de notre étude. En recherche qualitative « le but de l'échantillonnage est de produire le maximum d'informations : qu'il soit petit ou grand importe peu pourvu qu'il produise de nouveaux faits[21] ». L'échantillonnage retenu met particulièrement en évidence les réalités vécues par les femmes et par les diverses communautés où elles œuvrent. Tenant compte de la variété des secteurs pastoraux et géographiques, nous avons privilégié la représentativité selon les milieux, même si le nombre de répondantes n'est pas directement proportionnel à celui des femmes travaillant dans tel type de pastorale ou dans tel diocèse. On parle ici « d'échantillonnage stratifié non proportionnel[22] ».

L'entrevue semi-dirigée[23] s'est avérée rapidement le meilleur outil de recherche et d'intervention. Pour favoriser une interaction maximale entre les participantes et optimiser le nombre de personnes consultées dans un minimum de temps, les interviews ont été menées majoritairement avec des groupes de deux à cinq personnes. Cette technique de l'entrevue de groupe fournit beaucoup d'informations; elle permet aussi de créer des rapports relationnels féconds et des échanges productifs et facilitants. Un autre avantage de ce « type d'entrevue de non-directivité mitigée » consiste à accorder plus de place à la spontanéité des interlocutrices, les questions ouvertes établissant un climat de confiance et de partage d'expériences.

Ainsi, nous avons cherché dans les rencontres de groupe[24] à couvrir l'ensemble des secteurs (paroissiaux, diocésains, scolaires,

21. J.-P. DESLAURIERS, cité dans *Méthodologie de recherche, op. ch., p. 40.
22. *Ibid.*, p. 382.
23. « L'entrevue semi-dirigée utilise un guide d'entretien qui permet de centrer le propos du narrateur sur certains termes limités par la recherche », *ibid.*, p. 455. Sauf une question ouverte, toutes les autres questions de l'entrevue portaient sur les visions d'Église, les pratiques nouvelles, les ministères, la reconnaissance, etc. Le questionnaire des entrevues, administré avec l'aide des membres du Réseau Femmes et Ministères et celles du Réseau des répondantes diocésaines à la condition des femmes, se retrouve en annexe I.
24. Nous avons réalisé soixante-douze entrevues de groupe d'une durée de quarante-cinq minutes à trois heures chacune; quelques rencontres individuelles ont aussi eu lieu; près de deux cent vingt-cinq femmes ont ainsi participé à notre recherche.

institutionnels) où œuvrent les femmes. Les tâches de ces dernières sont des plus variées; elles vont de l'administration et de la gestion aux fonctions liturgiques et pastorales en passant par des tâches de miséricorde et d'animation[25]. L'ensemble des diocèses du Québec a été presque entièrement couvert par les rencontres[26]; quelques diocèses francophones de l'Ontario et du Nouveau-Brunswick ont aussi été impliqués[27].

Au-delà des frontières géographiques, toutes les interviewées partagent un engagement au service de l'Église pour annoncer une Bonne Nouvelle au cœur du monde.

Venues d'horizons divers, mais toutes reliées par le dynamisme d'un peuple en marche, ces femmes parlent, agissent et transforment le visage de l'Église. Elles convoquent ses dirigeants à une fidélité toujours plus grande au message fondateur. Écoutons-les nous raconter leurs pratiques. Leurs *VOIX* proposent des *VOIES DE PASSAGE* vers un partenariat intégral entre chrétiens et chrétiennes qui exprimerait la manière évangélique de vivre la communauté des disciples égaux du Christ. Puissent-elles être entendues dans l'ensemble des milieux, à l'intérieur comme à l'extérieur de l'Église.

---

25. Nous proposons une classification de l'éventail des fonctions énumérées par les répondantes en annexe II.
26. Amos, Baie-Comeau/Hauterive, Chicoutimi, Gaspé, Gatineau/Hull, Sherbrooke, Labrador/Schefferville, Montréal, Nicolet, Québec, Saint-Hyacinthe, Saint-Jean-Longueuil, Saint-Jérôme, Trois-Rivières, Valleyfield.
27. En Ontario : Alexandria/Cornwall, Hearst, Sault-Sainte-Marie, Ottawa, Timmins. Au Nouveau-Brunswick : Edmundston et Moncton.

CHAPITRE 2
PAROLES ET PRATIQUES
DE FEMMES CROYANTES

Entrer dans un univers expérientiel[1] sans le figer; «écouter», plutôt que «lire», avec un immense respect des pages et des pages de récits; donner forme, sans trahison, à un discours balbutiant la vie; voilà le défi colossal de ce chapitre. Une conviction profonde nous habitait. Il y avait là des éléments précieux pour une pratique ecclésiale instituante et un savoir théologique renouvelé. Pour en faciliter le surgissement, il a fallu abandonner nos anciennes grilles, nos cadres intellectuels rigides et accepter l'épreuve d'un questionnement renouvelé par la vie. Avant de *prouver*, il fallait *s'éprouver*. C'est-à-dire «théoriser en marchant, en se mouvant, en s'émouvant à la mesure de ses pas et de ses moyens, au gré des surprises, des désarrois, que le monde réserve à celui qui s'y rend réellement[2]».

Et comme dans le va-et-vient qui rythme le cœur, il faut s'immerger, puis s'isoler pour garder une ouverture, pour savoir capter la différence, pour rester libre. Il s'agit de procéder par

---

1. Un néologisme employé en philosophie positive pour éviter l'équivoque «empirique». Cf. «Expérientiel», dans André LALANDE, *Vocabulaire technique et critique de la philosophie*, Paris, Presses Universitaires de France, 1985, p. 323.

2. Alain MÉDAM, «Des grilles et des vies», dans *Revue internationale d'action communautaire*, Montréal, Saint-Martin, 15/55, 1986, p. 153.

« approches concentriques, par sédimentations successives[3] ». Il n'est plus besoin d'une théorie exclusive; toutes les perspectives intellectuelles sont nécessaires. Si, dans un premier temps, on n'y voit plus rien, c'est parce qu'on y voit tout à la fois. Peu à peu, l'intelligence s'ouvre, des perspectives se dessinent, des formes prennent sens, des sons ressortent, des liens commencent à s'élaborer.

Voilà comment a émergé, lentement, laborieusement, une articulation honnête et juste, souhaitons-le, du discours des femmes rencontrées. Nous avons choisi d'analyser quatre signifiants particuliers : leurs relations, leurs pratiques, leurs contextes et leurs horizons de sens[4]. Tout à fait aléatoire, l'ordre de présentation n'exprime aucune gradation quelconque dans les récits. Il ne sert qu'à exposer, d'entrée de jeu, un premier niveau d'analyse, en fournissant à la parole des répondantes un cadre interprétatif qui en souligne la valeur. Cette parole occupera beaucoup de place, la méthodologie d'une recherche-action ne craignant pas la subjectivité :

> La subjectivité n'est plus un handicap ou une tare qu'il faut éliminer, mais bien plutôt un tremplin permettant d'avoir une vue plus complète de l'existence sociétale. Accepté en tant que tel le subjectif peut être le passage pour saisir l'intersubjectif, c'est-à-dire l'altérité ou la communication qui devient une préoccupation de plus en plus fréquente[5].

C'est à ce nouvel apprentissage du savoir que nous avons été conviées.

---

3. Michel MAFFESOLI, *La connaissance ordinaire. Précis de sociologie compréhensive*, Paris, Librairie des Méridiens, 1985, p. 28.
4. Nous aurions pu choisir d'autres référents, tels les sentiments, le langage, l'énonciation, etc. Visant à cerner surtout les pratiques des femmes, nous avons travaillé ceux qui s'y rapportaient davantage.
5. *La connaissance ordinaire, op. cit.*, p. 226.

LES FEMMES ENGAGÉES EN ÉGLISE
ET LEURS RELATIONS

Depuis le début des années 80, de nombreuses études en sciences sociales se sont appliquées à démontrer une désaffection notable pour les grandes idéologies sociales, politiques et économiques, pour les constructions rationnelles du sens, pour les relations longues et indirectes, pour les médiations institutionnelles de toutes sortes. Pendant qu'en surface, une course effrénée au progrès technologique se poursuit, de larges couches souterraines de la socialité sont à rebâtir un tissu humain plus chaud, fait de proximité et de relations proches. On ne parle plus ici de tendance mais de fait social assuré. Au Canada, et au Québec particulièrement, toutes les institutions sont touchées, y compris l'Église. Dernièrement encore, une recherche réalisée auprès du personnel pastoral du diocèse de Saint-Jérôme mentionnait la forte connotation relationnelle des approches pastorales féminines :

> Cette forte composante affective, dans les entrevues, est majoritairement portée par les femmes. Ce sont elles qui élaborent le plus sur l'importance de la relation pour elles-mêmes et pour ceux et celles auprès de qui elles interviennent. [...] S'il est un lieu où semble se dessiner une différence marquée entre les hommes et les femmes qui œuvrent en pastorale c'est bien celui de la dimension relationnelle et affective[6].

En plus d'être le fait d'une société postmoderne qui valorise les rapports directs de préférence aux relations longues, plus réservées et plus lointaines, il semble y avoir ici la marque de valeurs chrétiennes invitant à la rencontre intime d'un Dieu personnel. Ou encore, une empathie naturelle pour le prochain, celui ou celle dont on se fait proche. Peut-être également, une coloration particulière issue de l'expérience féminine. Quoi qu'il en soit, notre recherche confirme les résultats de l'équipe de Saint-Jérôme et appuie ceux du collectif dirigé par Anita Caron[7]. Pourtant, un point n'a pas été

---

6. *Entre l'arbre et l'écorce, op. cit.*, p. 162.
7. L'étude publiée sous le titre *Femmes et pouvoir dans l'Église, op. cit.* ne traite pas d'une façon formelle du thème des relations. Mais elle en trace les contours en faisant ressortir le faible intérêt des femmes pour l'analyse

clairement défini : de quoi est composé ce relationnel? Abrite-t-il de simples retours sur soi ou des forces subversives de changement? N'est-il que simple « quant-à-soi » renfrogné ou désir de construire autrement? Cache-t-il une nouvelle façon de faire Église ou la peur d'affronter les problèmes de l'institution ecclésiale?

Il serait hasardeux de prétendre que les répondantes ont abordé directement ces questions. Mais une chose est sûre, l'analyse de contenu a dégagé une telle richesse qu'il a fallu le déploiement d'un large éventail de pratiques relationnelles pour rendre compte de nos découvertes. Longuement, ces femmes ont parlé de leur communauté d'appartenance, des relations avec leurs confrères et consœurs de travail, de leur cheminement de femmes et de cette relation privilégiée avec un Dieu qui ne cesse de les fasciner.

Avec un immense respect, nous tenterons ici de déployer les différentes facettes de ces relations parfois si intimes.

Les relations avec la communauté

Pour la très grande majorité des interviewées, la communauté chrétienne est primordiale. Il ne s'agit pas d'une vague entité théorique, ni même sociologique, mais d'un regroupement de personnes aux visages, situations et problèmes concrets. Qu'elles travaillent à l'école, à l'hôpital, à la prison, au niveau diocésain ou en paroisse, une approche personnelle, empathique et amicale leur apparaît essentielle. Pour ces femmes, sortir du fonctionnalisme et de la bureaucratie froide, c'est « faire du neuf » :

> Moi je sens que mon rôle, ma façon de faire est particulière. Ce qui compte c'est l'attention aux personnes... elles sont importantes pour moi... elles sont au centre de mon travail. La personne avant la structure. Voilà du neuf dans une Église exclusivement masculine[8].

---

institutionnelle des rapports de pouvoir en opposition à l'importance des rapports d'amitié vécus au quotidien

8. Affirmation équivoque, si on entend le mot Église comme le rassemblement du peuple de Dieu, car celui-ci ne peut être exclusivement masculin. Le contexte de l'entrevue démontre que cette répondante parle plutôt d'une structure institutionnelle dominée par les hommes. Cette confusion

Certaines avoueront même que la qualité de leur travail et les satisfactions obtenues passeront obligatoirement par ce besoin d'être en lien chaleureux avec les autres. « Pour moi, c'est important de m'occuper de la personne humaine. J'ai besoin de relations, d'intimité avec les gens. » Réflexion inquiétante pour qui voit dans la venue massive des femmes en pastorale, la réponse à des besoins personnels. Certes, on pourrait craindre que cette préoccupation, légitime par ailleurs, en arrive à se refermer sur elle-même; mais il n'en est rien. La très grande majorité des femmes situent leurs relations dans un réseau d'amitié, large et ouvert. Si la personne est première, c'est en fonction d'une communauté à bâtir. Elles la désirent ancrée dans le vécu ordinaire des gens, respectueuse des différences, ouverte aux inédits et aux surprises de la vie.

Indépendamment du type de communauté ou du rôle qu'elles y jouent, la plupart des répondantes décrivent abondamment un mode de présence défini comme « de l'intérieur ». Épousant les hauts et les bas de la vie communautaire, les femmes admettent croître avec elle, souffrir avec elle, se débattre avec elle. Elles ne s'y projettent aucunement au-dessus, au-dessous, ou à côté. Membres à part entière, elles souhaitent vivement qu'il en soit ainsi pour les autres.

Mon but c'est que les gens s'impliquent dans la communauté chrétienne. Qu'ils se rendent compte qu'ils font partie de cette communauté, pas seulement la sœur ou le prêtre. Ce que je veux, c'est être une présence dans le milieu, attentive, ouverte... Il y a une animation, un esprit, une vie à créer... Nous autres, on est là avec le peuple pour arriver à vivre une certaine vie.

Les permanents, ce n'est pas nous; c'est la communauté. Nous ne sommes là que pour la servir. Voilà la mission de l'Église.

Souventes fois, elles parlent de leur communauté comme d'un corps vivant. Les femmes connaissent bien l'expérience d'un corps qui naît, grandit, évolue, se transforme, accueille ou refuse. « La femme a comme des entrailles pour recueillir et accueillir la misère des personnes au nom de l'Esprit. » Très souvent, elles associent expériences physiques et expériences spirituelles. La relation

sur le terme Église est continuelle dans les entrevues comme dans le langage courant d'ailleurs. Mais les femmes savent très bien de quoi elles parlent et nous avons pu traduire lorsque nécessaire.

amoureuse, la grossesse, l'accouchement, l'allaitement deviennent des événements ouverts à la transcendance. Ces femmes connaissent trop bien l'incroyable fausseté d'un certain discours religieux qui présente le corps comme un obstacle à la rencontre de Dieu. Au cours des dernières années, des théologiennes ont montré combien le « Ceci est mon corps. Ceci est mon sang » pouvait être significatif dans le parcours d'une évolution féminine.

> Les femmes qui ont conçu, porté pendant neuf mois le corps d'un être nouveau, qui ont vécu, avec plus ou moins de grandes souffrances, l'accouchement, qui ont serré contre elles ce petit être qu'elles ont procréé, disent avec émotion : « Ceci est mon corps ». Seules les femmes connaissent de façon expérientielle les multiples changements qui se sont opérés en elles, les tressaillements d'une vie nouvelle encore captive, les insécurités et les enthousiasmes d'un corps qui laisse émerger un autre corps[9].

À cet effet, une de nos interviewées a communiqué ses réflexions à la suite d'un accouchement particulièrement pénible. Voici un extrait du texte paru dans le journal de son diocèse. Mère de quatre enfants, elle connaît bien l'expérience du « corps mangé ».

> J'ai prêté le plus intime et le plus personnel de mon être : mon corps. D'autres y ont habité. Ils s'y sont repus. [...] Je connais maintenant le prix à payer pour prononcer en vérité ces mots : « Ceci est mon corps livré pour vous. » À chaque repas du Seigneur, ils ravivent ma conscience d'une alliance mais il m'est interdit de les prononcer à haute voix, ça m'inquiète tout en suscitant chez moi une grave question [...]. Puisque les femmes ne peuvent pas être prêtres, comment cette expérience viscérale du corps livré peut-elle être dite dans toute sa vérité à la table du Christ[10] ?

La même émotion marque les récits de relations avec les communautés. À l'observation, un constat apparaît : les travailleuses en Église habitent « le corps du Christ » comme elles habitent leur propre corps, avec tendresse et entêtement, bien résolues à engendrer

---

9. Voir Monique DUMAIS, « Femmes faites chair », dans Élisabeth J. LACELLE (dir.) *La femme, son corps et la religion. Approches pluridisciplinaires*, Montréal, Bellarmin, 1983, p. 65.

10. Jocelyne HUDON-MIOR, agente de pastorale en paroisse. Ce magnifique texte est paru en entier dans le bulletin du diocèse de Chicoutimi, *En Église*, mars 1987, p. 6.

la vie. Mais cette proximité rend vulnérable, et les femmes souffrent des soubresauts, résistances et aliénations que subit tout processus de rassemblement. Certaines déplorent la faible ouverture au monde social, l'entêtement à centrer la quasi totalité des énergies sur la liturgie ou les sacrements, et le maintien du rôle de station-service. Contre ces maux, plusieurs disent se battre résolument tandis que d'autres semblent complètement démunies. Dans un grand nombre d'entrevues, nous avons senti des femmes avoir « mal à l'Église » comme on a mal au ventre :

> Je suis de plus en plus malheureuse de voir des gens programmés jusque dans leur corps et leur âme; c'est aussi comme cela dans l'Église. Prenez par exemple, la messe est toujours pareille, toute programmée. Mais enfin ! pourquoi refuse-t-on de changer ? Pourquoi cette structure, ce corps programmé dont on ne veut pas se défaire ? Je pourrais le quitter... mais pourtant, je suis sûre que c'est en restant dans le corps que l'on arrive à changer le sang.

Ainsi on ne quitte pas son corps malade, on le soigne, on le renforcit. La très grande majorité des intervenantes arrivent à discerner les « tressaillements d'une vie nouvelle encore captive » dans leur communauté et à nourrir les forces qui la feront naître. Elles encouragent la détermination, voire l'obstination de chrétiens et chrétiennes qui se déclarent décidés à prendre au sérieux l'expression mille fois entendue : « L'Église, c'est vous[11]. » Les extraits suivants proviennent d'une intervenante en paroisse et d'une jeune théologienne. Nous avons trouvé la même préoccupation chez celles qui travaillent en d'autres milieux :

> Les ressources bénévoles sont de plus en plus formées. On a maintenant affaire à des gens compétents, remplis de possibilités; on ne va plus les remplir comme des cruches... Ces gens-là savent ce qu'ils veulent, ce sont eux qui poussent et nous disent : nous ne formons pas un conseil de communauté pour dire oui, oui M. le curé ou non, non M. le curé.
>
> J'ai la conviction que les gens ont un coffre à outils en ce qui concerne leur évolution religieuse. Le drame c'est qu'on leur a volé la clef. Mon rôle, c'est d'essayer de leur redonner cette clef qui les rendra capables de reprendre en main leur propre héritage.

---

11. Expression devenue populaire dans le monde pastoral suite à la publication d'un livre de Rémi PARENT, *L'Église, c'est vous*, Montréal/Paris, Éditions Paulines/Médiaspaul, 1982.

L'étude de ces récits nous conduit à une conclusion claire et précise. L'approche relationnelle en pastorale, bien que remplie de chaleur et de cordialité, semble éviter le piège toujours possible de la fusion maternante. Une juste distance est gardée. L'écart est parfois fragile, mais sauvegardé par une sorte d'instance critique qui ne disparaîtra que lorsque tous et toutes deviendront véritables sujets de la communauté. Si la relation est recherchée, ce n'est pas pour annihiler mais, au contraire, pour faire exister communautairement.

> Comme religieuse on accepte bien ce que je dis et fais, mais je me demande souvent comment arriver à m'effacer... Les femmes mariées ont aussi une place dans la communauté, elles y apportent une grande valeur... Comment arriver à ne pas porter ombrage à tout ce qu'elles font ?
> Il est essentiel de partager le pouvoir que nous avons. Il faut permettre, le plus possible, à des femmes et des hommes de s'impliquer dans la communauté. Pour cela, il faut leur donner de la place.

Oui la relation est désirée et entretenue avec soin, mais elle l'est comme un chemin essentiel pour atteindre le but. Les travailleuses en Église expérimentent durement les embûches de la route. Leur entêtement à continuer prouve bien qu'une certaine satisfaction émotive et relationnelle, quoique très importante pour elles, ne constitue pas la motivation fondamentale de leur engagement en Église. À cet égard, les relations de travail demeurent un lieu particulièrement révélateur.

Les relations avec les collègues de travail

Sur le terrain pastoral, les collègues sont multiples. Prêtres de paroisse, de région ou d'organisme; ils peuvent être collaborateurs occasionnels ou permanents. Agents et agentes laïques, religieuses ou religieux, mariés-es ou célibataires, ils et elles participent à tous les niveaux de la structure ecclésiale. Également, de très nombreux bénévoles, surtout des femmes, contribuent très activement aux tâches pastorales, des plus simples aux plus fondamentales[12]. Au

---

12. S. BÉLANGER mentionne l'étude de M. Payette et F. Vaillancourt (1983) indiquant que « le bénévolat de type religieux vient au premier rang quant au nombre de femmes qui y œuvrent, et au premier rang en ce

travail, plusieurs répondantes font état de relations positives avec leurs confrères et consœurs laïques. Les communications sont qualifiées de faciles et aidantes. Elles y reçoivent reconnaissance et appréciation. Les petits accrochages quotidiens qui ne manquent pas, comme en tout milieu de travail, ne semblent pas retenir leur attention. Elles n'en font aucunement mention.

Malheureusement, il semble que très souvent, il en soit autrement avec leurs collègues prêtres. Incompréhension, absence de collaboration, refus de travailler en équipe, difficulté de communiquer, paternalisme, autoritarisme, exclusion, les femmes n'en finissent plus de décrire la distance qui les sépare de leurs confrères ordonnés. Bien sûr, certaines vivent le contraire et se déclarent très satisfaites. « À la paroisse, je vis vraiment une expérience de coresponsabilité avec le pasteur. Le climat est très sain, plein de confiance et d'ouverture. » Mais leur nombre est si restreint que leur donner de l'importance ne servirait qu'à neutraliser le problème. Et quelles paroles claires! Trop d'interviewées se plaignent pour qu'il soit permis ici de contourner la réalité. Les difficultés sont de tous ordres. Voyons quelques extraits :

> Pour ne plus avoir à discuter, le curé a mis une agente de pastorale entre nous, maintenant, on ne se parle plus... Je ne me sens pas respectée du tout.
>
> Je vis cela comme un mal de communion. Tu essaies d'expliquer aux enfants qu'ils ont une place dans la vie paroissiale, mais toi tu te sens exclue.
>
> Un prêtre m'a dit carrément que nous n'avions pas à leur montrer quoi que ce soit... Ils ne veulent même pas nous entendre.
>
> La relation avec le prêtre a été faite d'accrochages, de pardons, d'accrochages. Nous ne pensons pas de la même façon. Je suis coordonnatrice, mais dans le fond, et aux yeux des gens, c'est lui qui mène... À certains moments, je recule et évite de prendre les devants.

Une sorte de tristesse marque les discours. Ces femmes cherchent à comprendre plus qu'elles ne se choquent et tempêtent. Plusieurs hypothèses s'alignent. Est-ce une façon différente d'envisager le travail? S'agit-il d'exigences relationnelles trop

---

qui concerne le nombre d'heures effectuées », *Les soutanes roses, op. cit.,* p. 173.

grandes? De revendications en matière de collaboration, d'égalité? Ou plutôt de compétences particulières qui finissent par porter ombrage? Assez nombreuses sont celles qui identifient la peur comme grande responsable :

> Par quel bout vous prenez ça quelqu'un qui a peur?... car c'est cela le principal problème, même chez les évêques.
>
> Ils ne sont pas à jour... Je pense qu'ils ont beaucoup de difficulté à accepter cela. [...] Si bien que lorsque quelqu'un arrive avec un peu plus de compétence, c'est menaçant... je crois que nous sommes très menaçantes pour eux.
>
> Je connais des prêtres qui acceptent de se questionner... Ils arrivent à nommer leurs peurs, tranquillement pas vite.

Derrière de très nombreux récits, on peut deviner des situations conflictuelles frustrantes pour ne pas dire épuisantes. Et certainement, autant pour les prêtres que pour les femmes. Il ne s'agit pas ici de juger la culpabilité des uns et des autres, mais de rendre compte, du point de vue des femmes, d'une réalité que l'on refuse trop souvent de regarder en Église. Pourtant, les conflits qui dégénèrent ne réussissent qu'à mettre en évidence les limites et les vulnérabilités. Il faudra cesser un jour de refouler sous le tapis le côté sombre de nos belles intentions communionnelles. Par la force et l'ampleur de leurs récriminations, les femmes interviewées ne nous laissent pas le choix.

Trait de culture bien connu, les femmes arrivent à mieux gérer l'affectivité qui sous-tend nombre de problèmes relationnels. D'après nos analyses, les réactions sont fort diverses. Quelques-unes investissent sans fin espérant un déblocage positif. Certaines excusent et s'installent dans une patience quasi maternante. D'autres fignolent de fines stratégies, pendant que les démissionnaires cherchent de nouveaux alliés, dans de nouveaux milieux d'insertion. Enfin, de plus en plus de femmes avouent être épuisées et remettent en question la poursuite de leur engagement en pastorale. Quoi qu'il en soit, la situation semble pénible à vivre et demande force et courage. Seule une énergie sans cesse renouvelée permet de supporter sans trop de perturbations intérieures les bouleversements inhérents à de telles situations conflictuelles. Voyons donc quelles ressources profondes les répondantes puisent en elles, pour y arriver.

Les femmes et leurs relations avec elles-mêmes

Parties prenantes de la libération féminine des années 60 et 70[13], la majorité des travailleuses en Église sont passées des modèles prescriptifs à des modèles plus inscriptifs. Elles entretiennent avec elles-mêmes des relations empreintes de détermination, de dépassement, d'enracinement intérieur. C'est avec une heureuse surprise que nous avons enregistré une très faible minorité d'entrevues exprimant des sentiments d'insécurité, d'infériorité ou de culpabilité. Lorsqu'elles le font, c'est avec une clairvoyance qui laisse poindre une aliénation bientôt maîtrisée.

> On me demande régulièrement si je veux faire une homélie... je ne me sens pas prête. Pourtant dans mon milieu la porte est ouverte. La difficulté est de mon côté, dans la confiance que je n'ai pas en moi.
>
> Je suis marquée par un passé où la femme n'avait pas le droit de dire un mot dans cette Église. Le sens du sacré était transcendant et masculin. Parce que je suis marquée par cette situation, j'ai de la difficulté à m'impliquer.

Une telle lucidité trouvera sa propre solution. Pendant ce temps, d'autres communiquent leur étonnement devant une performance surprenante. Ces femmes héritent d'une sorte d'impuissance apprise depuis le tout jeune âge. Nos mères ressentaient l'injustice, mais n'en connaissaient pas la sortie. Inévitablement, un legs de peur et de culpabilité fut transmis. Mais le socle patriarcal est désormais ébranlé et la libération devient possible à toutes celles qui désirent y accéder. Quelques répondantes en partagent l'expérience toute récente. Le discours marque encore le caractère inattendu de la bonne nouvelle.

---

13. Le féminisme des années 60 et 70 a contribué considérablement à l'incroyable « mise debout » du peuple québécois. Des femmes extraordinaires (pensons seulement à Simonne Monet-Chartrand, Jeanne Sauvé, Lise Payette, Hélène Pelletier-Baillargeon, Hélène Chénier, Elisabeth Lacelle, Marie-Andrée Roy, Monique Dumais, etc.), suivies de milliers d'autres, ont redressé la tête et déclaré : « Non, ça suffit! » L'impuissance apprise et intégrée, ça suffit! Les injustices structurelles, ça suffit! Le modèle patriarcal, ça suffit!

> Je me sens en vie... je suis surprise de me sentir capable d'apporter quelque chose. Je me surprends très souvent à avoir la capacité de faire des conférences de presse, par exemple, ou des petits discours ici et là. Il y a deux ans, j'étais chez moi avec les couches et les petits... Et maintenant, je me vois faire des choses étonnantes. Je suis retournée à l'université. Il y a un paquet de choses qui se sont réalisées en moi et dont je ne me croyais pas capable. Vraiment, ça me dépasse!

Bien sûr, collectivement, tout n'est pas acquis; cette lutte intérieure contre la transmission d'une insidieuse incapacité dite « naturelle » ne trouve pas la même issue chez toutes les femmes. Entretenues encore par des esprits religieux en mal d'un modèle de chrétienté révolu, les idéologies patriarcales subsistent toujours. Malheureusement, certaines y participent activement, d'autres y consentent comme malgré elles. Nos analyses ont certes relevé quelques cas, mais nous l'avons déjà dit, les avancées demeurent majoritaires et significatives. Une simple lecture attentive des entrevues permet d'observer une liberté intérieure acquise de haute lutte, un cheminement spirituel profond, une façon d'être et d'agir qui impressionnent par la qualité, l'autonomie et l'affirmation de soi. Véritablement, la plupart des interviewées ont d'ores et déjà remporté une incroyable victoire relationnelle face à leur propre condition de femmes.

Nos résultats ne font que confirmer sur le terrain ecclésial les constats déjà établis par d'autres recherches. En effet, il semble que l'état de perturbation continuelle, vécue par la société nord-américaine, affecte différemment les deux sexes. Les femmes s'en sortent mieux que les hommes. N'y a-t-il pas deux fois plus de garçons que de filles qui décrochent de leurs études? Et que dire des générations montantes?

> Les femmes de 20-35 ans semblent en général beaucoup mieux préparées que les hommes aux défis actuels. Elles sont retombées plus vite sur leurs pieds après les turbulences de l'adolescence. Dans la cohorte des jeunes en situation de dépendance chronique, de chômage, de marginalité, on compte plus d'êtres profondément défaits chez les hommes. Nous avons rencontré des femmes monoparentales d'une étonnante vitalité malgré des conditions de vie inacceptables[14].

---

14. Jacques GRAND'MAISON (dir.), *Vers un nouveau conflit de générations*, Montréal, Fides, 1992, p. 161.

Dans l'institution ecclésiale, cette sorte de fermeté assurée chez les femmes des générations actuelles se manifeste de plusieurs façons. Nous avons choisi deux constantes qui se retrouvent dans un nombre impressionnant d'entrevues. Apparemment contradictoires, elles ne font que révéler les deux facettes d'une même liberté. D'une part, les femmes se considèrent chez elles dans l'Église et se déclarent prêtes à y jouer des rôles importants. D'autre part, une fin de non-recevoir persistante pourrait bien priver l'institution ecclésiale de leurs nouvelles forces créatrices. Infiltrons-nous au milieu d'une conversation très représentative d'échanges fréquents tenus entre chrétiennes engagées. Elles sont cinq et œuvrent en milieu diocésain et paroissial. Patience, recommencement et ténacité sont au rendez-vous; les prises de position, claires et lucides. On leur avait posé la question suivante : « Comment présenteriez-vous votre travail actuel, à quelqu'un qui ne connaît pas le milieu ecclésial ? »

Moi je lui dirais que ça prend beaucoup de patience quand tu es une femme qui travaille en Église. Surtout lorsque tu te retrouves au cœur de la structure, dans des lieux décisionnels. Les petites avancées sont continuellement menacées.

Il faut toujours faire la preuve de notre crédibilité. On aime bien qu'on soit là, que nos dossiers soient bien présentés, que nous soyons compétentes, mais quand arrivent les moments plus officiels, on doit recommencer à prouver sa crédibilité.

Lorsque je regarde ce que l'Église exige des hommes qui assument des postes de direction comme le mien, je m'aperçois qu'il me faut être beaucoup plus compétente qu'eux... Je me rends compte aussi que je suis plus exigeante face aux changements et plus attentive à ceux qui sont rejetés, car moi aussi, d'une certaine façon, je le suis.

Une femme m'a demandé comment je faisais pour vivre et travailler dans l'Église; je lui ai dit que malgré tout, je suis heureuse d'y investir une partie de ma vie. Pour moi c'est important de m'y engager. Nous sommes la moitié de la population et nous avons quelque chose à dire et à faire dans cette Église... je m'embarque et je n'attends pas que les autres le fassent à ma place.

On a ouvert la porte et on est en train d'y entrer. On n'acceptera pas de se faire dire que les femmes ne devraient pas devenir prêtres. C'est pourquoi ce que nous vivons là est très important.

Trop souvent on regarde les femmes impliquées dans l'institution ecclésiale comme des naïves, inconscientes du guêpier dans lequel elles ont mis les pieds. Nos entrevues prouvent le contraire. S'il faut admettre qu'on ne peut parler de la totalité, on peut certainement affirmer que la plupart des interviewées nous ont paru au clair avec elles-mêmes et leurs engagements dans l'Église. Il est vrai cependant qu'une analyse sociopolitique et organisationnelle de l'institution ne semble pas, à quelques exceptions près, préoccuper les répondantes. Pourtant lorsque nous les questionnons sur les difficultés rencontrées, leur langage devient assuré et très souvent incisif. Elles parlent de faits vécus, d'expériences subies, de murs rencontrés. Nous aurons l'occasion d'y revenir.

Pour le moment, qu'il suffise de mentionner, très brièvement, le côté sombre de l'endurance des femmes en Église : la démobilisation du cœur. Près de celles qui s'entêtent à continuer envers et contre tout, il y a celles dont les batailles continuelles provoquent un sentiment amer d'éternelles répétitions. L'usure du temps et la lenteur des avancées vident les énergies et conduisent à l'intolérance. Des répondantes avouent leur fatigue :

> Je me demande si ça donne quelque chose de s'engager comme femme dans l'Église. Il y a dix ans, j'aurais dit oui. Aujourd'hui, je n'en suis plus si sûre. Il existe de petites avancées, mais c'est tellement peu. Nos gains sont fragiles; il n'y a pas de quoi se péter les bretelles.

En vérité, plusieurs reconnaissent qu'une grande lassitude les envahit et disent avoir « l'espérance essoufflée ». Bientôt, le cœur et l'énergie n'y étant plus, elles pourraient bien prendre la porte de sortie. Seuls ceux et celles qui œuvrent dans le monde pastoral connaissent l'ampleur de ce mouvement silencieux. Pourtant, une affirmation s'impose : que les femmes abandonnent ou qu'elles persévèrent, jamais nous n'avons pressenti dans leurs discours, même les plus désabusés, que leur relation à Dieu était compromise. Indéniablement, il y a là la force d'un lien qui s'enracine à un tout autre niveau d'expérience, celui d'une rencontre intime et bouleversante.

La relation des femmes avec Dieu

L'analyse révèle ici une étonnante homogénéité. Dès la première lecture, un constat se dégage : Dieu se présente à la totalité des répondantes comme une Trinité d'amour et de réciprocité. Plusieurs d'entre elles (surtout les catéchètes, les enseignantes, les responsables de l'initiation sacramentelle) sont appelées, de par leurs pratiques quotidiennes, à en témoigner verbalement. Et il s'avère évident que l'attachement à leur travail, malgré les problèmes et difficultés rencontrés, dépend étroitement d'une profonde relation spirituelle avec Dieu. Comme tant d'autres, elles ont rejeté les images anciennes d'un Dieu sévère et justicier. Lorsqu'il leur arrive de croiser encore ces anciens discours, elles s'en indignent radicalement.

> Il y a des compréhensions de Dieu qui sont d'avant Jésus. Un Dieu punitif qui guette et attend ton premier faux-pas; oui, on parle encore d'un tel Dieu. C'est terrible comme nourriture spirituelle! Pour ma part, j'essaie de parler d'un Dieu proche, qui te rejoint au cœur de ton existence, au milieu de ta vie.

Ainsi, chacune à sa façon, les femmes décrivent, avec insistance ou discrétion, l'image d'un Dieu rempli de tendresse et de miséricorde, «lent à la colère et plein d'amour». Grande et belle figure d'un Ancien Testament accompli dans la personne de ce Jésus, Christ et Seigneur, devenu proposition de salut pour nos existences.

> Mon engagement se fait au nom du Christ, c'est-à-dire, le Fils du Dieu vivant venu pour nous. Ce que je veux, c'est œuvrer à la réalisation d'un monde meilleur. Pour cela, je m'inspire des valeurs humaines qu'il a lui-même vécues, mais auxquelles il a donné un nouveau sens de partage, d'accueil, d'intériorité et de transformation aussi. Le plus important pour moi, c'est donc l'Évangile, parce que dans l'Évangile, tout va vers la résurrection.

Chez les répondantes, ces convictions sont omniprésentes. Impossible d'en dévier. Mais scrutant à la loupe les récits, une analyse plus fine laisse apparaître deux caractéristiques particulières : l'importance de l'Esprit Saint dans la vie et l'engagement des répondantes, et la certitude d'être appelée par Dieu à jouer, dans l'Église, un rôle important pour son avenir. Voyons brièvement ce qu'il en est.

Lorsque les femmes parlent de Dieu, elles le nomment rarement «Père», très souvent «Jésus», et massivement «Esprit» ou «Esprit Saint». La foi en une présence de l'Esprit au cœur de la vie quotidienne, dans les hauts et les bas de leur vocation propre, et dans les activités de leur communauté occupe une place prépondérante dans les discours. Le simple alignement de quelques extraits permet de dégager un corpus fort révélateur :

– *L'Esprit dans le quotidien*

> Partir des besoins des gens, c'est travailler avec leurs pauvretés psychologiques, matérielles, académiques. Je ne travaille pas avec les riches de l'école, mais avec les pauvres qui viennent souvent me voir en pleurs. Cette dimension de mon travail me passionne, car c'est une présence de l'Esprit dans le quotidien. Travailler avec les jeunes, c'est les aider à découvrir cet Esprit qui les habite, les questionne et les invite à aller plus loin.

– *L'Esprit au cœur de leur engagement personnel*

> J'ai parfois des périodes creuses, mais avec la prière j'arrive à m'en sortir. Je vois la présence de l'Esprit Saint qui me conduit vers je ne sais trop quoi... Vers un nouveau vécu d'Église qui n'est plus du Moyen Âge, mais d'aujourd'hui.

– *L'Esprit dans la vie et la prière de la communauté*

> Je suis responsable d'administrer le baptême. Quand, dans une célébration communautaire, j'arrive à la bénédiction de l'eau, je m'adresse aux participants et leur dis : « C'est ensemble que nous allons demander à l'Esprit de sanctifier cette eau [...]. J'ai besoin de votre foi... » Car, j'ai le pouvoir de bénir, mais j'ai besoin de la prière de la communauté pour appeler l'Esprit.

Beaucoup d'autres extraits auraient pu être cités. Une constante s'impose : si les femmes aiment l'Église malgré ses lenteurs et ses fautes, c'est qu'elles ont la conviction intérieure que, d'abord et avant tout, celle-ci est habitée par l'Esprit de Dieu et que, pour peu qu'on lui soit fidèle, la vie ecclésiale deviendra chemin de libération. D'aucuns pourraient qualifier ce Dieu de « Souffle subversif[15] ». De toute évidence, les approches institutionnelles fermées, habituellement réfractaires aux avancées inédites, ne

---

15. D'après le titre d'un volume d'André MYRE, *Un souffle subversif. L'Esprit dans les lettres pauliniennes*, Montréal/Paris, Bellarmin/Cerf, 1987.

pourront qu'entrer en conflit avec cette vision de Dieu qui habite la foi des répondantes.

La deuxième caractéristique de la relation des femmes avec Dieu se dégage de la première et renforcit l'aspect subversif de cette spiritualité. Un nombre impressionnant d'interviewées affirment avoir reçu, de Dieu, un appel non équivoque.

Ce qui m'a aidée à tenir c'est la certitude d'avoir été appelée. Le plus important c'est d'arriver à discerner, de réaliser que tu es vraiment appelée à travailler dans cette Église-là... C'est un appel intérieur. En tant que laïque mariée, c'était vraiment pour moi la réponse à un appel. Je considère cette mission comme une seconde vocation. J'ai déjà pensé à la vocation religieuse, mais je ne m'y sentais pas appelée. J'imagine qu'il y a des gens qui croient que je devrais être religieuse puisque je porte un appel très fort à travailler dans l'Église, mais ce n'est pas le cas. Il doit y avoir une place quelque part pour moi.

Souvent, cet appel est perçu comme l'aboutissement d'une croissance de la foi commencée avec le baptême. Exercer un rôle dans l'Église n'est pas décision facultative mais responsabilité face à une interpellation de Dieu lui-même.

Je crois qu'être disciple de Jésus et témoigner de ma foi est mon premier rôle. Je suis convaincue que le service que je rends à l'Église, c'est au nom de mon baptême et de ma confirmation que je le rends. Ceci est demandé à tous et toutes.

Comme au cœur de leur évolution psychologique et sociale, une sorte de maturité ferme habite leur spiritualité. De l'héritage traditionnel, émerge un credo personnel intelligent et libre. On ne peut craindre ici de pointer la quasi totalité des entrevues. Certes, pareille analyse demeure extrêmement délicate, mais la densité de ces quelques paroles de femmes devrait suffire à démontrer l'intensité des relations qu'elles nourrissent à l'égard de Dieu. Devant la force de telles paroles, on est en droit de se demander pourquoi on déplore tellement le manque de vocations dans l'Église. Se pourrait-il que nos prières soient déjà exaucées ? Peut-être y a-t-il là une réponse inédite de l'Esprit.

Voilà qui termine l'étude du signifiant relationnel. Semblable déploiement, nous l'avons souvent affirmé, est issu des discours recueillis. Premier dans leurs liens avec la communauté, il se cherche laborieusement à l'intérieur des relations de travail. Comme si une acquisition de plus en plus assurée de leur identité féminine et de leur relation avec Dieu n'était pas encore parvenue à créer des rapports d'altérité bénéfiques et satisfaisants avec leurs confrères prêtres. Question sérieuse recouvrant des zones cachées qu'il faudra avoir le courage de regarder en communauté. Les femmes ne demandent que cela. N'attendons pas que la désertion soit complète.

LES FEMMES ENGAGÉES EN ÉGLISE ET LEURS PRATIQUES

Prétendre cerner une pratique est toujours une entreprise difficile et périlleuse. Synthèse vitale, dynamique, expressive, toute pratique se rattache à un milieu particulier, original, qui porte ses tensions, ses besoins, ses valeurs, ses moments de mort et de vie. C'est pourquoi saisir le faisceau des pratiques vécues par nos interviewées ne s'avère pas une tâche facile. Ce n'est qu'en « accompagnant », avec patience, le mouvement des récits que nous sommes arrivées à faire ressortir quelques dimensions praxéologiques. Comme le dit si bien Michel Maffesoli, il faut savoir « écouter l'herbe pousser[16] ». Nous présenterons les principales caractéristiques de la pratique des femmes, les avancées et difficultés qui s'y rattachent, et nous essaierons d'y pressentir, en troisième lieu, les forces de renouvellement ou de reproduction pour l'avenir.

Principales caractéristiques

Inutile ici de dresser la liste des différentes pratiques qui s'exercent dans l'univers ecclésial. Les activités liturgiques, sacramentelles, sociales, administratives, spirituelles, caritatives,

---

16. *La connaissance ordinaire, op. cit.*, p. 29.

catéchétiques et théologiques sont suffisamment connues[17]. Nous traiterons plutôt des différentes configurations ou colorations spécifiques de l'approche choisie par les femmes. Les univers intellectuels et expérientiels que recouvrent les mots *rassemblement, solidarité, interprétation*, et *gestion* nous serviront de référence.

Des pratiques de rassemblement

En écoutant les récits d'activités, une première caractéristique s'impose : l'importance de susciter, de provoquer, de faire advenir des rassemblements. Le passage du « je » au « nous » occupe une grande place dans l'agir féminin en Église. On parle abondamment de rassembler, coordonner, mettre ensemble. Qu'il s'agisse de personnes, d'actions, de problèmes, beaucoup de répondantes exercent une véritable pratique de chef d'orchestre. Qu'elles travaillent en quartier, en paroisse ou en institution, faire jouer à l'unisson les harmoniques des différents réseaux de vie se révèle une préoccupation majeure.

> Toute la communauté est engagée dans notre projet de catéchèse. On forme des adultes pour faire de l'enseignement aux enfants. Les enfants sont appelés à participer lors de visites à des familles pauvres, les personnes âgées prient, d'autres ramassent de l'argent. Tout le monde est impliqué, même la secrétaire et la cuisinière. Nous sommes ensemble. C'est comme une nouvelle forme de pastorale qui s'établit... Mon idée c'est de créer des réseaux.

Intervenir par réseaux[18], c'est instaurer une pratique qui cherche le décloisonnement, l'interrelation et la concertation. Dans cette optique, l'agir prioritaire est celui du lieu le plus proche de la

---

17. Ces pratiques sont répertoriées dans l'annexe II.

18. L'intervention de réseaux est bien connue dans le monde des affaires sociales. Sa définition repose sur une observation toute simple de la société. Deux types de réseaux occupent l'espace social : les réseaux primaires où se tisse la socialité de base (famille, voisinage, parenté, amis et amies) et les réseaux secondaires structurés et organisés en fonction de la collectivité (école, hôpital, C.L.S.C., paroisse, municipalité, etc.). Pour de plus amples renseignements, on pourra consulter, entre autres, Claude BRODEUR et Richard ROUSSEAU, *L'intervention de réseaux. Une pratique nouvelle*, Montréal, France-Amérique, 1984.

vie : la maison, la rue, la cour d'école, la salle d'attente, la chambre d'hôpital, etc. Il s'agit d'habiliter une personne, une famille ou un groupe à devenir sujet de son devenir, en unifiant les ressources les plus diverses au service d'un projet à réaliser, d'une solution à trouver, d'un défi à relever. Même si les agentes de pastorale n'adoptent pas cette approche de façon formelle, car elles n'en maîtrisent pas la structure d'intervention, un constat indéniable ressort : beaucoup de répondantes désirent travailler par réseaux et plusieurs y réussissent d'une manière somme toute assez satisfaisante [19] :

> Les intervenants école-paroisse-famille, tu ne peux pas séparer cela. Pour une bonne catéchèse des enfants, il faut que ça fasse un tout aujourd'hui.

> Nous voulons convoquer les femmes les plus pauvres de notre communauté à se regrouper. Pour les écouter d'abord et les aider, si elles le désirent, à se prendre en main elles-mêmes. Nous souhaitons que ce regroupement se nomme « Réseau ». Car nous nous sommes rendu compte que les services sociaux les compartimentaient et les fichaient. Nous voulons une approche globale qui ne sépare pas les gens en morceaux et que les différents réseaux de notre milieu soient à leur service et non pas le contraire.

En plus du « faire-ensemble » au niveau de la tâche, s'ajoute un véritable « saisir-ensemble » de toute la réalité. Sorte d'approche « écologique » qui cherche à épouser l'interaction des diverses dimensions d'une vie communautaire.

> Être Église ce n'est pas seulement une pratique dominicale ou sacramentelle, c'est aussi la vie quotidienne, l'entraide et tout le reste. Pourtant, on ne défend pas cela très souvent. Lorsqu'on a dans la communauté des non-pratiquants capables de don d'eux-mêmes, de charité, d'oubli de soi... ça fait aussi partie de l'Église.

> Trop longtemps, on a séparé le côté humain et le côté spirituel. Ce serait important qu'on ne fasse plus cette division entre les deux. L'Esprit est venu travailler dans le monde, non pas à côté du monde.

---

19. Pour une excellente application de l'intervention de réseaux au monde de la pastorale, on peut consulter le mémoire rédigé par Alain DUROCHER, *L'enjeu de la sécularité chrétienne dans la pastorale du mariage*, Faculté de théologie de l'Université de Montréal, septembre 1992.

Cependant, nous devons rendre compte ici d'un phénomène particulier. Ce réel désir de concertation entre réseaux communautaires et d'intégration des divers aspects de la vie ecclésiale ne franchit pas la barrière entre le privé et le public. Peu de femmes parlent de leurs propres expériences parentales, sociales ou familiales. S'il est vrai que nous ne les questionnions pas là-dessus, il est quand même étonnant qu'elles n'y aient pas vu de liens significatifs avec leur travail. Un peu comme si pratiques de vie séculière et pratiques pastorales constituaient deux univers séparés. Nous rejoignons en cela un constat déjà établi : la dichotomie vie sociale/vie religieuse vécue par un grand nombre d'intervenantes et intervenants pastoraux[20].

Des pratiques de solidarité

Le désir d'ouvrir des espaces de regroupement et de solidarité avec les plus pauvres annonce l'existence d'une autre préoccupation. L'attention aux personnes exclues et démunies colore parfois légèrement, parfois très fortement, bon nombre de pratiques. Même si la pastorale sociale ne cesse d'être le parent pauvre des planifications diocésaines, un souci réel pour le sort de ceux et celles d'entre nous qui sont les plus défavorisés tenaille sincèrement beaucoup de femmes. Voyons deux exemples venus d'univers fort différents : la prison et la paroisse.

> Ah ! si les gens pouvaient devenir un peu conscients de ce que vivent les prisonniers ! [...] Ce serait comme aider quelqu'un qui est malade ou dans la misère. Ce n'est pas plus dangereux que cela. J'ai toujours aimé aller vers les sans-voix, vers les pauvres. Mais ce sont eux et elles qui m'ont aidée.
>
> Dans mon milieu, il y a une augmentation de la pauvreté. Comment venir en aide à toutes ces familles monoparentales ? Je me sens démunie devant ces femmes et ces enfants qui ont besoin de moi... Il y a tellement de souffrances dans ces situations ! J'aimerais me rendre jusqu'à elles et sensibiliser la communauté. Par exemple, cette maman seule avec un enfant, peut-être que je pourrais l'amener avec moi à l'épicerie, ça lui donnerait un petit repos.

---

20. La recherche réalisée à Saint-Jérôme auprès du personnel pastoral a démontré la même dichotomie. Voir *Entre l'arbre et l'écorce, op. cit.*

Nous avons senti, surtout parmi les intervenantes en paroisse, une grande sensibilité, mêlée d'ambivalence et d'un vague sentiment de culpabilité, face aux situations de pauvreté présentes dans leur communauté. Il devient impératif de libérer la parole sur ce qui apparaît beaucoup plus comme une sorte de «paralysie structurelle» plutôt qu'une indifférence froide ou encore, une option écartée. D'après notre étude, les praticiennes du terrain pastoral pourraient apporter non seulement compassion et réflexion à ce débat, mais expériences et expertises des plus sérieuses.

Une conjoncture différente situe autrement celles qui investissent leurs énergies en quartier ouvrier, dans des organismes populaires ou en milieux défavorisés. Un discours clair, précis, parfois mordant dénote une action franchement située. Il y a là un parti pris et une solidarité vivement intéressés par la justice, la liberté, la dignité d'individus et de familles aux prises avec une véritable lutte pour la survie. Une insertion ecclésiale qui s'y mesure ne souffre pas mille nuances et tergiversations. Même et surtout lorsqu'il s'agit d'Évangile et d'Église. Recevons les réactions de quelques femmes qui y travaillent.

> Les démunis sont parfois les personnes les plus vraies en humanité. Ce sont des gens qui ne sont pas assis sur le pouvoir de l'argent, de l'instruction ou d'un rang social. Ils n'ont pas grand-chose pour nous éblouir, mais ce sont ceux qui sont les plus près de l'Évangile et qui nous ramènent à l'Évangile.
>
> Ça ne m'inquiète pas de savoir si les gens vont à l'église ou non. [...] Moi je sais pourquoi je le fais [leur viens en aide] : pour reculer les frontières de la souffrance, faire en sorte que les gens prennent conscience de leur dignité, retrouvent leurs valeurs. Après advienne que pourra, c'est comme si le reste ne m'inquiète pas trop.

Moins nombreuses cette fois, certaines entrevues parlent d'une autre pratique de solidarité, celle qui s'intéresse à l'étranger, au nouveau venu, de race, de religion, de couleur ou de langue différentes. Le développement de nouvelles pratiques œcuméniques et/ou multi-ethniques s'annonce indispensable pour l'avenir de l'Église comme de la société. Des intervenantes ont déjà pris le tournant, comme le suggère cet extrait en provenance d'un milieu hospitalier.

> Au commencement, nous rencontrions uniquement des catholiques. Maintenant, nous avons des équipes en provenance des

Églises anglicanes, luthériennes, protestantes, etc. Nos attitudes ne doivent pas différer lorsque nous avons affaire à un Noir, par exemple, il a toute notre attention même s'il provient d'une autre culture. [...] Je crois que nous devrions agir de la sorte dans n'importe quelle pastorale.

Voilà des réflexions qui pourraient alimenter un questionnement de fond sur les rapports Église/Monde de nos pratiques ecclésiales. Nous y reviendrons abondamment dans les chapitres ultérieurs. Pour le moment, arrêtons-nous brièvement à une dernière caractéristique : la montée révélatrice, quoique encore marginale, d'une réflexion théologique et pastorale de plus en plus proche des réalités contemporaines.

Des pratiques de réinterprétation

Tout essai de renouvellement de la pensée suppose une appropriation des interprétations antérieures, tout autant qu'un risque herméneutique pour l'avenir. Plus que jamais les femmes y participent. Car il est un fait désormais reconnu : des femmes œuvrent dans tous les domaines de la vie sociale et contribuent largement à développer de nouvelles voies de connaissance. Pourtant l'expertise, la réflexion et l'expérience des femmes ne constituent pas encore, au sein de l'institution ecclésiale, un élément important dans l'élaboration du savoir officiel. À cet effet, nos analyses ont découvert un refus manifeste de rester cantonnées dans le rôle d'objet de recherche. Les chrétiennes engagées réclament désormais le statut réel de sujets participants[21]. Qu'il s'agisse d'exégèse biblique, de théologie fondamentale, de morale ou de pastorale, les répondantes considèrent leur apport indispensable, tant au niveau des hypothèses que de la construction herméneutique du sens; de l'enseignement que de la pratique. Parmi les répondantes, plusieurs travaillent comme chercheures, enseignantes, accompagnatrices,

---

21. De plus en plus de femmes trouvent inacceptable que le magistère romain, composé uniquement d'hommes, se prononce unilatéralement sur des réalités comme la vocation de la femme dans le monde et l'Église, les rôles d'épouse et de mère, les ministères accessibles ou non aux femmes, la famille, la contraception, l'avortement, l'insémination artificielle, le mariage des prêtres, etc.

directrices spirituelles. D'autres, plus nombreuses, poursuivent des études collégiales ou universitaires. La plupart participent, de façon différente, à ce vaste chantier de réinterprétation théologique. Mais une distinction particulière s'impose entre celles qui œuvrent sur le terrain et celles qui travaillent dans des milieux de recherche intellectuelle.

Les praticiennes agissent silencieusement et souvent imperceptiblement. Les énergies sollicitées pour l'action répondent à des critères d'urgence, d'efficacité et d'efficience qui ne laissent guère le temps au travail d'écriture et de publication. Pourtant, leurs interventions laissent des traces indélibiles, beaucoup plus profondes et beaucoup plus lourdes de conséquences qu'une rature sur un papier. Déjà, au niveau de certaines conceptions traditionnelles, elles ont ébranlé des mentalités religieuses fermées, tout autant que questionné des normes anciennes. Et cela à même leur pratique quotidienne. Que penser de cette discussion entre une responsable de l'initiation sacramentelle et un prêtre à l'occasion d'une célébration pénitentielle ?

> J'avais planifié une célébration pénitentielle avec les enfants où tout était pensé pour écouter son corps, son cœur et entrer en contact avec le cœur de Dieu. [...] Tout se passait à merveille. Mais voilà qu'au moment de l'absolution collective, le curé sort la vieille formule traditionnelle. Je lui dis :
> – Tu ne va pas utiliser cette formule-là avec les enfants ?
> – Et la tradition de l'Église, qu'est-ce que tu en fais ?
> – La tradition de l'Église, ce n'est pas des signes tout faits avec des mots incompréhensibles aujourd'hui. Les enfants vont penser que tu récites une formule magique. Et puis, elle est complètement décrochée, sans aucun lien avec le reste de la célébration.
> – Mais est-ce que j'ai le droit de la changer ?
> – Quand tu rencontres les enfants individuellement, tu ne prends pas la formule toute faite, pourquoi le faire pour l'absolution collective ? Tu es capable de dire l'amour de Dieu avec ton cœur... et tout ton être... ce sera aussi bon !
> Il ne s'est pas senti capable... Il a dit la formule traditionnelle, avec le geste de la main étendue.

Le débat porte bien sur une réinterprétation de la tradition. Une position stagnante, une morale figée, des dogmes interprétés une fois pour toutes, des habitudes pastorales sclérosées ne sont pas le fait de la grande Tradition ecclésiale. Les femmes s'emploient à distinguer croyances religieuses et foi chrétienne. Cette tendance reste minoritaire dans le discours des femmes interviewées, mais elle est suffisamment significative pour qu'on ne l'ignore pas. Beaucoup d'intervenantes se diraient certainement en accord avec le parti pris de leur consœur préoccupée par la transmission d'une tradition qui se fait vivante jusqu'au cœur de l'expérience d'un enfant.

Qu'en est-il de celles qui font profession de théologiennes? Il semble que même si l'abondance et la qualité des publications impressionnent, même si les efforts de réinterprétation ouvrent des perspectives nouvelles fort importantes pour l'avenir de l'Église et de la théologie elle-même, les avancées restent vouées à la marginalité. Un peu comme si un univers théologique fermé se nourrissait d'un plein ne pouvant digérer que le «pareil» et le «même». Certaines s'impatientent :

> J'en ai marre qu'on demande continuellement aux théologiennes de creuser tel ou tel aspect, qu'on réclame sans cesse de nouvelles études, qu'on dise qu'il faille approfondir ceci ou cela alors que tout cela a déjà été fait par des auteures qu'on ne prend même pas la peine de lire.

Les femmes ne sont pas dupes. Ce sera une longue bataille à livrer. Car, comme le dit cette autre : «L'Église a besoin de notre force, de notre compétence, de notre formation, pourtant nous ne sommes pas encore des partenaires, mais des corps étrangers.» La traduction étroite donnée dernièrement, par les grands diocèses de Montréal et de Québec, au texte du lavement des pieds, l'illustre fort bien[22]. Il y a longtemps que des femmes exégètes ont fait la preuve d'une révolution effectuée par Jésus de Nazareth. Révolution tellement incroyable qu'elle a profondément perturbé les mœurs de son temps. Qu'en est-il aujourd'hui de sa décision d'interpeller des femmes à le suivre et à propager la Bonne Nouvelle de sa résurrection? Comment dire et insinuer encore que les femmes ne peuvent être reçues dans le corps des disciples réunis? Têtue, l'indignation des femmes théologiennes se transforme sans cesse en travail acharné. Voyons brièvement ce qu'il en est au juste du mouvement de cette réinterprétation.

---

22. Le rite du lavement des pieds, ordinairement vécu au cours de la célébration du Jeudi saint, a été refusé à des femmes sous prétexte qu'il est impossible qu'un symbole liturgique suggère la présence de femmes parmi les douze apôtres.

Si le contenu de la pensée s'enrichit, le processus herméneutique lui-même se déplace et force à tenir compte du vécu réel des pratiques. Les femmes ne parlent pas de « kaïros », mais se pourrait-il que leur acharnement à vouloir redonner au « monde d'en bas » sa place dans l'univers théologique soit une nouvelle façon de faire théologie ?

> Quand j'ai à pondre un texte sur le thème de la pastorale familiale, par exemple, je ne cherche pas mes appuis d'abord dans les encycliques, le magistère ou les études patentées, mais dans les procès-verbaux des réunions de laïques ou de mouvements familiaux. Je prends des citations du monde « d'en bas », plutôt que du monde « d'en haut ». J'essaie de sortir de l'habitude de l'Église de pontifier pour favoriser l'éclosion d'une parole de laïque.
>
> Ce qui me passionne, c'est apprendre à faire théologie à partir de la vie. J'ai la conviction qu'au cœur de nos travaux, de nos amours, de nos échecs, il y a une Parole de Dieu qui ne demande qu'à être libérée. J'essaie de redonner confiance aux personnes que je rencontre, à leur parole propre, pour que la théologie cesse d'être l'affaire des seuls spécialistes.

Cette Parole-Événement, irruption de Dieu dans la vie quotidienne, marque la conviction profonde de la totalité des femmes rencontrées. C'est pourquoi nous ne reculons pas devant l'hypothèse suivante : une inculturation réelle de la théologie dans le monde moderne passera par de nouvelles visions féminines ou ne passera pas. Non pas que nous ayons senti chez les interviewées un désir d'enfermement sur elles-mêmes; au contraire, la très grande majorité affirme clairement l'intention de refaire le monde et l'Église par l'homme et la femme. Une seule condition : revoir les choses autrement. Cette auteure en exprime très bien les déplacements.

> Les hommes et les femmes qui enfantent, c'est-à-dire qui donnent chair et sang, temps, bonheur et en même temps détresse aux enfants de leur nom, pourraient prendre conscience, un jour ou l'autre, qu'ils sont là au cœur même des liturgies pascales. Les êtres fraternels qui touchent de leur doigt à la misère humaine et continuent d'aller au chevet des souffrants... ne seraient-ils pas les véritables prêtres ? Le quartier qui, dans des locaux de fortune et dans des groupes réels, laboure la solidarité tout en reconnaissant sous la lumière des Écritures les subtiles et indéracinables manigances du narcissisme... n'est-il

pas la véritable Église? Les chercheurs de Dieu, qui plongent dans le récit biblique comme dans un océan sans barrage, cherchant au détriment du dogme, l'appel plutôt que la réponse... ne seraient-ils pas les seuls théologiens utiles à la vocation humaine[23]?

Comment ne pas influencer l'avenir avec de telles pratiques de réinterprétation? Insistons encore une fois, les femmes ne prétendent aucunement être les seules à s'y débattre. Des amis et confrères participent au chantier[24]. Mais comment ne pas souligner le fait suivant. Dans cette spécialisation théologique particulière, de même que dans le travail pastoral, les femmes composent la majorité de la clientèle. Tout se tient et la boucle est bouclée. Une interprétation nouvelle surgira de leurs pratiques concrètes et leurs façons habituelles de pratiquer devront se transformer à la lumière de nouvelles interprétations. Inutile de le nier, qu'elles agissent comme intervenantes ou théologiennes-chercheures, les travailleuses en Église instaurent des pratiques de réinterprétations théologiques et pastorales avec lesquelles l'institution ecclésiale devra désormais compter.

Mais que penser de la capacité de gérance des femmes? Arriveront-elles à assumer les difficiles tâches de réorganisation effective qu'impliqueront de plus en plus les changements exigés? Dans les milieux paroissiaux, diocésains, universitaires et para-ecclésiaux, on se doute encore trop peu de la révolution inhérente à ces nouvelles façons de faire théologie. À la lecture des entrevues, force nous est de constater que, sans en prendre conscience véritablement, plusieurs répondantes explorent diverses formes de gestion organisationnelle et s'y habilitent. Elles nous ont inspiré le choix de cette dernière caractéristique.

---

23. Andrée PILON-QUIVIGER, « Ni homme ni femme », dans *Présence*, 2/12, 1993, p. 7.

24. Évoquons, entre autres, l'initiative prise, il y a maintenant une vingtaine d'années, de retrouver la dimension praxéologique de la théologie. Du coup, on a senti l'importance de revoir l'univers de l'interprétation à la lumière des pratiques. À cet effet, voir le sixième *Cahier d'études pastorales*, publié par la section des études pastorales de la Faculté de théologie de l'Université de Montréal, Jean-Guy NADEAU (dir.), « L'interprétation, un défi de l'action pastorale », Montréal, Fides, 1989.

Un très grand nombre de tâches accomplies par nos inter-viewées exigent une compétence de gestionnaire. Que cette gestion s'exerce au niveau juridique, financier, administratif ou à celui des relations humaines, elle force à reconnaître chez plusieurs femmes des qualités de responsables d'entreprise.

Je suis coordonnatrice de paroisse dans un milieu où il n'y a pas de prêtre résident. La paroisse est bilingue et la plupart des gens vivent de l'assurance-chômage. Je suis responsable d'absolument tout.

Comme cheffe[25] du service de la pastorale, je suis un des cadres de l'hôpital. J'ai donc mon mot à dire dans les réunions de personnel. Ma parole a autant de poids que celle d'un chef d'unité de soins. Je trouve cela très important; il s'y joue de grands enjeux.

Je suis la première femme à être présidente de fabrique dans cette paroisse. [...] J'ai dû m'imposer et faire ma place parce que plusieurs étaient mal à l'aise d'être dirigés par une femme. Mais ça s'est replacé avec le temps. [...] C'est moi qui engage le personnel et le gère. [...] J'ai aussi été responsable de la construction de l'église.

Habiles en gestion et en administration, elles n'en sont pas moins très sensibles à la valeur du témoignage rendu. Telle la réflexion de cette femme d'affaire, directrice d'une agence de communication : « Être témoin du Christ est pour moi très impor-tant. J'ai moi aussi à porter l'espérance tout en étant une partenaire sérieuse de la culture des médias. »

C'est ainsi que dans l'Église comme dans la société, des femmes assument des rôles de direction. Une saveur démocratique se dégage souvent de leur pratique[26]. Des méthodes de gestion

---

25. Voir le mot « cheffe » autorisé par *Le dictionnaire féminin-masculin des professions, des titres et des fonctions*, Genève, Métropolis, 1991, p. 106.

26. Il est important ici d'éviter les quiproquos. Nous ne prétendons aucune-ment que toutes les femmes en situation d'autorité exercent leurs fonctions de façon démocratique; pas plus que nous n'excluons le fait qu'il y ait des hommes démocratiques. Cependant, d'après certaines enquêtes et une observation attentive de la réalité, des femmes, en poste de pouvoir, découvrent de nouveaux modes de direction qui respectent davantage les individus, sans compromettre la réalisation des objectifs visés par l'entreprise.

participatives et consensuelles tiennent autant compte du bonheur des employés que de leur efficacité au travail. Elles considèrent que le rendement est à la mesure de la qualité des relations humaines. Une enquête réalisée auprès des femmes entrepreneures le confirme.

> Non seulement l'aspiration à bien gérer une entreprise sur le plan des relations humaines est exprimée par toutes les entrepreneures, mais elle fait l'objet de longues explications, démonstrations et illustrations, ne laissant aucun doute sur l'importance qu'elles accordent à cette dimension de la vie de l'entreprise. Elles estiment essentiel que les personnes qui travaillent pour elles soient satisfaites de leur sort, qu'il leur soit loisible d'utiliser au maximum leur potentiel, leur créativité et leurs capacités d'apprentissage, qu'elles puissent participer aux décisions, qu'elles se sentent respectées et appréciées[27].

Voilà, très sommairement, le relevé des principales caractéristiques issues des récits d'activités. À travers des mandats traditionnels, la plupart des intervenantes en Église expérimentent, d'une façon de plus en plus assurée, des pratiques de rassemblement, de solidarité, de réinterprétation et de gestion. Des joies et des difficultés parsèment le quotidien de ces pratiques. Qu'en est-il au juste?

Avancées et difficultés

Dans tous les milieux de travail historiquement masculins, les approches nouvelles occasionnées par l'arrivée des femmes provoquent résistances et difficultés. L'institution ecclésiale ne fait pas exception. Au contraire, l'entêtement de certaines de ses positions officielles la campent bien en place parmi les derniers bastions mâles en Occident. Attitudes difficiles à accepter, alors même qu'elle a désespérément besoin des femmes pour remplir ses fonctions d'évangélisation et de service auprès de la population croyante. Toutefois, depuis les vingt dernières années, des avancées importantes ont été réalisées. Trois lieux principaux sont mentionnés par les répondantes. On les distingue dans tous les milieux et à tous les niveaux. Quelques exemples serviront à les démarquer.

---

27. *Femmes entre vie et carrière, op. cit.*, p. 79.

– Au niveau de la reconnaissance

> Je travaille avec beaucoup d'hommes. Au début, il a fallu que je taille ma place, aujourd'hui, elle est là; on me fait confiance, on m'invite à prendre de plus en plus de responsabilités. Ils croient maintenant en ce que je réalise.

– Au niveau du travail en équipe

> Chez nous, il n'y a plus d'équipe presbytérale. C'est une équipe pastorale composée d'hommes et de femmes, tout simplement. On oublie les titres. Chacun a sa place et la prend. L'initiative n'est plus réservée au prêtre. Chacun et chacune peut mijoter un projet, le présenter et le réaliser.

– Au niveau des changements espérés

> Il se passe des choses nouvelles, il y a des prises de conscience. L'autre jour, des prêtres ont proposé de réunir les six paroisses pour un symposium sur nos façons d'agir ensemble. C'était une idée très constructive; auparavant, ils auraient refusé ce projet, car il fallait être chacun à ses petites affaires.

Bien sûr, les femmes sont heureuses de ces acquis et elles en font joyeusement le récit. Mais lorsqu'on les interroge sur les obstacles rencontrés, les réponses deviennent fébriles, tristes et parfois quelque peu agressives. Les déboires semblent fort nombreux et se situent au niveau de leurs difficultés relationnelles avec le clergé. Nous l'avons déjà dit, inutile d'occulter la situation par des sous-entendus polis. Analysant ce lourd contenu, nous avons repéré quatre expériences décrites comme particulièrement difficiles.

– Une lutte continuelle

> Comment arriver à changer les mentalités dans notre Église; toute cette structure masculine est si solide! [...] Parfois ça ne tient pas debout; tu as une femme compétente, peu importe, il faut qu'il y ait un nom masculin à côté, un prêtre pour justifier le travail. [...] Il faut que tu te débattes pour tout, pour faire l'homélie, pour intervenir, pour toutes sortes de choses.
>
> On m'a fait comprendre dernièrement que je n'ai pas à réfléchir à la communauté dans son ensemble... Et même au niveau des dossiers dont je suis responsable, ma place est restreinte [...]. Par exemple,

lorsque je chemine avec un groupe de parents ou d'enfants, je dois *prendre mon trou* au moment de la célébration, comme toutes les autres femmes. Certains prêtres acceptent qu'il faille changer la situation, mais lorsqu'une occasion se présente, ça ne marche plus, ils reculent. [...] Non, c'est clair, on cherche à nous convaincre que la femme ne doit prendre que *sa* place.

– L'autre côté du travail en équipe

Il y a maintenant quatorze ans que je travaille en pastorale et je ne me souviens pas d'avoir vraiment travaillé en équipe. Les prêtres ne sont pas formés à cela. C'est extrêmement difficile. [...] On peut avoir une réunion aux deux ou trois mois. C'est lourd, parce qu'ils croient, eux, savoir travailler en équipe. [...] Alors, on fait ce qu'on peut.

Comme membre de l'équipe, je me sens obligée d'accepter des choses avec lesquelles je suis en désaccord et sur lesquelles je n'ai aucune prise. Parce que, même s'il y a de réels efforts pour essayer d'être démocratique, les mentalités, elles, restent autocratiques. On te dit que tu peux décider au même titre que les prêtres, mais quand vient le temps des divergences, l'égalité n'est plus aussi réelle et vraie... Cela, tu le sens très bien.

– L'isolement et la solitude

Sur le terrain de l'engagement social, nous sommes en quelque sorte des orphelines. Nous sommes là au nom de notre foi, mais l'Église semble se désintéresser complètement de nous. On aurait besoin nous aussi d'être dans « une gang », d'avoir des célébrations liturgiques. Ce qui se passe dans les églises ne nous rejoint pas. Il faut alors, en plus de la lourdeur d'un quotidien fait de pauvreté et de misères humaines, fabriquer nous-mêmes des lieux de ressourcement... Il y a là quelque chose de difficile à vivre.

– Une longue patience souterraine

Beaucoup de nos curés ont des préjugés contre la femme et son rôle dans l'Église. Il faut être extrêmement diplomate et paraître soumise tout en sachant, en arrière-plan, que l'on sait ce que l'on fait... Aller doucement, mais continuer toujours à avancer... toujours continuer... sans que cela paraisse que nous sommes frustrées.

Ces extraits ne sont pas uniques. Ils révèlent au contraire la pensée d'une forte majorité d'interviewées. S'il fallait donner une indication plus précise, nous pourrions affirmer que, dans 75 % des entrevues, les femmes énumèrent longuement leurs malaises et leurs souffrances. Elles parlent comme si, enfin, la parole était donnée sans restriction. Il est certain qu'une observation systématique de ces difficultés exigerait une étude complexe et supposerait d'autres paramètres que ceux déterminés pour cette recherche. L'important est de comprendre que toute organisation en pareil bouleversement possède son cortège d'accrochages et de conflits. Il est donc normal qu'une conjoncture ecclésiale différente, appelant la transformation de mentalités et l'instauration de nouveaux rapports de pouvoir, suscite des remous considérables. Il est regrettable que l'institution ecclésiale ne profite pas davantage des outils mis à sa disposition par les sciences humaines pour faciliter le changement[28]. La prière, la réflexion et les discussions sans fin ne parviendront jamais à rencontrer l'ampleur de ces défis monumentaux.

Terminons cette analyse des pratiques pastorales en montrant brièvement, ce qu'il y a d'innovation créatrice ou de reproduction répétitive dans les approches féminines. Certes, la présence massive des femmes occasionne une perte d'équilibre au niveau de l'organisation; mais, sommes-nous en présence de pratiques qui induisent au changement réel? Très sommairement, voyons ce qu'il en est.

Renouvellement ou reproduction

La lecture spontanée des entrevues laisse une sorte d'impression diffuse; un peu comme si nous entrions dans une atmosphère chargée de revendications. Pourtant, au cœur de ces requêtes, à travers des expressions de fatigue et d'impatience, émane un souffle

---

28. La méconnaissance des dimensions névralgiques d'un changement peut compromettre tout effort de transformation du système clérical actuel. Dans les milieux sociaux et économiques, maintes entreprises sont déjà au fait des conditions, résistances et stratégies inhérentes à tout effort de renouvellement, qu'il soit au niveau de la culture institutionnelle ou de son organisation. Qu'il suffise seulement de référer à une étude de base dans ce domaine, celle de Michel CROZIER et Erhard FRIEDBERG, *L'acteur et le système*, Paris, Seuil, 1977. Voir aussi Philippe BERNOUX, *La sociologie des organisations*, Paris, Seuil, 1989; Pierre BEAUDOIN, *La gestion du changement. Une approche stratégique pour l'entreprise en mutation*, Montréal, Libre Expression, 1990.

d'espérance bouleversant. Comme si les femmes pressentaient l'imminence d'un grand renouvellement. Notre étude a permis de préciser quelques pierres d'attente dissimulées. Explorons-les brièvement.

Les récits colligés abritent plusieurs déplacements fort révélateurs. On les retrouve surtout au niveau des valeurs, des attitudes et des perspectives d'avenir. Telle cette intention, réitérée jusqu'à l'obsession, de privilégier l'écoute des autres d'abord. Malgré l'impératif de l'offre, les femmes s'acharnent à ouvrir un espace important pour la demande. Là-dessus leurs convictions sont très fermes : le discours officiel n'enferme pas l'Esprit. Seraient-elles en train de redonner au peuple le *sensus fidelium* qui le constitue Église ?

> Il faut se dire que les chrétiens sont baptisés, qu'ils ont l'Esprit et donc de bonnes idées. Je ne crois pas qu'ils soient *tout croches* parce qu'ils ne respectent pas les lois, cette mentalité est terrible. Ces gens ont de la bonne volonté, ils veulent essayer et ils ont aussi un peu de vérité à partager... C'est une approche qui est neuve dans l'institution.

Comme nous l'avons souligné précédemment, la formation théologique et spirituelle, tant au plan du contenu que du processus, reçue et retransmise dans la communauté, instaure une disposition favorable aux changements. Les agentes tablent beaucoup sur l'évolution des mentalités. Elles y voient souvent l'unique route possible, en Église, pour accéder à l'autonomie de pensée et d'action. Cette vision des choses garantit-elle, à long terme, la sortie d'une certaine aliénation religieuse ? Avec les femmes, nous croyons que oui.

> Je travaille en éducation de la foi des adultes. Il est important pour moi de préparer un laïcat responsable, capable d'une vision renouvelée de l'Église qui s'ajuste au monde d'aujourd'hui. Il faut donner une formation qui puisse permettre d'intervenir comme adultes dans l'Église, et non pas toujours comme des mineurs... Voilà le fond de mon engagement.

Plusieurs énoncés cachent un désir de renverser les perspectives. Il est parfois difficile de discerner si ces nouvelles façons d'envisager la réalité transforment effectivement les pratiques. Mais déjà, ce refus du *statu quo* prépare la place à d'autres éventualités. Celles-ci commencent à poindre. Quelques expériences prennent forme :

Nous avons commencé un nouveau projet. Avant lui, nous avons essayé beaucoup de choses encadrantes, pleines de structures. Finalement, d'une certaine façon, nous emprisonnions l'Esprit. [...] Nous essayons maintenant l'inverse : voir où l'Esprit va nous mener. C'est difficile et insécurisant, mais je suis sûre que ce sera beaucoup plus efficace, car maintenant plutôt que d'attendre les gens, c'est nous qui allons vers eux.

Ainsi, des intervenantes arrivent à mettre en place les mille et une conditions instauratrices des grandes révolutions. Le mur de Berlin, percé par une multitude de petits gestes subversifs, parfois infimes et quotidiens, s'est effondré en trois jours ! Apparemment adaptées à la culture cléricale, combien de travailleuses en Église s'emploient à transformer l'univers ecclésial ? La présente recherche ne permet pas d'en évaluer tout l'impact. Mais comme le dit une chercheure, ne sous-estimons pas les profondes transformations possibles par l'intérieur.

La participation sociale via les cultures prescrites n'a rien d'automatique. Ce sont des êtres vivants humains qui possèdent ces capacités de porter les cultures comme de créer du neuf, ces deux processus de reproduction ou d'innovation exigeant le concours actif de l'individu façonnent la société en même temps qu'il se façonne lui-même. [...] Quelles que soient les « sonorités » jouées par l'individu — pour employer une métaphore musicale intéressante — c'est toujours d'un être humain capable de « résonner », de produire des « sons » anciens ou nouveaux qu'il s'agit[29].

Mais il est rare que l'ombre ne côtoie pas la lumière. L'espoir du renouveau ne doit pas masquer les obstacles présents. Deux pierres d'achoppement ont attiré notre attention. L'absence d'analyse et de jugement critique risque de garder certaines femmes dans une sorte de naïveté et de béatitude qui ne pourront que les enfermer dans la résistance aux changements. Non pas qu'elles refusent d'évoluer, mais elles se méprennent sur la direction et l'ampleur du changement. Le seul fait que des répondantes croient provoquer une grande nouveauté en exerçant une tâche autrefois dévolue aux prêtres en est un exemple frappant. Pourtant, force nous est de constater qu'une observation sérieuse sollicite la compréhension.

---

29. Danielle LAFONTAINE, « Identité et créativité », dans *L'émergence d'une culture au féminin, op. cit.*, p. 44.

L'apprentissage d'un nouveau travail, les ajustements familiaux, les études théologiques, le malaise suscité par la présence d'une femme dans certains milieux pastoraux ne sont que quelques-unes des réalités auxquelles il faut faire face. De tout cela peut surgir un danger réel. Un tel branle-bas personnel, familial et communautaire risque de faire oublier une réalité indéniable : le tournant ecclésial attendu aujourd'hui par nombre de chrétiens et chrétiennes ne se réalisera nullement par des réformes de surface. Seules des transformations idéologiques, juridiques et structurelles y parviendront. Trop souvent, une certaine naïveté fait dire « que la distribution de la communion par des femmes s'avère une grande nouveauté ». Une telle inconscience est d'autant plus paralysante pour l'Église que les femmes lucides et critiques ont tendance à quitter une à une le terrain institutionnel. Voilà une autre pierre d'achoppement qui risque de s'appesantir avec le temps. La fatigue et la lassitude gagnent plusieurs répondantes.

> Je crois que c'est le temps de partir; autant pour les autres que pour moi... Je suis là actuellement, dans six mois, je ne le sais pas. [...] ma réflexion actuelle me conduit vers la porte de sortie... Je suis en train de sortir... de la tâche, pas de l'Église de Jésus Christ, mais de la tâche pastorale.

Voilà, à peine esquissées, des questions pour l'avenir. Une interprétation plus distanciée permettra de marquer, en creux et en bosses, les déplacements collectifs nécessaires. Pour le moment, poursuivons l'étude des entrevues, par le signifiant contextuel qui a permis d'identifier trois strates particulières : le social, le religieux et l'institutionnel. Tantôt en sourdine, tantôt avec force, ces trois aspects du champ contextuel couvrent l'espace dans lequel évoluent les femmes interviewées, du moins dans le discours qu'elles nous ont livré.

LES FEMMES ENGAGÉES EN ÉGLISE
ET LE CONTEXTE
SOCIORELIGIEUX ACTUEL

C'est maintenant un fait largement démontré : la société vit une période de mutation sans précédent. L'éclatement surgit de toutes parts. La recherche de l'unanimité, qu'elle soit politique, scientifique, idéologique ou religieuse se présente comme un véritable leurre.

Tout devient contestable, l'unanimité est perdue. Un État post-moderne est une organisation dont le centre a implosé, une sorte de processus éclaté et balkanisé, une réalité qui n'est plus justiciable d'une rationalité unique et englobante[30].

Spontanéité, individualité, impulsivité, voilà des valeurs qui incitent à l'évitement des manifestations communautaires, qu'elles soient sociales ou religieuses. L'évolution vogue au gré des modes, des inventions, des images. Même les avis spécialisés se contredisent. L'informatisation galopante provoque certains sociologues à prédire une ère de loisirs paradisiaques[31], d'autres dénoncent l'imbroglio socio-économique qui fondera ce paradis[32], d'autres enfin, s'intéressent davantage aux forces positives qui habitent le tissu social de la quotidienneté[33]. La réalité, elle, parle de cassures et de pauvretés, mais aussi de recherches et de reprises nouvelles. Les femmes s'y sont montrées particulièrement sensibles. Malgré le désarroi, à travers leur folie d'aimer inconditionnellement, l'espoir n'est pas exclu.

---

30. Gilles PAQUET « État postmoderne : mode d'emploi », dans *Relations* 53/587, 1993, p. 18. À ce sujet, pour une introduction rapide, consulter la revue *Relations*, vol. 52, 1992 et vol. 53, 1993.
31. Gregory BAUM, « Les théories de la postmodernité », dans *Relations*, 50/561, 1990, p. 142.
32. *Ibid.*, p. 140.
33. Cf. Michel MAFFESOLI, *Le temps des tribus. Le déclin de l'individualisme dans les sociétés de masse*, Paris, Méridiens Klincksieck, 1988 et *La connaissance ordinaire, op.cit.*

Un contexte social en ébullition

Tel que déjà mentionné, un grand nombre d'interviewées ne démontrent pas de propension, ni d'habileté pour l'analyse des promesses et déviations sociales actuelles. On a parfois l'impression que de l'intérieur des pratiques pastorales, les situations politiques, économiques et sociales apparaissent hors de propos. Un peu comme si l'Église constituait une sorte d'abri face aux aléas de la modernité. Telle cette femme qui rappelait son mari à l'ordre, dans une réunion du conseil de pastorale paroissiale, parce que celui-ci essayait d'expliquer aux autres les problèmes vécus dans son usine : « Arrête un peu, on ne parle pas de cela ici. » Quand même, dans quelques récits, cette préoccupation ressort d'une façon marquante. Ils proviennent surtout des femmes impliquées en milieu populaire. Elles refusent les inégalités d'un système capitaliste exacerbé et réclament, au nom même de leur foi, l'avènement d'un projet de société plus juste et plus humain : « Je suis très engagée dans des organismes populaires. Je vais chercher là quelque chose qui me donne un langage nouveau, celui qui concerne le quatrième axe de la pratique chrétienne, celui de la transformation sociale. »

Chez la majorité, malgré la difficulté de rendre compte du contexte social actuel, des inquiétudes profondément ressenties et exprimées laissent apparaître une préoccupation réelle. Elles parlent de problèmes reliés au divorce, au vieillissement, à l'immigration, au tiers monde, aux médias et, plus considérablement, des problèmes qui assaillent les jeunes générations. Mais toujours, une sorte d'anxiété relative à la pauvreté l'emporte. Ce phénomène massif d'appauvrissement qui envahit villes et régions les peine sincèrement. D'autant plus, qu'elles ne savent pas très bien comment l'aborder.

> Pour l'instant, j'écoute et je réfère à des organismes toutes ces personnes démunies qui viennent me voir. Mais je ne sais plus quoi penser. Est-ce qu'en aidant ces gens, nous n'empêchons pas les gouvernements de prendre leurs responsabilités? Je ne sais plus.

Pareille ambivalence est-elle la cause de cette absence de parole sur des sujets comme l'injustice organisée, l'analyse politique ou le changement de société? La recherche devra se poursuivre.

Mais d'ores et déjà, une conviction habite la minorité de répondantes qui épousent la lutte des groupes marginalisés : seule une transformation des structures de travail et de répartition des revenus pourra permettre des solutions à long terme.

Ainsi donc, l'action qui libère doit dépasser la stratégie de l'*assistantialisme* qui considère les gens mal pris comme des objets de charité sans plus et engendre fréquemment chez eux une grande dépendance. Elle doit aussi dépasser la stratégie du *réformisme*, laquelle, tout en cherchant à améliorer la situation des personnes, laisse perdurer le même type de relations et la même structure sociale paralysante. C'est au contraire une action qui adopte une stratégie de transformation des rapports sociaux[34].

Somme toute, la conscience sociale demeure faible dans les visions pastorales. En général, sauf quelques exceptions, les travailleuses en Église contribuent à cet état de fait. Reste leur préoccupation réelle pour les personnes démunies. Espérons qu'il y aura là l'espace d'un questionnement prophétique.

Le contexte d'un nouveau religieux

Il n'y a pas lieu ici d'évoquer longuement l'immense déplacement opéré dans la masse catholique québécoise depuis le phénomène de sécularisation amorcé par la Révolution tranquille des années 60, et légitimé de l'intérieur par le Concile Vatican II. Cette démonstration est faite depuis longtemps[35]. Trente ans plus tard, la majorité de la population a déserté l'Église tout en entretenant avec elle des liens occasionnels pour les fêtes, les rites et les célébrations sacramentelles. Actuellement, beaucoup sont surpris par une

---

34. Yvonne BERGERON, « Contempler et libérer », dans Hélène PELLETIER-BAILLARGEON, Claudette BOIVIN, Hélène CHÉNIER et Gisèle TURCOT (dir.), *Simonne Monet-Chartrand. Un héritage et des projets*, Montréal, Fides/Remue-Ménage, 1993, p. 179.

35. Pour un bilan de ce moment historique de la société québécoise, voir Marc LESAGE et Francine TARDIF (dir.), *30 ans de Révolution tranquille*, Montréal, Bellarmin, 1989. Voir aussi Fernand DUMONT (dir.), *La société après 30 ans de changement*, Québec, Institut québécois de recherches culturelles (I.Q.R.C), 1990.

montée religieuse qu'ils n'avaient pas prévue. À côté d'un attrait public pour les sectes et le Nouvel Âge, se développe, dans les sphères privées de la socialité, une recherche de sens qui évolue peu à peu en besoin de spiritualité. Chez plus de gens qu'on pense, la foi est à se recomposer nouvellement. L'étude conduite par Jacques Grand'Maison et son équipe en trace un profil saisissant pour toutes les générations[36].

Chez les pratiquantes et pratiquants réguliers, un «quant-à-soi» religieux se réserve une marge de liberté personnelle, en matière de morale particulièrement. Quoi qu'elles fassent, les instances hiérarchiques des Églises traditionnelles n'y peuvent rien. Audehors comme au-dedans des institutions, on fignole sa propre croyance d'origine, que l'on mêle souvent à plusieurs autres[37]. Pris dans le mouvement d'une nouvelle religiosité séculière, on en vient à célébrer des valeurs fondamentales pour le christianisme en les excluant complètement de la foi chrétienne. Ces déplacements socio-religieux franchissent les barrières institutionnelles et obligent l'univers ecclésial à revoir ses acquis traditionnels[38]. Mais les révisions sont encore très humbles. Voyons comment nos interviewées y participent.

Les femmes qui œuvrent auprès des jeunes nous ont paru très conscientes de cette situation. Une interviewée travaille dans une maison d'hébergement. Elle ressent bien cette dichotomie :

> Une de mes difficultés c'est de travailler avec des incroyants. Ils croient dans les valeurs de justice, d'équité et d'amour, par cela je peux les rejoindre. Mais, nous ne pouvons parler ensemble de la foi

36. Jacques GRAND'MAISON (dir.), *Le drame spirituel des adolescents* (10-20 ans), *Vers un nouveau conflit de générations* (20-35 ans), *Une génération bouc-émissaire* (35-50 ans), et *La part des aînés* (55 ans et plus), Montréal, Fides, 1993 et 1994. Les deux derniers volumes sont codirigés par Solange LEFEBVRE.

37. Pour plus de détails, voir Réginald BIBBY, *Religion à la carte*, Montréal, Fides, 1988; Raymond LEMIEUX et Micheline MILOT (dir.), *Les croyances des Québécois. Esquisse pour une approche empirique*, (coll. «Cahiers de recherche en science de la religion»), Québec, Groupe de recherche en science de la religion, Université Laval, 1992.

38. À cet effet, il faut lire le tableau dressé par le comité-conseil mis sur pied par l'exécutif de l'Assemblée des évêques du Québec. Ce comité, présidé par Jean-Guy BISSONNETTE, remettait, en mai 1992, une réflexion intitulée «La médiation communautaire dans l'éducation de la foi», publiée dans *L'Église canadienne*, (11 mars 1993, p. 113-120 et 1er avril 1993, p. 135-142).

en Dieu ou en Jésus. [...] Ce serait l'idéal... mais c'est comme ça. Je crois que c'est dû à l'ère où nous vivons.

Les jeunes qui viennent chez nous ont un secondaire trois. La plupart de ces adolescents et de ces adolescentes ne sont rattachés à aucune religion. [...] Mais ils se posent des questions sur le sens de la vie et nous parlent souvent du suicide.

Le drame spirituel de la jeunesse actuelle préoccupe parents, éducateurs et éducatrices, intervenantes et intervenants sociaux, juristes et décideurs de tous les paliers gouvernementaux. Dernièrement, maintes recherches ont tenté d'en cerner les enjeux primordiaux[39]. Il ressort des entrevues faites auprès des agentes de pastorale jeunesse une très grande sensibilité face au désarroi des adolescents et adolescentes côtoyés quotidiennement. De toutes nos interviewées, ce sont elles qui cherchent le plus désespérément la jonction parfaite entre pratiques ecclésiales et contexte socio-religieux contemporain.

Parce qu'elles ne pratiquent pas le dimanche, les filles ont l'impression qu'elles ne sont pas d'Église. J'essaie de leur faire découvrir qu'elles vivent pourtant une page d'Évangile lorsqu'elles participent à tel projet, et qu'elles sont donc aussi l'Église.

Ces femmes, souvent mères de famille elles-mêmes, comprennent que le monde séculier n'est pas moins religieux qu'autrefois, mais qu'il l'est autrement. Nous n'avons qu'à observer les passages opérés dans leur propre vision religieuse. Ces prochains extraits démontrent bien la fécondité d'un juste arrimage entre réalités sociales nouvelles et traditions chrétiennes héritées.

Pour moi le langage du Nouvel Âge a été très interpellant. Il a fallu que je me mette à l'écoute et au respect de ce nouveau langage religieux.

---

39. En voici quelques-unes parmi les plus récentes : *Le drame spirituel des adolescents, op. cit.*; MINISTÈRE DE L'ÉDUCATION DU QUÉBEC, *Au-delà des apparences*; MINISTÈRE DE LA SANTÉ ET DES SERVICES SOCIAUX DU QUÉBEC, *Un Québec fou de ses enfants*; COMITÉ CATHOLIQUE DU CONSEIL SUPÉRIEUR DE L'ÉDUCATION DU QUÉBEC, *Éthique, spiritualité et religion au Cégep*; Micheline MILOT, *Une religion à transmettre? Le choix des parents*, Québec, Presses de l'Université Laval. Ces recherches ont toutes été publiées depuis 1990.

Il est sûr que l'individualisme et le matérialisme de notre société nous empêchent parfois d'aller aussi loin que nous le voudrions. Mais on ne tire pas sur les fleurs pour les faire pousser. Il faut laisser le temps. Nous ne sommes plus dans la société chrétienne d'autrefois. Il faut tenir compte de telle ou telle école avec les difficultés qui lui sont propres et prendre les jeunes comme ils sont. Ce n'est qu'à cette condition que notre discours sera crédible parce qu'il portera le souci du destinataire.

Une question tenaillante surgit. Comment expliquer qu'une telle source prophétique jaillisse des engagements en milieux scolaires particulièrement? Serait-ce que les transformations de pratiques pastorales adviennent et adviendront seulement lorsque la plupart des intervenants et intervenantes travailleront davantage à l'intérieur de milieux franchement séculiers? Y a-t-il dans ce constat des brèches ouvertes sur l'avenir? Peut-être. Pour le moment, abordons le dernier aspect du signifiant contextuel.

Un contexte institutionnel particulier

Le troisième et dernier paramètre concernant le milieu occupe une place considérable dans le matériel recueilli. Il s'agit de l'espace institutionnel dans lequel la totalité des femmes interrogées exercent leurs fonctions. Mais différentes particularités s'imposent selon les lieux d'insertion. Pour la majorité des répondantes, un contrat d'engagement les situe en ligne directe avec le centre névralgique de l'institution, nous parlerons alors de contexte *structurel*. Il est signifié par le mandat d'un évêque. Il sera paroissial, diocésain, scolaire ou para-ecclésial (hôpital, prison, centre d'accueil, etc.). Pour les autres, minoritaires[40], nous proposons le terme *référentiel*[41] car, sans être mandatées formellement par un

---

40. Elles sont minoritaires dans cette recherche parce que minoritaires dans la réalité. Une des raisons est sans contredit le fait que les initiatives « privées » éprouvent beaucoup de difficultés à se maintenir financièrement.

41. Certains sociologues préféreraient « idéologique », soit. Mais si le terme « idéologie » suggère l'idée d'un système de pensée unique, on peut affirmer sans crainte qu'à l'intérieur de l'Église actuelle, il existe plusieurs idéologies religieuses et qu'aucune ne fait l'unanimité. Cependant, les références chrétiennes de base (Jésus Christ ressuscité, les Évangiles,

évêque, ces femmes sont tout aussi concernées par les déclarations, dogmes et politiques de l'Église (Centres de formation spécialisés, médias catholiques, facultés ou départements de théologie, etc.).

L'univers organisationnel de l'Église est complexe. Il doit tenir compte du fondement des origines, de l'histoire, de la grande Tradition, des visions anthropologico-théologiques de ses membres, des diversités culturelles, des sensibilités contemporaines, des incidences sociopolitiques, etc. Notre propos ne cherchera pas à établir les bases théoriques idéales, mais plutôt à rendre compte des lieux-problèmes indiqués par les femmes dans les entrevues. Elles ont surtout parlé de structure et de pouvoir.

Une structure hiérarchique et pyramidale

Les femmes en ont long à dire sur le fonctionnement hiérarchique de l'institution ecclésiale. En haut, le Pape et son magistère; en bas, la population croyante; au milieu, les évêques et leur personnel pastoral. Coincées au dernier palier du niveau central, les travailleuses en Église dénoncent les règles du jeu qu'elles jugent imposées et dominatrices. Qu'on ne s'y trompe pas. Les répondantes ne parlent pas d'intentions machiavéliques contre le sexe féminin. L'idéologie patriarcale n'est pas une expression récurrente dans leurs discours. Mais elles ne sont pas naïves pour autant. Elles savent que dans une institution séculaire comme l'Église s'établit, avec le temps, une sacralisation des structures et des normes qui finit par confondre le moment institutionnel de l'universalité (fondements et valeurs) avec celui de la singularité (formes organisationnelles et juridiques). De cette réalité, elles contestent le fixisme et l'aveuglement devant le questionnement. Ces quelques extraits suffisent pour rendre compte d'une impatience croissante.

Les évêques ont peur et travaillent uniquement à partir de la pensée du magistère et du droit canon. [...] Je cherchais à rejoindre *l'horizontalité*

---

l'existence des premières communautés chrétiennes, etc.) constituent des références auxquelles tous et toutes adhèrent. C'est pourquoi nous préférons le terme référentiel.

et ainsi mettre les gens ensemble pour élaborer une parole collective. Mais ils ont peur de permettre l'éclosion d'une parole qui appartient aux gens.

Pour moi, ça se vérifie dans le quotidien, la structure est organisée de haut en bas en fonction des clercs. [...] Actuellement on manque de prêtres; pourquoi une conférence épiscopale ne profiterait-elle pas de cette nouvelle conjoncture historique pour amorcer un changement de structure? On dirait que ça ne leur vient même pas en tête.

Ce qui me fait le plus réagir, c'est la justification idéologique, absolument inacceptable, qu'on nous donne de cette structure.

Quand les ordres viennent d'en haut, c'est complètement décroché de la réalité. Je me dis que si ce curé ou cet évêque avait rencontré cette femme, il ne s'exprimerait pas de cette façon... C'est radical, c'est dur, c'est froid.

Cet « ailleurs » sacralisé de la structure ecclésiale et de ceux qui la confortent marque une distance de plus en plus inquiétante avec l'expérience chrétienne actuelle. Du cœur de cet aujourd'hui contemporain, dont elles vivent pleinement la sécularité, les femmes lancent un cri d'alarme.

Le problème sur lequel on a le moins de prise, c'est le fait qu'on ait sacralisé tellement de choses. Parfois ce ne sont que des méthodes de travail qui n'ont rien à voir avec la sacralité. Je deviens facilement agressive quand je constate que des choses banales sont devenues sacrées, donc tout à fait intouchables. On refuse d'analyser leurs origines... Impossible, elles sont intouchables.

Associées en cela à d'autres intervenants prêtres et laïques, les répondantes participent à un appel collectif qui se fait de plus en plus strident[42]. Refuser d'entendre, c'est s'exposer à franchir une frontière derrière laquelle un autre univers commence. Il n'est même pas certain que l'institution ne soit pas déjà enfermée de l'autre côté. Aucune interviewée cependant ne croit à une rupture accomplie. Mais la profondeur des propos, le ton, et le refus de se maintenir plus longtemps dans un registre d'actions clandestines crient la colère et l'indignation. Il est intéressant de noter ici la

---

42. À titre d'exemple citons seulement Thérèse BOUCHARD, « Chère et crucifiante Église », dans *Relations*, 53/589, p. 89, où l'auteure fait une recension de trois publications récentes qui lancent ce même cri d'alarme.

différence des discours tenus dans *Risquer l'avenir*[43] et *Entre l'arbre et l'écorce*, recherches réalisées aussi en contexte ecclésial. Non pas que celles-ci gomment les problèmes, mais il est un fait que le style d'énonciation qu'utilisent les personnes rencontrées se présente sous une forme plus retenue, feutrée, filtrée. Tandis que les femmes impliquées dans la présente étude nous ont fait comprendre avec force que l'heure des stratégies silencieuses s'achève et qu'il est devenu impératif de parler et d'agir.

Un pouvoir centralisateur et déconnecté de la base

Une recherche sur la question des femmes et du pouvoir dans l'Église du Québec a été réalisée dernièrement par Anita CARON et son équipe. Si la base des données apparaît restreinte (deux paroisses de la ville de Montréal), la problématique, elle, se déploie d'une façon beaucoup plus exhaustive que nous allons le faire ici[44]. Les résultats confirment le silence prudent décelé dans les deux études précédemment citées. Comme Marie-Andrée Roy le fait remarquer :

> Quand vient le temps pour les femmes de dresser leur bilan, tout semble aller comme dans le meilleur des mondes; il y a comme un nivellement des difficultés rencontrées et seuls les aspects positifs sont retenus[45].

Serait-ce le terrain sur lequel les femmes sont rencontrées? ou l'horizon géographique couvert par l'étude? Difficile à dire, mais une chose est sûre, nos interviewées n'ont rien gommé de la réalité, aussi sombre puisse-t-elle être. Le premier lieu de friction mentionné

---

43. COMITÉ DE RECHERCHE DE L'ASSEMBLÉE DES ÉVÊQUES DU QUÉBEC SUR LES COMMUNAUTÉS CHRÉTIENNES LOCALES, *Risquer l'avenir. Bilan d'enquête et prospectives*, Montréal, Fides, 1992. Il faut préciser que cette étude ne s'adressait pas au personnel pastoral mais aux membres engagés des communautés. Ce qui peut expliquer, en partie, la différence. Quant à la recherche réalisée à Saint-Jérôme, *Entre l'arbre et l'écorce, op. cit.*, le titre lui-même en dit long sur l'inconfort ressenti et vécu effectivement.

44. Voir *Femmes et pouvoir dans l'Église, op. cit.*

45. Voir Marie-Andrée ROY, « Femmes, domination et pouvoir », *ibid.*, p. 130.

est celui des rapports de pouvoir qui régissent les rôles et statuts. Cette parole a quelque chose d'intarissable.

> Je fais partie de l'Église mais je ne suis pas identifiée à l'Église. Mon engagement se situe au niveau de la foi et de l'Évangile, parce que je suis en désaccord avec cette institution qui opprime, qui prend des décisions toute seule. Je suis incapable d'être en accord avec cela.
>
> Dernièrement je lisais un article publié dans notre diocèse et je communiquais comment il m'avait attristée... On m'a répondu carrément : tu sais, on va toujours rester curés et vous allez toujours rester laïques.
>
> Nous faisons face à une personne qui exerce un pouvoir tout à fait dictatorial. Mais nous n'avons aucune prise sur cette situation. [...] Plusieurs ont porté plainte et il n'y a aucun changement. C'est toujours le silence parce qu'il est membre du clergé et qu'il est très utile... Le problème des relations humaines, ce n'est pas important pour eux.
>
> La reconnaissance, là où nous en avons le moins, c'est à l'intérieur de la structure. Nous avons toujours un statut de soumission et de suppléance.
>
> Il y a des problèmes sur lesquels nous n'avons aucune prise; ça revient toujours à la même chose : les femmes n'ont pas de pouvoir décisionnel. Il faut toujours attendre que M. le curé prenne une décision. Bon nombre de dossiers attendent parce que les personnes soit-disant compétentes ne prennent pas de décision... Alors rien n'avance.
>
> Nous avons des tâches où, en fait, nous devons exercer une autorité, mais nous n'avons pas le pouvoir qui l'accompagne. Je me sens à la merci de celui qui a actuellement le véritable pouvoir sur la paroisse. Tous les acquis sont soumis à son bon vouloir.

Quelle charge ! Le langage est franc, explicite et dénonciateur; pas de faux-fuyants ni de détours futiles. Ces témoignages nous sont apparus lourds et massifs; nous aurions pu en citer bien d'autres. Ceux-ci devraient suffire à convaincre. Évitons de nous empêtrer dans les nuances : les femmes engagées dans l'Église manifestent de l'exaspération. Elles dénoncent structures, normes et pouvoirs qui s'enroulent sur eux-mêmes et, telle une force centripète, ramènent tout ce qui bouge vers le centre.

Au cours de l'analyse, nous nous sommes demandé comment ces femmes arrivent à rallier énergie, lucidité et persévérance. René Lourau, spécialiste en analyse institutionnelle, affirme qu'une saine déviance qui remet en question les finalités perverses, un type de présence qui interroge, une atteinte subtile mais réelle aux principales règles du jeu, une conscience claire de sa situation, permettent une distance intérieure créatrice de transformations libératrices[46]. Nous avons pu constater que plusieurs en font l'expérience.

> J'ai l'impression que n'ayant pas de place officielle dans la « patente », je n'ai rien à vendre, je suis libre. N'ayant rien à perdre, il est évident que je veux que ça change. Quelque fois je dérange... Je change les règles du jeu et me sens toujours assoiffée de changement. [...] Souvent, je me fais remettre à ma place. On tente de me raisonner, de m'expliquer l'importance de la tradition... mais ça ne marche pas, je suis irrécupérable.

Il serait faux de prétendre que la majorité des travailleuses en Église parviennent à une telle intelligence de la situation. Mais nos entrevues en ont dégagé un nombre suffisamment déterminant pour qu'il soit opportun de le mentionner. Encore tout récemment naïve, affective et spontanée, cette forme de déviance institutionnelle accède à un degré de conscience de plus en plus organisée. Graduellement, des femmes comprennent que le pouvoir de domination ne dépend pas des volontés individuelles, mais qu'il s'incarne dans des structures instituées aliénant tout autant les hommes, qu'ils soient diacres, prêtres ou évêques.

Il faut réclamer une transformation radicale, oui, mais pour quel peuple, quel monde, quelle Église? À travers un dernier signifiant, nous avons pu observer, chez les interviewées, leur conception de cet avenir en gestation.

LES FEMMES ENGAGÉES EN ÉGLISE : LEURS RÊVES ET VISÉES D'AVENIR

Influencer l'histoire est impossible sans la dimension prospective. Se distinguant, en régime chrétien, du futurisme ou de la

---

46. Cf. René LOURAU, *L'analyse institutionnelle*, Paris, Minuit, 1970.

futurologie, l'histoire évolue sur une trajectoire qui se situe entre la *mémoire* et la *promesse*. Coordonnées qui cherchent à saisir les courants de fond, les rêves et visées d'avenir en épousent les mouvements jusqu'à la réalisation de la mission. Ainsi, ce nouveau référent permettra de repousser la ligne d'horizon. Jusqu'où se profile le regard ecclésial? Quelles images, quels symboles marquent la profondeur du rêve? Quelles visions théologiques surgissent de la réalité ministérielle vécue? Trois pôles traceront le parcours de ce dernier signifiant.

L'importance d'agir ici et maintenant

Le premier s'inscrit dans le réel des pratiques quotidiennes. Véritables forces instituantes, celles-ci opèrent dans le « déjà-là » d'un Royaume appelé à battre au rythme du monde. Les femmes pointent l'urgence de mettre le rêve en œuvre immédiatement.

Rejoindre les préoccupations du monde d'aujourd'hui

Qu'elles soient sociales, culturelles, politiques ou économiques, les sensibilités contemporaines sont devenues chaudes, créatives, personnelles. Bien qu'on assiste à une véritable dispersion des valeurs fondamentales, et qu'il faille définir de nouvelles balises, de nouveaux repères éthiques, de nouvelles orientations, la voie ne se trouve pas dans le refus de la modernité, aussi mauvaise soit-elle. Les femmes sont formelles là-dessus. Malgré la faiblesse de l'argumentation théorique, nous avons trouvé dans plusieurs entrevues, des intuitions qui, conduites à une pensée claire, alimenteraient précieusement maintes analyses cogitées en laboratoire. Car, comme le dit cette auteure :

> Une pensée qui se constitue en dehors de l'étroitesse du cogito, n'a pas son fondement dans un vouloir expliquer, démontrer et rendre compte à travers les causes et les effets. Elle émerge en tant que compréhension sans médiations et, en cela, coïncide avec un « être au monde » dans la mesure où cet « être au monde » est pensée, c'est-à-dire parole parlée. Cet espace où nous vivons qui n'a pas été exploré

est celui de l'écoute. [...] Cette dimension de l'écoute est la plus originelle de « l'être au monde[47] ».

Cette façon d'être au monde comme on est en amour, c'est-à-dire habitée et changée par l'autre, est le mode de présence ecclésiale que nombre de femmes tentent de vivre. Pour la majorité des interviewées, l'organisation actuelle n'est qu'un passage obligé. La vieille carapace se meurt laissant naître une Église faite d'ouverture et de rapprochement social. Ainsi l'intuition de cette femme qui manie, sans s'en rendre compte, le problème toujours présent d'une Église objectiviste :

> Ça crée un problème que l'autorité vienne de l'extérieur du milieu. Celui-ci est devenu séculier et le pouvoir religieux n'y a plus de prise. Il y a sûrement une nouvelle façon de faire les choses. Par exemple, quand tu travailles avec des gens qui vivent une vie familiale comme toi, tu te sens beaucoup plus en lien avec eux, parce que tu es parent toi-même.

Voilà cette autre qui réclame l'intégration des expériences séculières dans les visions religieuses traditionnelles.

> Est-ce que je dois faire mourir ma petite communauté familiale pour en faire vivre une plus grande ? De toute façon, c'est la vie des gens de la communauté que je vis. Je fais l'épicerie, je vais chez la coiffeuse, à la pharmacie, conduire mes enfants à l'école. [...] Je suis toujours au cœur du monde. Cela aussi fait partie de la communauté.

Et que dire de cette extraordinaire connivence faite de complicités et de chaleur humaine ! Au-delà des barrières limitantes, plusieurs interviewées arrivent, par leurs expériences familiales, parentales et affectives, à bâtir des proximités réelles, réduisant le sentiment de distance causée par le lieu institutionnel de leur insertion.

> Ce qui me rapproche des personnes, c'est mon expérience de vie : j'ai deux grands garçons. Les gens me demandent souvent : « As-tu des difficultés avec tes enfants ? » Il y a comme un lien qui se fait... une espèce de connivence.

---

47. Giuseppina MONETA, « La pensée comme écoute de la parole », dans *L'émergence d'une culture au féminin, op. cit.*, p. 103.

Au début de mon engagement, les gens me disaient : « C'est tellement plaisant ! On peut te parler de nos problèmes, parce que toi tu es mariée, tu as un mari, des enfants, tu connais ça. » J'étais contente, je pouvais répondre à leurs questions... je savais de quoi je parlais.

Voilà une compétence qu'on refuse trop souvent de reconnaître dans l'Église.

Éviter le piège du cléricalisme

Cette expression est devenue monnaie courante dans le monde pastoral. Le cléricalisme est dénoncé comme un piège pour les laïques, une situation pécheresse pour la plupart des prêtres, une tentation pour les agentes, surtout celles qui occupent des postes d'autorité. Comme le dit Jean-Marc Gauthier :

> [...] l'enjeu fondamental est que la plupart des responsables de pastorale, prêtres, diacres ou laïques, sont aux prises avec un modèle de fonctionnement ecclésial ou d'approche pastorale insatisfaisant mais qui apparaît difficile à transformer ou à remplacer[48].

Cette difficulté est ressentie par une minorité de répondantes. Certaines s'inquiètent pour les consœurs qui assument des tâches dites plus traditionnelles (initiation sacramentelle, liturgie, gestion paroissiale, etc.). D'autres, redoutant le piège pour elles-mêmes, s'acharnent à identifier clairement les lieux de fermetures possibles.

> Ferons-nous l'erreur de cléricaliser les laïques ? Il ne faudrait pas tomber dans ce piège [...]. Le langage de l'Église a changé et les gens ne nous comprennent plus [...]. Nous ne nous en rendons même plus compte.

Si cette mise en garde est présente dans l'une ou l'autre des entrevues, elle ne constitue pas une préoccupation majeure. Mais l'alerte est donnée, une autre brèche ouverte sur l'avenir. Pour la garder disponible, une bonne veille s'impose.

---

48. *Entre l'arbre et l'écorce, op. cit.*, p. 148.

Croire aux avancées humbles et modestes

Tout changement institutionnel, à moins de passer par la violence (ce qu'aucune entrevue n'a envisagé), ne peut ignorer l'importance des déplacements internes au niveau des mentalités, des valeurs, des usages quotidiens. La sociologie du quotidien a bien montré l'incroyable force des mouvements souterrains qui hantent le sous-sol de toute organisation sociale. Plus les normes briment les libertés individuelles, plus un quant-à-soi personnel et collectif se développe dans l'anarchie et l'enchevêtrement propres aux pulsions inconscientes. Positivement, il constitue la marge de manœuvre nécessaire pour respirer socialement. Malgré sa réalité spirituelle, l'Église n'est pas au-dessus des contingences sociologiques. De déviance en déviance, le système clérical est en passe de devenir un véritable gruyère. Des femmes participent à cette subversion.

> C'est important de préparer un laïcat responsable, qui possède une vision de l'Église renouvelée, ajustée au monde d'aujourd'hui. [...] Permettre à des gens d'être adultes dans la foi et dans l'Église, de cesser d'être des mineurs.
>
> Nous avons davantage de liberté parce que nous sommes de plus en plus nombreuses. Je vois un édifice qui se lézarde. C'est une question de temps. Les gens ne toléreront plus de fonctionner dans la société moderne et de se retrouver au Moyen Âge dans l'Église.

À cet avènement d'une Église signifiante pour la société d'aujourd'hui, beaucoup de femmes désirent encore participer, de l'intérieur. Malgré l'avis contraire de nombreux courants féministes qui y renoncent, la majorité des femmes rencontrées croient sincèrement que les changements majeurs surgiront du cœur même de l'institution ecclésiale. Elles insistent, par ailleurs, sur une condition essentielle, la solidarité. Une solidarité entre femmes bien sûr, mais une solidarité ouverte où toute bonne volonté participera à la prise en charge collective du renversement. Comme le dit l'une d'entre elles, cette entraide communautaire édifiera « une très grande force créatrice pour l'avenir ».

Du pôle suivant, surgiront les symboles utilisés par les répondantes pour démontrer, visualiser, rendre intelligible l'idéal poursuivi.

L'importance d'habiter déjà nos rêves d'avenir

Un grand rassemblement communautaire, empreint de chaleur humaine et d'engagement social, marqué à la fois par l'ouverture et une identité chrétienne située, voilà le rêve porteur de tant de sacrifices et de détermination. Immense et beau, ne représente-t-il pas la base fondamentale pour qu'advienne le Royaume de Dieu?

« Peuple en marche », « grande famille » de sœurs et de frères rassemblés, groupe d'appartenance « tricoté avec un paquet de monde de toutes sortes », « regroupement de communautés » où les membres se déclarent responsables de leur communauté respective en même temps que du « projet collectif » de transformation sociale et ecclésiale, voilà la parole qu'elles expriment.

D'aucuns pourront sourire devant une image aussi idyllique. Attention! Ces rêves surgissent des profondeurs d'une foi clairvoyante, éprouvée par les nombreux obstacles dont nous venons de rendre compte. Un autre élément donne à ce rêve des allures de projet en voie de réalisation. C'est cet empressement à inventer un nouveau modèle ecclésial. Avec des amis et confrères de travail, elles dénoncent une structure séculaire incapable de porter l'avènement de nos discours renouvelés. L'histoire du vin nouveau dans des outres neuves est toujours d'actualité; il devient urgent d'inventer un cadre institutionnel à la mesure des manifestations de l'Esprit. Supportant de moins en moins la réalité d'une Église pyramidale, elles proposent une circularité, une horizontalité, une « Église en rond », comme le dit bellement une des répondantes. Pour quelques-unes, la seule évocation de cette Église « autre » ravive le désir, longtemps refoulé, de devenir ministre ordonnée. Certaines rêvent que l'ordination puisse leur être accessible immédiatement, d'autres préfèrent attendre qu'un tournant sérieux s'amorce.

Depuis la publication d'une enquête sur l'ordination des femmes[49], le rêve confié par certaines, dans l'intimité d'une entrevue anonyme, s'est transmué en débat public. L'horizon

---

49. Le journal *La Presse*, 4 avril 1993, publiait les résultats d'un sondage S.O.M. disant que 77 % des Québécois se déclarent en faveur de l'accession de femmes à la prêtrise.

médiatique commence peut-être à tracer les contours d'un changement. Mais les travailleuses en Église savent pertinemment que le contentieux actuel autour du ministère ordonné ne constitue que la pointe de l'iceberg; à moins qu'il en soit le fondement. C'est pourquoi, même entre elles, d'immenses interrogations se posent :

> Je trouve important que les femmes participent aux décisions, mais je voudrais que ça puisse être dans un autre modèle d'Église... ça ne m'intéresse pas qu'au lieu d'avoir un pape, nous ayons une papesse [...]. J'aimerais bien que si, en tant que femmes, on prend une place, on la prenne *autrement*.

> Dernièrement, nous nous demandions quelle devrait être la nouvelle forme d'Église; je pense que c'est le temps que ça bouge, qu'on sorte du presbytère, qu'on descende dans la rue au milieu des gens. [...] C'est là que l'évangélisation doit se faire... dans le monde. C'est peut-être plus important que l'ordination des femmes.

Quoi qu'il en soit, la totalité des répondantes souscrirait probablement à l'exclamation d'une d'entre elles : « J'aimerais bien voir une femme ordonnée avant de mourir ! » Mais les ministères diaconal et presbytéral n'enferment pas toute la réalité ministérielle. Le troisième pôle traitera des ministères dans leur ensemble. Une question précise alimentait la discussion là-dessus. Le contenu colligé est considérable et fort diversifié.

L'urgence d'une nouvelle compréhension des ministères

Tel qu'affirmé plus haut, la plupart des travailleuses en Église espèrent un déblocage radical devant l'inacceptable entêtement des autorités ecclésiales face à l'ordination des femmes. À ce sujet, l'hésitation n'est pas au rendez-vous. Pourtant la confusion et le doute s'emparent des récits lorsqu'elles tentent d'exprimer leur vision des ministères. Qu'est-ce qu'un ministère ? À quoi le reconnaît-on ? Le sacerdoce actuel ne contient-il pas tous les autres ministères ? Est-ce que ministère n'égale pas statut et pouvoir dans l'Église ? Quelles différences entre engagement chrétien et ministère ? Quel est le rôle de la communauté dans le choix des ministres ? Et puis, dans le contexte ecclésial actuel, les femmes doivent-elles vraiment exercer un ministère ? Tant et tant de questions qui dépassent considérablement le seul discours féminin. Il y a quelques années déjà, le collectif *Krisis* publiait une vaste interrogation sur l'éventualité de ministères nouveaux. Après avoir élaboré un bilan historique, Simon Dufour conclut :

> L'ensemble des éléments qui ont contribué à faire de l'état clérical et sacerdotal une condition d'accès aux ministères dans l'Église représente un cas particulièrement clair de confusion entre la tradition qu'un groupe se donne au gré des circonstances et ce qui vient de Dieu. Cette confusion empêche l'Église de choisir aujourd'hui les ministres dont les communautés ont besoin pour inventer le chemin contemporain pour vivre la suite du Christ[50].

Essayant de traverser les dédales de cet imbroglio hérité, les femmes ont formulé des interrogations, des convictions, voire des éléments majeurs pour une théologie des ministères. Les chapitres subséquents reprendront cette instance charnière de notre recherche pour en tracer les nouvelles voies ecclésiologiques. Pour le moment, déployons la parole des interviewées. Nous l'articulerons autour de trois aspects : un essai laborieux mais honnête de définitions, une recherche de lieux pour la reconnaissance, des intuitions pour l'émergence d'une nouvelle vision ministérielle.

Entre la confusion, l'hésitation et l'appropriation

Tentant de nommer la réalité ministérielle, beaucoup de femmes avouent ne plus rien y comprendre.

> Je n'ai pas un ministère dans le sens que je n'ai pas été mandatée par l'évêque... Mais c'est un ministère dans le sens que j'ai entendu un appel... C'est une sorte de rapprochement entre la personne et Dieu. Si c'est cela un ministère !... J'aimerais bien qu'on me donne des explications là-dessus.
>
> J'ai un ministère spécifique bien sûr, mais je trouve que c'est une question un peu embêtante... On a écrit de gros livres là-dessus et on ne sait pas encore très bien ce qu'est un ministère.

---

50. En collaboration, *Des ministères nouveaux?*, Montréal/Paris, Éditions Paulines/Médiaspaul, 1985, p. 67.

D'autres identifient spontanément le mot « ministère » à « ordination », et hésitent alors à s'y associer. Mais on entre dans le rejet total lorsque « ministère ordonné » devient synonyme de « pouvoir clérical » :

> Le mot lui-même me fait problème [...]. Il est tellement associé, dans ma tête et dans celle des autres agents, au mot « pouvoir » que non, nous n'avons pas le goût de l'endosser... ça fait trop clergé.

C'est ainsi que certaines préfèrent se tenir au-dehors. C'est leur mode d'être en Église qu'elles souhaitent protéger, car le ministère leur apparaît comme une instance récupératrice et aliénante. Nous ne pourrons indéfiniment taire l'énormité de ces interrogations. Des équipes de travail tentent actuellement d'y faire face. On ne peut ignorer, à cet effet, les efforts réels du comité des ministères de l'Assemblée des évêques du Québec. La réflexion amorcée est courageuse et possède le grand mérite d'aborder sérieusement les problèmes. Pourtant, certaines questions sont contournées, dont celle de l'ordination des femmes. Des raisons stratégiques en sont probablement la cause. Mais comment ne pas reconnaître que des femmes exercent un véritable pastorat surtout lorsqu'on leur confie la responsabilité d'une paroisse? Et que dire de toutes celles qui, depuis si longtemps, assument des tâches diaconales dans l'Église, souventes fois avec plus de charisme que leur mari diacre? Pourquoi ne pas le dire officiellement? se demandent de plus en plus de femmes.

Serait-ce une réaction de repli stratégique devant tant de déceptions, plusieurs choisissent le contraire de l'exclusion. Elles s'approprient littéralement le mot et la réalité ministérielle. Que cela soit conforme ou non aux fondements théologiques élémentaires, peu leur importe.

> Moi j'exerce un ministère dans la ligne de la vie. J'aide des personnes à devenir des « Vivantes ». Tout comme Marie, je me sens de cette lignée de femmes porteuses de vie... qui aident à vivre jusqu'au bout... C'est le plus beau ministère et je n'ai pas besoin que les autres me le reconnaissent.
>
> Pour moi avoir un ministère, c'est être au service. C'est ce que je fais... je travaille à la croissance humaine. [...] Tu n'as pas la foi en Dieu si tu ne grandis pas humainement d'abord. [...] C'est un ministère... Que ce soit reconnu ou pas, c'est un ministère.

Et minoritairement, il y a celles qui avouent « ça ne m'intéresse pas vraiment », ou « ça n'a pas d'importance ». Jusqu'à celles qui, comprenant enfin ce qu'est un ministère, s'exclament mi-sérieuses, mi-rieuses : « Finalement, il y a beaucoup de prêtres qui n'exercent pas de ministères ». C'est ainsi qu'intelligence et humour prennent parfois des allures révolutionnaires. Mais il reste, de tout cela, le sentiment d'une vision complètement éclatée. Seule, une articulation théologique et pastorale tenant compte de la pratique concrète des femmes sur le terrain pourra clarifier la situation. Le chantier est énorme. Recueillons encore quelques éléments pouvant conduire à un premier élagage.

Des lieux pour une reconnaissance ministérielle

Les répondantes qui se sentent appelées à l'exercice d'un ministère identifient trois lieux de reconnaissance : la commu-nauté, l'évêque, mais aussi elles-mêmes. Encore ici beaucoup de diversité dans les réponses. Il est rare que les trois lieux choisis soient également reconnus comme indispensables.

La reconnaissance attendue de la part de la communauté est limpide. Nous l'avons souvent répété, s'il y a une part de leur discours qui ne souffre ni hésitation ni obscurité, c'est bien celle qui décrit abondamment les rapports avec leurs sœurs et frères croyants.

> Qui peut prétendre être pasteur ? [...] Ce sont les communautés qui doivent dire : « Oui, toi tu portes tel charisme. » Un pasteur c'est quelqu'un qui parle au nom de la communauté, de la grande Église, non pas de haut... ça n'a pas de sens.

Il y a beaucoup plus d'ambiguïté autour de la reconnaissance venant de l'évêque. Celle-ci est perçue quasi uniquement à travers le mandat pastoral, souvent relié au contrat de travail. Engoncée dans les contraintes fonctionnelles et bureaucratiques, cette recon-naissance ministérielle est vue comme « un titre officiel venu des autorités de l'Église ». La situation est telle que les travailleuses œuvrant à l'extérieur des cadres paroissiaux et diocésains en arrivent à se sentir exclues de la vie ecclésiale. Observation importante, car comment prétendre que, hors les murs, n'existe aucun ministère ?

Les choses atteignent la pleine confusion lorsque certaines déclarent que, le mandat étant « un simple papier », elles se sentent autorisées à se donner elles-mêmes une reconnaissance. Étrange réaction, inacceptable pour une saine théologie sur les ministères. Et pourtant, n'y a-t-il pas ici l'indice d'une indéracinable certitude ? Celle qu'un appel personnel existe, que cet appel vient de Dieu, et que rien ni personne ne pourra le nier. En attendant d'être convoquées officiellement par l'Église, qu'y a-t-il de si farfelu au fait que ces femmes se reconnaissent choisies par Dieu pour exercer une fonction essentielle sans laquelle il n'y aurait pas Église ?

Enfin, quelques-unes croient que tout travail relié à l'Église devient automatiquement un ministère. D'autres, plus nombreuses, décident de laisser aux théologiennes et théologiens le soin de régler la question.

> Je trouve que c'est un mot utilisé à toutes les sauces. Pour moi je réponds à ma vocation de baptisée, et cela m'est suffisant. Que ce soit un ministère ou pas; peu m'importe. Je laisse aux experts le soin de se débattre avec leurs définitions.

Des éléments pour une nouvelle vision des ministères

L'état d'anarchie qui prévaut au sujet de la définition des ministères ne surprend guère. Signe révélateur du désordre de la pensée sur cette donnée fondamentale de la Tradition chrétienne, il incite non seulement à retracer les causes de cet embrouillamini, mais surtout à reconstruire une structure et une dynamique qui tiendront compte de l'expérience des femmes. Un chapitre ultérieur s'y emploiera. Pour le moment, recueillons le matériel extraordinaire contenu dans les entrevues. À travers une recherche laborieuse et parfois incongrue, les réponses ont fourni des réflexions et commentaires fort pertinents pour l'élaboration d'une théologie ministérielle renouvelée. Ils seront présentés autour des thèmes suivants : retrouver le sens du charisme reçu; retrouver le sens de la mission donnée; retrouver la place de la communauté.

Mais d'abord, un préliminaire traverse plusieurs entrevues : « démystifier le ministère hiérarchique masculin ».

On va souvent me dire : ton Église c'est des hommes. [...] Il faudrait d'abord démystifier le ministère hiérarchique masculin qui, sans que ce soit de sa faute aujourd'hui, subit le poids de l'histoire. Il prend tout, gère tout, légifère sur tout, décide de tout : synode, chapitre, concile... sans femmes pour participer aux décisions. Bien sûr, tout en allant chercher quelques petites idées timides ici et là.

Que cet avis plaise ou non, encore ici les femmes dénoncent et revendiquent. Pour elles cette vision n'a rien à voir avec la théologie catholique mais relève plutôt d'une anthropologie imbue d'idéologie patriarcale. Nous n'avons pas trouvé là une vague revendication féministe, encore moins un désir plus ou moins pervers d'accéder au pouvoir.

Elles veulent le pouvoir ! ! !
Dites-moi quel pouvoir ? ? ?
N'est-ce pas plutôt de service dont nous parlons ?
Expliquez-moi...
Pourquoi quand c'est « lui », c'est le service
Et quand c'est « elle », c'est le pouvoir[51] !

Poème révélateur que tant d'agentes auraient voulu écrire ! Non, ce qui est en cause ici, c'est le refus catégorique d'associer Dieu à l'injustice et à l'inégalité. Il y va non seulement de la crédibilité de l'Église, mais de la fidélité à l'Évangile de Jésus Christ. Quoi qu'on en dise, les femmes ne se tairont plus là-dessus.

Je suis heurtée par un profond scandale dans l'Église. Cela fait maintenant une vingtaine d'années que je suis impliquée. Je ne suis plus capable d'accepter que les femmes aient des barrières dans l'Église. [...] Pour moi, c'est du sexisme érigé en système.

Une telle intensité ne se retrouve pas dans tous les dialogues, mais les allusions marquées par l'agacement et l'impatience s'avèrent certainement majoritaires. Cette prémisse établie, voyons donc la consistance des trois fondements annoncés.

---

51. Extrait du poème « Il y a depuis peu quelques femmes... », publié dans *Entre l'arbre et l'écorce*, *op. cit.*, p. 97. L'auteure, Lise LECLERC, est responsable de paroisse.

– Retrouver le sens du charisme reçu

Si certaines répondantes parlent aisément de charismes, d'autres préfèrent parler de « dons », de « talents », de « capacités », de « souffle de l'Esprit » ou de « créativité de l'Esprit ». Convaincues que la communauté porte en elle les charismes nécessaires à sa vie, la plupart souhaitent un élargissement significatif de la réalité ministérielle. Elles discernent dans la quotidienneté les surprises d'un Esprit attentif aux besoins communautaires. Mais les lieux de surgissement diffèrent.

Quelques-unes parlent de leurs propres charismes.

Quand je donne la Parole je crois qu'il s'agit d'un ministère... d'un charisme. On me le dit continuellement : « Tu as le don. » Je ne sais pas d'où cela vient, je ne comprends pas, mais je sens que c'est là.

Plusieurs affirment plutôt l'importance de reconnaître les dons distribués dans le peuple.

Quand on parle des ministères, si on veut parler d'une Église Peuple de Dieu, si on veut parler de la reconnaissance des personnes, de leurs charismes et de leurs dons... Là oui, il y aurait quelque chose à regarder. [...] Comment les dons des chrétiens pourraient être reconnus, valorisés, mis au service de la communauté.

Une conviction profonde habite les récits : ces charismes donnés par l'Esprit sont appelés à être discernés communautairement. Pour les femmes, il n'y a pas d'un côté ceux qui reconnaissent et de l'autre ceux qui attendent d'être reconnus. Toute la communauté rassemblée peut reconnaître, discerner, appeler.

Le ministère reçu, il faut d'abord l'avoir découvert. C'est là que la communauté prend tout son sens. Ce sont les autres qui t'ont reconnu tel ou tel don, car il s'agit de faire découvrir à l'autre ce que la plupart du temps, il ne sait pas. C'est ainsi que, confirmée par d'autres, j'ai découvert le charisme du service aux malades auquel j'ai répondu à travers un ministère.

Mais le don reçu ne trouve son sens qu'au service d'une mission. Véritable obsession, cette réalité occupe prioritairement le champ de conscience de nos interviewées. Cela ressort clairement de l'ensemble de leurs propos, fort hésitants par ailleurs, sur le thème des ministères.

– Retrouver le sens de la mission donnée

Dans un commentaire théologique au sujet du livre *Les soutanes roses*, Micheline Laguë écrit : « La Mission de l'Église domine le propos des femmes. Ce thème dévoile, en fait, la clé d'interprétation pour expliquer la présence massive des femmes dans les tâches ecclésiales[52]. » Une décade s'est écoulée depuis la cueillette de ces données. Aujourd'hui encore, les répondantes réfèrent abondamment à la mission. Leurs propos se regroupent autour d'éléments divers. Certaines rêvent d'une mission insérée au cœur de la société actuelle.

> Il y a des activités qu'une Église doit mettre au monde. Elle doit se soucier de rejoindre le monde moderne dans ce qu'il est... au niveau des classes populaires, ou des communications sociales, par exemple. Dans ces deux milieux, sa présence est pauvre. Pourtant, ça me semble être des lieux pour la mission de l'Église.

Très nombreuses sont celles qui allient étroitement communauté, mission, charisme et ministère.

> Notre communauté a sa couleur bien à elle. Les gens se sentent pleinement responsables avec notre équipe. Ils n'ont pas peur de suggérer, de s'impliquer, d'inventer. C'est plein de charismes dans la communauté. Nous n'avons qu'à les faire fructifier. Nous essayons

---

52. Micheline LAGUË « L'arrière-plan ecclésiologique des *Soutanes roses* », dans *Sciences pastorales*, 9, 1990, p. 115. Cette seule référence et les résultats de notre recherche viennent affaiblir considérablement l'affirmation de Gilles ROUTHIER, « Nouveaux modèles ministériels : repères et conditions », dans l'ouvrage collectif *Ni curés ni poètes. Les laïques en animation pastorale*, Montréal/Paris, Éditions Paulines/Médiaspaul, p. 201, lorsqu'il dit : « [...] ce ne sont pas les oppositions du clergé qui doivent constamment empêcher les animateurs laïques en pastorale de "s'installer" dans l'Église. Bien davantage, ce sont les défis de l'évangélisation qui doivent les empêcher de convoiter des privilèges qui ne correspondent pas aux défis présents de la mission. [...] Il faut adopter une autre perspective de changement institutionnel qui soit davantage de l'ordre de la conversion et qui laisse enfin de la place au troisième terme (la mission) trop souvent négligé dans la confrontation bipolaire entre les clercs et les laïques. » Voilà maintenant plusieurs années que les femmes, praticiennes aussi bien que théologiennes, ne cessent de rappeler cet argument, au point qu'il est permis de se demander si le problème ne se situe pas ailleurs.

de continuer la Mission que Jésus nous a confiée, en vivant de foi, d'espérance et de charité. Évangéliser, ça appartient à tous les baptisés. Il me semble que globalement le ministère, ça égale quasiment la mission.

Quant aux entrevues qui s'intéressent prioritairement aux questions de justice sociale, elles y voient une mission essentielle de l'Église. Les milieux pauvres, marginalisés, délaissés deviennent le terreau humain du salut. Tout comme un certain Jésus de Nazareth réservant la première place aux prostituées, elles n'hésitent pas à s'exclamer : « Voilà, la vraie Église ! » Et cette autre réaction significative : « C'est la libération de l'humanité qui est le premier lieu de la mission fondamentale des chrétiens. » D'autres soutiennent que le blocage institutionnel face aux femmes ne pourra être levé qu'au moment où les autorités ecclésiales et les communautés se centreront sur la mission à faire advenir.

Je lie la question des femmes dans l'Église et la possibilité de sortir de l'impasse à la mission de l'Église, c'est-à-dire, permettre à la communauté d'être à l'écoute de son époque, des appels à y recevoir. De toute façon qu'on le veuille ou non, c'est irréversible. L'Église de demain ne sera pas celle d'aujourd'hui, autant dans sa façon d'agir que de gérer.

En dernier lieu, soulignons seulement que quelques répondantes, évitant détails et longues explications se contentent de déclarer avec une simplicité déconcertante par la vérité et la brièveté de leurs propos : « La mission de l'Église est associée à la mission de Jésus Christ. » Sans lever le voile sur les particularités de cette mission, on ajoutera seulement que « le Christ nous a donné comme mission d'évangéliser, d'annoncer la Parole, la Bonne Nouvelle ». Un peu comme s'il était laissé au secret des consciences d'en découvrir les voies et les appels concrets.

– *Retrouver la place de la communauté*

Déjà en parlant du signifiant relationnel, nous annoncions l'importance de ce thème pour les femmes. Massivement, il se retrouve dans leur réflexion sur les ministères. Une parole ferme et résolue renoue avec la grande Tradition.

En effet, dès l'origine de l'Église l'accession aux ministères emprunte un long processus au cours duquel une communauté, reconnaissant le charisme d'un de ses membres, l'appelle à exercer, au service de tous, une fonction précise. Le rite liturgique d'imposition des mains célèbre alors la grâce reçue. L'action de l'Esprit à l'œuvre dans la communauté est rendue ainsi à la conscience de tous et toutes. Plus tard et malheureusement encore aujourd'hui, l'appel au ministère, sa reconnaissance et le bien-fondé de sa mission, s'établissent en dehors de la communauté locale. Sous prétexte que l'appel au ministère provient de la « grande » Église, on prive les communautés paroissiales et autres du privilège de discerner et de reconnaître les charismes qui les habitent. Beaucoup de nos interviewées réclament un retour aux sources fondatrices :

> Ce sont les communautés qui doivent te dire si tu portes tel charisme [...]. Au bout de cinq ans, il faut étudier la conjoncture, prier, puis peut-être donner le mandat à une autre personne.

Pour la très grande majorité, la communauté ne se réduit pas au rassemblement dominical. Elles insistent sur l'importance d'aller par les rues, les quartiers, au milieu des gens, hors du temple et des presbytères. Elles refusent d'accaparer la mission : « évangéliser, ça appartient à tout le monde », et avoir un ministère, ce n'est pas « une affaire personnelle entre Dieu et toi ». Certaines se demandent même si elles ne devraient pas centrer leurs efforts sur une « plus grande démocratisation, de manière à redonner au peuple de Dieu tout son pouvoir », plutôt que de revendiquer l'ordination des femmes. Ce à quoi celles qui se disent appelées au presbytérat rétorquent :

> L'Esprit fait naître les pasteurs du cœur de la communauté. Si nous entrons dans ce mouvement et refusons le parachutage qui vient de l'extérieur, nous pourrions changer plein de choses dans la façon actuelle de faire de bien des hommes.

Qu'importe le point de vue, la question reste posée. Démocratie et Église sont deux réalités différentes; cela n'induit pas qu'elles ne puissent se rencontrer. Certes, on ne se « vote » pas l'Église comme on vote une constitution politique. L'Église est don et désir de Dieu. Son message nous est confié sans nous appartenir. Le rassemblement ecclésial ne crée pas l'Évangile, il le reçoit. Aucune entrevue ne remet en cause ces fondements ecclésiologiques majeurs.

Ce qui par ailleurs est devenu insupportable, c'est la récupération de cette foi profonde des croyants et croyantes de bonne volonté, pour justifier des prises de position antidémocratiques ou, ce qui revient au même, anticollégiales, anticommunionnelles, et parfois carrément antiévangéliques. Cette façon d'utiliser le discours chrétien pour appuyer certains interdits officiels devient malheureusement une voie trop souvent empruntée. Une entrevue réalisée avec un évêque, à propos du sondage précédemment cité révélant que 77 % des Québécois se déclarent en faveur de l'ordination des femmes, s'avère là-dessus très révélatrice.

> Pendant des siècles, le clergé a exercé seul les responsabilités ministérielles dans l'Église. Au cours des dernières années, l'ordination de femmes à la prêtrise n'aurait fait que perpétuer la prédominance du clergé. En réalité, l'avènement d'agentes et d'agents de pastorale laïques, en complémentarité des prêtres redonne le ministère à l'ensemble du peuple de Dieu en le confiant conjointement à des personnes, les unes ordonnées, les autres laïques[53].

Nous avons vu combien les femmes souhaitent l'avènement d'une communauté tout entière ministérielle. Là n'est pas le problème. Laissons une des interviewées répondre.

> Il y a des gens qui sont qualifiés pour exercer des ministères, et d'autres davantage pour travailler au service de ces ministères. C'est normal que les deux formes existent dans l'Église. Ce qui n'est pas normal, c'est que les uns appartiennent uniquement à un sexe, et que les autres appartiennent uniquement à l'autre sexe, comme c'est le cas présentement.

Voilà ce que les femmes n'acceptent plus et plusieurs hommes sont de leur avis :

> [...] aucun *lien de nature* n'a été théologiquement justifié entre ministère ordonné et masculinité. Il ne peut donc s'agir que d'un *lien de convenance*, un lien posé, de surcroît, en vertu d'une argumentation historique fort discutable. Cette convenance peut-elle encore tenir[54] ?

---

53. Il s'agit ici du sondage de *La Presse* déjà cité. L'article s'intitule « Chaque évêque se fait poser ces questions », p. A9.

54. Simon DUFOUR et Rémi PARENT, *Les ministères*, Montréal, Éditions Paulines, 1993, p. 93.

« Bien sûr que non », répondent collectivement les femmes. La convenance culturelle contemporaine s'ancre éminemment dans des principes démocratiques qui, quoique régulièrement bafoués, n'en constituent pas moins la base de notre société moderne. En Amérique du Nord, entre autres, droits humains et démocratie constituent les fondements anthropologiques et philosophiques sur lesquels s'érigent nos chartes et constitutions. Que l'Église, en son mystère fondateur, ne puisse souffrir l'enfermement dans l'univers des organisations humaines ne justifie aucunement l'absence d'un fonctionnement libre et démocratique en son institution. Les rapports entre christianisme et structures politiques ne sont pas onto-logiquement intouchables. Un peu d'histoire nous convainc facilement. Des théologiens et théologiennes, des intervenants et intervenantes du terrain, et de très nombreux catholiques s'interrogent de plus en plus sur un juste retour de la démocratie dans l'Église[55]. Les répondantes ont soulevé le problème avec transparence.

C'est ainsi que dans la majorité des entrevues, il est question de « peuple de Dieu », d'« Église-communion », d'« autorité-service », de « responsabilité de tous les membres », de « lien avec le monde », de « mission communautaire », de « liberté chrétienne ». C'est une prise au sérieux authentique et véritable de ces substrats ecclésiologiques essentiels qui crée l'impatience et l'audace obstinée des femmes. Les quatre signifiants qui ont balisé notre réflexion ne visaient qu'à en révéler la profondeur.

Nous voilà rendu au terme de ce premier parcours. Est-il utile d'admettre ici qu'un tel découpage de la réalité reste toujours un peu aléatoire. La vie est beaucoup plus riche et complexe que les récits qu'on peut en faire, aussi passionnés soient-ils. Et que dire de la synthèse de ces récits ! C'est la conscience de tels écueils qui nous a gardées en si grande proximité. Quand même, tant de densité ne peut s'enfermer dans une seule approche.

Voilà pourquoi le chapitre suivant s'emploiera à opérer une seconde et dernière coupe, plus globale, plus distanciée. Semblable à une exploration forestière dépassant l'étude des arbres et de leurs ramifications propres, l'analyse subséquente permettra un regard d'ensemble comparable à l'identification des catégories ou des

---

55. La revue *Concilium* y consacrait dernièrement un numéro intitulé « La démocratie dans l'Église. Un tabou ? », 243, 1992.

familles d'arbres qui composent une forêt. En effet, de cette vaste cueillette de données, des homologies de ressemblances et de différences laissent poindre des profils-types très révélateurs de l'évolution des femmes dans l'Église actuelle. Ils feront l'objet du prochain développement.

Mais comment conclure cette première interprétation sans redonner la parole à l'une d'entre nous? L'extrait d'une conférence prononcée par une consœur d'Amérique latine servira de message collectif. Imprégné d'un mélange de sensibilité et d'intelligence, il résume fort pertinemment l'«atmosphère» de tendresse, de souffrance et, nous l'avons déjà dit, de revendication qui habite l'interligne des entrevues analysées.

> Que dire alors? Liquidons tout? Détruisons nos institutions et nos symboles éternels? Fermons nos séminaires et noviciats? Nions le Magistère et la Tradition? Détrônons le Pape? Renvoyons chez eux les nonces apostoliques? Où irions-nous? Que ferions-nous?
>
> Je suis absolument sûre que le chemin n'est pas celui-là. Il semble être une aventure intérieure, fragile, dans l'insécurité, un chemin d'auto-conscience personnelle et collective, de rencontre en profondeur avec nous-mêmes et les autres. Un chemin intérieur qui nous mène jusqu'à cet endroit commun dans lequel tous, femmes et hommes, nous nous sentons égaux et en même temps différents, forts et en même temps fragiles [...]. Nous ne nous imposerons plus comme maîtres — ni au masculin ni au féminin — mais le dialogue, l'apprentissage commun, la réciprocité affective, le respect des différences feront partie de notre comportement habituel.
>
> Ce que les femmes demandent, ce n'est pas la destruction de ceux qui exercent des fonctions d'autorité dans ce système. Elles proposent simplement qu'ils s'ouvrent à eux-mêmes, qu'ils s'ouvrent aux dires et aux expériences différents des leurs, qu'ils ne se sentent pas si responsables d'une façon dominatrice, si paternellement infaillibles, si sagement investis du pouvoir de Dieu qu'ils finissent par oublier leur propre condition humaine[56].

Voilà le rêve rencontré en cette longue fréquentation de la parole de quelque deux cents femmes.

---

56. Ivone GEBARA, «Elles sont en train d'arriver... Sorcières ou anges gardiens de l'âme chrétienne du continent», dans *Liaisons internationales*, 74, 1993, p. 18-19.

CHAPITRE 3

PROFILS ET CONFIGURATIONS D'ENSEMBLE

Un regard attentif sur les pratiques, les relations, les contextes et horizons de vie invite à dégager quelques constantes. Celles-ci permettent de proposer une interprétation des courants profonds qui agitent particulièrement l'univers ecclésial actuel. L'arrivée massive des femmes dans le travail pastoral suscite l'hypothèse suivante : une ère de renouveau est née d'où émerge un modèle différent de pastorale. Certes, de fortes tendances au changement dominent, comme en témoignent les nombreuses revendications des femmes en Église depuis les années 70[1]. Cependant les débats autour de la féminisation du discours religieux, les positions face au système clérical, les mobiles d'action, les attitudes et comportements relatifs aux enjeux ecclésiaux révèlent, chez les femmes elles-mêmes, des orientations diverses et parfois même opposées.

En regroupant par caractéristiques les discours des intervenantes au sujet de leur praxis, des profils font surface, s'imposent avec plus ou moins de relief. Une nouvelle culture pastorale semble poindre dans les pratiques, le langage et les rapports des femmes avec leurs milieux respectifs. L'ensemble des connaissances,

---

1. Un rappel des principales revendications faites dans l'Église canadienne est colligé en annexe du volume *Souffles de femmes, op. cit.* Ce sont celles de l'AFEAS, du CEP, des femmes catholiques d'Edmonton, du comité de la CECC, de la Fédération des femmes canadiennes-françaises, du comité *ad hoc* sur les femmes dans l'Église de Montréal et des recommandations de l'AEQ (1986). Sera-t-on surpris de constater que la plupart de ces revendications sont demeurées lettre morte?

des valeurs, des symboles, voire des mythes et croyances s'anime, s'organise et prend sens. Derrière et en deçà des témoignages, se profilent des configurations distinctes, des manières différentes de penser, d'être et d'agir. Elles représentent pour nous des courants significatifs dans la mesure où se dégage clairement une cohérence de schèmes mentaux et de comportements.

Au-delà des personnes elles-mêmes, les configurations choisies proposent des modèles-types de la praxis pastorale des deux cents femmes rencontrées. Nous sommes conscientes que des processus dynamiques complexes sous-tendent ces distinctions et les relativisent. En effet, les paramètres retenus se retrouvent rarement en totalité chez une seule agente; toutefois, suite à l'analyse, les caractéristiques observées s'organisent autour d'accents dominants, mais pas nécessairement exclusifs. Ainsi, ce n'est pas parce qu'une agente exerce une tâche qui se rattache à des composantes de stabilité et de sécurité que son discours et ses intentions nient l'importance du changement, de la liberté ou de l'ouverture. Mais, de façon générale, il existe une concordance évidente entre les pratiques et les paroles des répondantes.

Ce chapitre présentera cinq courants-types[2]. Une première cohorte de répondantes sont à effectuer de nombreux **déplacements** : nous en traiterons d'entrée de jeu. Par ailleurs, certaines hésitent devant le changement, nous les situerons dans un profil que nous avons nommé profil d'**assimilation**. Une troisième catégorie de répondantes contestent et s'opposent fortement aux structures ecclésiales et à leurs représentants : nous les regroupons sous le profil d'**opposition**. Certaines femmes vont encore plus loin et avouent être proches de la **rupture :** on les retrouve sur le seuil de la porte; d'autres l'ont déjà franchie. Enfin, de nombreuses travailleuses sont convaincues de l'impact de leurs actions qui, à certains égards, sont jugées subversives : le profil de **transformation** présente ces tendances et actions libératrices.

---

2. Les tendances de nos répondantes ne se réduisent pas uniquement à deux courants dominants opposés : les réactionnaires et les féministes radicales. Au contraire, bien que cette distinction soit souvent faite dans de nombreuses recherches (en particulier dans *Souffles de femmes, op. cit.*, p. 68-72 et dans *Femmes en tête, op. cit.*), le contenu des entrevues nous a obligées à nuancer davantage en proposant un plus large éventail de profils.

Commençons par le profil des intervenantes en déplacement. Il concerne le plus grand nombre de nos interviewées et illustre comment notre Église fait lentement peau neuve au rythme de tensions vivifiantes pour les communautés.

PROFIL EN DÉPLACEMENT

Des femmes œuvrent avec élan et dynamisme au cœur des structures actuelles de l'Église. Les actions pastorales des travailleuses de ce profil, leurs discours, leurs croyances, leurs préoccupations manifestent un réel déplacement si on considère les lieux d'où elles sont parties en début d'engagement. Les avancées lentes et fragiles sont régulières et, la plupart du temps, irréversibles. Les « nouveautés » qu'elles instaurent ne relèvent ni du spectaculaire ni de l'exceptionnel, mais elles innovent à un rythme « de petits pas constants ». Conscientes des discours et des pratiques injustes à l'égard des femmes en Église, elles en souffrent sans par ailleurs les dénoncer. Elles n'y souscrivent pas davantage; elles cherchent plutôt à mettre leur énergie pour vivre *autrement* les pratiques de toujours. C'est pourquoi elles « brassent rarement la cage » et n'interviennent pas avec véhémence en public. Ces femmes ont la conviction qu'elles sont égales aux hommes en nature et en fonction et agissent comme telles. Cette seule certitude, aussi tranquille puisse-t-elle être, questionne le *statu quo*. Le milieu reconnaît et encourage leurs compétences. Cela leur confère ainsi un pouvoir moral qui permet d'opérer des passages « en douce ». Des passages observables, réels et de plus en plus signifiants.

Cinq déplacements nous ont particulièrement frappées : elles étaient membres participantes, elles sont devenues animatrices responsables; elles témoignaient un respect inconditionel des structures, elles priorisent maintenant celui des personnes; elles acceptaient docilement la doctrine traditonnelle, elles énoncent aujourd'hui des questionnements de plus en plus radicaux à son sujet. Dans leurs pratiques, elles découvrent plus que jamais l'importance d'un partenariat réel et considèrent aujourd'hui que leur foi personnelle les autorise à dépasser les lois prescrites de l'extérieur.

De membres participantes à animatrices responsables

Parmi les femmes interviewées, plusieurs ont confié être arrivées « dans le travail pastoral *par la bande* » : implication dans les offices religieux, participation à la préparation aux sacrements d'initiation pour leurs enfants, présence à des réunions paroissiales, membres de différents comités paroissiaux... Ainsi, la plupart y sont entrées, soit pour répondre à l'invitation d'une personne déjà engagée, soit pour rendre service à leur communauté, soit pour pallier le manque de prêtres. Un bon nombre nous ont signalé qu'elles sont là « pour répondre à un appel intérieur ». Elles se sont impliquées « de plus en plus dans ce nouveau monde », se sont inscrites à des formations, ont poursuivi des diplômes. Aujourd'hui, elles président des comités, animent des réunions, coordonnent la pastorale paroissiale, prononcent des homélies. De simples participantes qu'elles étaient au début, elles assument maintenant de lourdes et importantes responsabilités. Certaines exercent des fonctions de gestion du personnel ou d'administration financière au plan local, régional ou diocésain. D'autres dirigent des écoles de formation ou occupent des postes de coordination, de planification et d'animation diocésaine[3].

Pour quelques-unes la nouveauté réside dans le fait que des femmes occupent des postes auparavant réservés aux prêtres. Travailler dans un tribunal ecclésiastique, administrer le baptême, être responsable de paroisse, diriger un service pastoral sont des fonctions qui symbolisent des avancées réelles :

Dans la paroisse, j'ai été la première femme à animer les messes; au début, les gens ne voyaient pas très bien une laïque prier avec d'autres, maintenant c'est reconnu. Deuxièmement, animer des rencontres de parents en catéchèse. Mon curé me laisse préparer la partie du ressourcement. Il y a quelques années, les laïques eux-mêmes n'auraient pas aimé se faire catéchiser, si on peut dire, par d'autres laïques. C'était une fonction réservée au prêtre.

Troisièmement, être responsable d'un CPP et animer les rencontres, regarder les projets possibles dans la paroisse. Jamais un curé ne parlait de cela. C'était lui le chef qui décidait ce qui était bien pour la

---

3. L'annexe II présente une synthèse des nombreuses fonctions énumérées par les répondantes elles-mêmes.

paroisse ou la communauté. Aujourd'hui on se prépare en équipe pour les besoins pastoraux.

À la zone, j'ai remplacé un prêtre comme responsable des catéchèses initiatiques. À l'école, c'était seulement les prêtres qui allaient parler de Jésus aux enfants; aujourd'hui, c'est moi, comme animatrice de pastorale scolaire[4].

Ainsi, ces femmes prennent conscience que les déplacements ecclésiaux qu'elles ont d'abord accomplis pour elles-mêmes sont devenus services communautaires. C'est pourquoi elles cherchent constamment à renouveler leurs pratiques afin de les rendre davantage efficaces. Toujours, elles visent des interventions adaptées aux besoins réels de la communauté et favorisent une participation maximale de ses membres.

Les responsabilités qu'elles exercent leur sont, la plupart du temps, attribuées par l'évêque dont elles reçoivent un mandat[5]. Au début de leur engagement, certaines se considéraient davantage comme « aides dans la pastorale ». Aujourd'hui, elles n'hésitent pas à se reconnaître « en ministère », conscientes que ce vocabulaire les associe à une reconnaissance officielle d'un ministère ecclésial[6]. Elles contribuent à l'ouverture d'une brèche importante dans la conception traditionnelle des ministères. Venues simplement pour participer il y a quelques années, ces femmes, désormais fort actives dans des responsabilités ecclésiales, améliorent et prodiguent les services pour qu'ils répondent à l'évolution des mentalités actuelles.

Pour tenter de rejoindre les sensibilités modernes, ces travailleuses préfèrent se concentrer sur les défis à relever plutôt que sur les acquis à préserver. D'où leur souci de compétence : elles savent que la mise à jour de leurs connaissances théologiques et pastorales

---

4. Notons, au passage, la multiplicité des tâches qui s'apparentent à ce que d'aucunes reprochent à certains curés !

5. Le mandat reçu de l'évêque ou du curé a un caractère officiel et diffère évidemment de simples tâches confiées dans le cadre de la pastorale paroissiale. Il est souvent signifié par une lettre ou par une cérémonie présidée par l'évêque ou son délégué.

6. Les mandats qu'elles reçoivent comportent d'ailleurs des termes qui vont dans ce sens : « tâches pastorales, animation de la communauté, service de la communion, envoyée au nom de l'évêque, collaboratrice du pasteur ou de l'évêque, agente de pastorale laïque, responsable de paroisse, etc. ».

s'avère essentielle. Plusieurs le confirment : si le succès de leurs actions relève de leur sens de la débrouillardise, de l'initiative, de l'ingéniosité et de la créativité, elles le doivent aussi aux nombreux cours et sessions qu'elles ont suivis. Elles ne sont pas naïves pour autant : conscientes de jouer un rôle de suppléance, elles reconnaissent que leur situation est précaire. Malgré tout, leurs actions déplacent certaines mentalités traditionnelles qui, sans transformer la pastorale dans son ensemble, la force à une adaptation significative pour nombre de femmes et d'hommes qui réclament encore et toujours un service sacramentel de qualité. Enfin, indiquons seulement que la formation n'est pas la seule cause du mouvement de déplacement dans lequel ces femmes sont entrées. Gérer intelligemment leur horaire, leurs relations d'équipe, leur vie familiale et professionnelle mobilise des énergies et motive à effectuer « lentement mais sûrement des changements irréversibles ».

Ainsi, la présence active de ces femmes dans divers secteurs d'animation pastorale invite l'Église tout entière à des déplacements importants. De la passivité à l'engagement, des acquis à conserver aux défis à relever, de l'ignorance religieuse à l'intelligence de la foi, ces femmes incitent à des modifications structurelles qui considéreraient davantage le respect des individus.

Du respect inconditionnel des structures
à la primauté des personnes

Une constante apparaît en force chez ces travailleuses en Église : celle de la primauté des personnes, de la préoccupation d'une vie relationnelle de qualité, du souci inlassable de favoriser ce qui est proche de la vie. Toutes l'admettent ouvertement et avec fierté : leur principal apport à la vie ecclésiale actuelle est le respect des personnes au-delà des normes morales et des structures :

> Quand je suis arrivée, j'avais l'impression que l'ordre, les structures, les règlements comptaient beaucoup et ça venait avant les personnes. Dans le fond, les personnes en place avaient peur de la clientèle. Puis ensuite, j'ai senti un besoin d'éclatement, parce que du côté de la clientèle il y avait beaucoup de besoins : besoins de parler, de rencontrer des personnes, d'avoir un milieu accueillant où ils se sentent chez

eux... C'est sûr qu'il faut de l'ordre mais il y a des besoins humains qui sont plus grands que les contraintes physiques et matérielles.

L'ambiguïté de la situation actuelle, où se juxtaposent souvent le modèle communionnel mis de l'avant par Vatican II et le modèle pyramidal longtemps valorisé, les tenaille fortement. Elles s'emploient à réaliser l'idéal d'une Église-Peuple-de-Dieu auquel elles souscrivent dans la mesure où ce qui est premier réside dans le « nous » des chrétiens, dans la valeur des personnes. Sans discuter les modèles ecclésiologiques sous-jacents, elles se rendent compte que, dans la pratique, le bât blesse. Elles utilisent des approches différentes de celles des prêtres pour les visites aux malades, les préparations aux sacrements et les célébrations liturgiques. Elles entendent jouer un rôle d'éveil, d'accompagnement, de discernement, d'éducation. Au lieu de suivre aveuglément les rituels déjà établis, elles les accommodent aux groupes rencontrés. Elles contournent un langage d'Église, spécialisé, hermétique et loin de la vie concrète des familles, des jeunes, des hommes et des femmes de ce temps.

Elles sont conscientes que donner la parole aux gens exigerait des modifications au niveau des structures. Dans la définition de leurs objectifs, elles visent donc à instaurer une pastorale moins centrée sur les rites que sur la construction du tissu humain. Si elles n'espèrent pas de changements organisationnels radicaux, elles s'appliquent cependant à modifier lentement les structures locales. Pour ces agentes, cela consiste à toujours valoriser les personnes, à favoriser la vie d'équipe, à promouvoir la concertation, la solidarité, la coopération entre elles et avec le clergé. Sans cet objectif prioritaire, le climat de travail devient intenable, les interventions stériles, l'information bloquée, l'énergie gaspillée, le témoignage raté. Les femmes y rattachent non seulement l'efficacité, mais la reconstruction et même la survie de la communauté des croyantes et des croyants. Ce n'est pas évident quand on connaît les mécanismes rigides de l'institution ! Leurs efforts de transparence dans les discours et de cohérence dans l'agir dénotent également un souci des personnes et des groupes communautaires.

Selon les répondantes, l'institution n'arrive pas à suivre le courant actuel parce qu'elle est loin des problèmes des gens : familles monoparentales, avortement, euthanasie, contraception, divorce, problèmes de violence... Face à ces situations difficiles, elles se sentent impuissantes à opérer les changements majeurs qu'elles souhaitent grandement. Par ailleurs, tout en reconnaissant être encore loin d'avoir établi complètement une pratique ouverte « aux problèmes réels », elles s'en préoccupent :

> Quand je rencontre des femmes qui ont été refusées à l'Église parce qu'elles sont divorcées et qui ne peuvent pas accompagner leur fils qui fait sa Première Communion parce qu'elles ne peuvent pas aller communier, je me sens le mandat de les représenter. J'explique ce qu'elles vivent à des gens qui n'ont pas rencontré ce vécu-là. Ce n'est pas officiel, mais quand c'est le temps, je suis portée à prendre leur défense.

Parce qu'elles privilégient les personnes au détriment des structures, elles questionnent des mécanismes en place. La présence grandissante de laïques impliqués les convainc de la nécessité d'un fonctionnement structurel repensé pour ce temps. Si ces passages sont exigeants, difficiles et souvent douloureux, ces femmes ont confiance qu'ils n'en sont pas moins prometteurs d'avenir, créateurs de relations nouvelles. Progressivement, elles le souhaitent, l'isolement, la centralisation, la soumission cèderont le pas à la fraternité, à la concertation et à la recherche ensemble d'un mieux-vivre des personnes et des communautés.

Ces pas parfois modestes et souvent accompagnés de reculs inévitables vont dans le sens d'une Église qui renaît au rythme d'un esprit attentif aux personnes plus qu'aux structures pyramidales ou dualistes qui opposent encore clercs/laïques, célébrants/assistants, enseignants/enseignés. Ils implantent lentement, mais irrévocablement, des mécanismes qui s'inspirent de la diversité des dons du peuple de Dieu[7] pour favoriser la croissance et l'actualisation des personnes, l'égalité de tous les membres d'un même Corps au service de la communion.

---

7. À ce sujet, voir Jean RIGAL, *Préparer l'avenir de l'Église*, Paris, Cerf, 1990, chap. 5 et 6.

Vers un difficile partenariat

Un déplacement remarqué : celui du passage d'une Église où domine le masculin vers une Église où femmes et hommes apprennent péniblement à vivre le partenariat. Les femmes de ce groupe contribuent à atténuer le fossé entre clercs et laïques, entre hommes et femmes, en respectant les sensibilités, en évitant les conflits ouverts et les attaques directes. Malgré les nombreuses résistances, elles s'ingénient à ce que leurs idées, leur travail et leurs compétences soient reconnus par leurs collègues, leurs familles et surtout par les autorités ecclésiales. Déjà, une grande détermination, un sens inédit des responsabilités, une crédibilité notable auprès de la population et de certains dirigeants procurent des gains indéniables. Ainsi, certaines communautés refusent de laisser partir une responsable de paroisse; des directions d'hôpitaux réclament la compétence professionnelle plutôt que l'ordination sacerdotale à tout prix.

Ces femmes espèrent rendre visible le visage féminin de l'Église, visage resté caché derrière un clergé exclusivement masculin depuis des siècles. Bâtir une communauté de femmes et d'hommes qui reconnaissent leur égale dignité à tous les niveaux (institutionnel et organisationnel y compris), vivre en partenaires véritables, assumer leurs communes responsabilités, voilà ce qui les mobilise :

> Il n'est pas nécessaire d'être évêque, prêtre ou diacre pour se sentir un « membre » actif, vivant et responsable au sein de l'Église. [...] je suis fière d'appartenir à cette Église où, comme femmes, nous sommes de plus en plus appelées à exercer des tâches importantes dans l'éducation de la foi, dans la pastorale familiale, sociale, hospitalière, missionnaire.

Les entrevues soulignent que certains prêtres, en particulier dans les secteurs de la santé, de l'éducation et des affaires sociales, s'ouvrent de plus en plus à un travail partagé avec des femmes, leur font davantage confiance, les consultent plus fréquemment. Par ailleurs, si la confiance à leur endroit augmente, les répondantes avouent « être les initiatrices du partenariat en acte » et être les premières à poser des gestes concrets de rapprochement. Travailler avec le clergé pour établir des relations de réciprocité, tant au niveau des dossiers à traiter, des responsabilités à partager que des décisions à prendre s'avère une condition essentielle pour se sentir partenaires de la mission.

Or, on le sait, de nouvelles conduites contribuent à développer de nouvelles valeurs. Ainsi, en changeant les routines existantes, sans ostensiblement enfreindre les normes, les femmes de ce profil modifient les relations prêtres/femmes dans l'Église. Aux affrontements, elles préfèrent les longues représentations, les détours stratégiques et calculés, les lentes négociations, les avancées progressives : « On ne peut pas affronter les curés parce qu'on va se vider et on sait que, finalement, ce sera à nous de faire nos valises ! » Elles optent donc pour les initiatives sans bruit et les déplacements « doux ». Ils s'imposeront peu à peu et bientôt le clergé autant que les fidèles ne pourront s'en passer.

Dans leur effort pour faire advenir le partenariat, ces femmes refusent catégoriquement d'utiliser leurs « charmes féminins » pour gagner du terrain ou pour faire passer leurs idées. D'ailleurs, elles n'en reviennent pas quand les prêtres y font référence :

> Au début il [l'évêque] me disait — puis ça me choquait — : « Sers-toi de ta féminité pour vendre ou présenter telle chose, tu vas l'obtenir, mais en douceur. » Ça montrait quelle était sa [vision]... Ça voulait dire : vends tes projets, mais doucement. Sois tolérante. C'était vraiment pas d'égal à égal.

Changer des comportements n'est pas suffisant. Au-delà des nouveaux rituels instaurant des rapports égaux hommes/femmes, il importe de cultiver et de promouvoir dans les communautés des valeurs de réciprocité, d'égalité, de solidarité. Adopter et faire adopter des attitudes d'ouverture face à un partenariat bien assumé de la part des hommes et des femmes, exige une nouvelle dynamique de changement où chaque individu :

> doit se percevoir en quelque sorte comme un chercheur à l'affût de solutions approximatives et temporaires, d'un équilibre optimal entre les besoins de tous les acteurs et le fonctionnement de l'organisation, équilibre dont les visages sont nécessairement provisoires et imparfaits, donc soumis à un continuel processus de remise en question [...] car les choix ne sont jamais définitifs[8].

---

8. Roger TESSIER et Yvan TELLIER, *Changement planifié et développement des organisations*, Paris, Épi, 1973, p. 185.

Cette difficile construction d'un partenariat effectif provoque nécessairement des incertitudes, des tâtonnements, des angoisses, des mécanismes de défense dont les résistances aux changements deviennent les manifestations les plus fréquentes. Les femmes de ce profil sont moins prêtes qu'avant à louer l'amélioration concernant la place des femmes dans l'Église. Les timides acquisitions ne leur font pas oublier les rattrapages sociaux et ecclésiaux à opérer :

> [...] travailler à la condition des femmes, c'est s'intéresser à l'égalité des droits « comprise dans le sens de l'absence de discrimination », dans le sens d'une recherche de la justice sociale.
>
> C'est pourquoi, quand nous parlons de la condition des femmes, nous devons « nous rappeler que le travail en faveur de l'égalité nécessite également la recherche de la dignité et de l'intégrité pour toutes les femmes et... surtout pour les plus démunies[9].

Au fur et à mesure de leurs avancées, elles réalisent que le discours officiel leur accorde peu de place comme actrices et comme porteuses de paroles. Cet espace de reconnaissance, elles souhaitent qu'il soit bientôt officialisé, malgré certains reculs des autorités romaines dans ce dossier[10]. Or, la patience légendaire des femmes est bien connue. Les interviewées elles-mêmes se reconnaissent « d'une longue patience active qui laisse pousser les fleurs sans tirer dessus ». Leurs conditions précaires[11], les acquis durement gagnés peuvent disparaître dès la nomination d'un nouveau pasteur : « Que l'évêque change, tout peut changer ! » Pourtant,

---

9. Claudette BOIVIN, « Réflexion sur la condition des femmes », texte présenté à des équipes d'animation des sessions *Violence en héritage*, juin 1993, p. 6.

10. C'est d'ailleurs avec beaucoup de déception que de nombreuses femmes engagées en Église ont reçu la Lettre apostolique *Sur l'ordination sacerdotale exclusivement réservée aux hommes*. Massivement elles y ont réagi avec l'appui d'un grand nombre d'hommes, dont plusieurs théologiens. On se rappellera la lettre du Réseau Femmes et Ministères appuyée de plus de deux mille signatures envoyée au Président de la CECC pour le maintien de la liberté de parole et de recherche au sujet du ministère des femmes dans l'Église catholique, *Le Devoir*, 29 juin et 25 août 1994.

11. Les conditions économiques et la récession ont d'ailleurs amené un important diocèse à « couper », en juin 1994, la majorité de ses offices francophones. Or, comme par hasard, parmi les dix-sept personnes mises à pied, la presque totalité était des femmes !

elles ne démissionnent pas. Elles font même preuve de créativité, d'imagination et d'ingéniosité pour favoriser le changement... sans trop bousculer.

L'établissement de rapports égalitaires hommes/femmes dans l'ambiguïté de la situation actuelle invite à croire que l'Esprit fait son œuvre malgré les nombreuses résistances : « J'essaie de ne pas laisser passer les choses. Je tends des perches, je mets sur des pistes et je trouve que c'est quand même plein d'espérance en bout de ligne. » Instaurer des lieux de concertation, des espaces de travail où prêtres et laïques réussiront à travailler ensemble à la même mission, voilà un déplacement auquel elles consacrent beaucoup d'énergie.

De l'acceptation docile à des questionnements plus radicaux

Des questionnements de plus en plus nombreux naissent et s'expriment clairement. Soucieuses de se ressourcer constamment, les agentes de pastorale ont beaucoup cheminé. Au début, la doctrine traditionnelle ne leur posait pas problème; actuellement, les études et l'expérience aidant, de plus en plus d'anciennes certitudes sont ébranlées. Leur vision de l'Église change, leurs connaissances religieuses évoluent. Elles vivent maints déplacements en théologie, en pastorale et en éducation de la foi.

La précarité de leur situation de travailleuses ne leur échappe pas davantage. Elles perçoivent maintenant mieux diverses formes d'exploitation dont elles sont victimes :

> Je trouve parfois qu'on nous voit comme des professionnelles, mais avec des conditions de travail de bénévoles. Je trouve que ça ne tient pas, leur affaire. Il y en a plusieurs d'entre nous qui possédons des diplômes.
>
> Moi, si je tombe malade demain, si j'ai à me faire opérer ou que je suis malade durant un mois, je n'ai pas de salaire pendant ce temps-là ! J'ai cinq jours de maladie par année... et pas d'assurances. Ce sont des choses que je trouve déplorables et qui doivent être absolument révisées.

Pour plusieurs, le fait de travailler à contrat renouvelable annuellement, de n'avoir aucune sécurité d'emploi, de ne bénéficier que de très minces avantages sociaux pose de sérieuses questions. À part quelques exceptions, les besoins familiaux et sociaux n'ont pas encore été intégrés dans les conditions de travail des agentes en pastorale paroissiale et diocésaine. Même les plus dévouées déplorent le manque d'ouverture de certains dirigeants qui en rajoutent en augmentant les exigences aux plans des compétences, des expériences et du temps supplémentaire!

Leurs convictions morales d'autrefois se déplacent également. Au sujet du mariage des prêtres et de l'ordination des femmes, elles se questionnent résolument et remettent en cause le *statu quo*. Face au manque de prêtres, elles ne comprennent pas la fermeture des autorités de l'Église à leur égard. Sans nécessairement vouloir le sacerdoce pour elles-mêmes, elles s'interrogent :

> Des hommes mariés, des femmes, ne pourraient-ils pas remplacer les prêtres au lieu de confier à ces derniers trois ou quatre paroisses qu'ils visitent rapidement?

On peut se demander pourquoi ces femmes ne veulent pas l'ordination pour elles-mêmes. Est-ce à cause d'un respect de la Tradition? Est-ce parce qu'elles ne se voient pas coincées dans une structure trop éloignée de la vie ordinaire? Les entrevues donnent peu de réponses à ce sujet. Quoi qu'il en soit, à leur arrivée dans le monde de la pastorale, elles ne sentaient pas avec autant d'acuité les traces laissées par une Église monolithique et acceptaient plus facilement une conformité plus ou moins avouée à ce qui venait de Rome. Aujourd'hui, elles questionnent une centralisation excessive dans certains dossiers : les rappels à l'ordre concernant les absolutions collectives, les exigences contraignantes au sujet de la contraception, les admonestations de la curie romaine « adressées à certains de nos meilleurs théologiens », le rôle excessif de la nonciature dans la nomination des évêques, etc.

Autre questionnement : certaines politiques pastorales leur paraissent aujourd'hui inadéquates. Au début de leur engagement, elles s'étaient inscrites dans des projets et des activités d'entretien. Or, leurs pratiques quotidiennes les amènent à prendre conscience du pluralisme ambiant et de ses conséquences, du « décalage grandissant entre le Monde et l'Église ». Comment reconnaître « ce qui est mode passagère, enjeu essentiel ou problématique dépassée » à travers les courants opposés auxquels elles sont constamment exposées? Comment, dans une société éclatée et une Église ayant peine à s'adapter, construire des lieux de communion, des rassemblements diversifiés et signifiants ?

Alors qu'il n'y a pas si longtemps la foi livrait des réponses toutes faites et parfaitement claires, ces femmes se retrouvent en présence de situations complexes où les « anciennes réponses ne font plus l'affaire ». De plus en plus convaincues que leur rôle ne consiste pas à amener leurs interlocuteurs à penser obligatoirement comme le magistère, elles invitent les personnes accompagnées à faire appel à leur conscience personnelle plus qu'aux règles en place. Le dialogue et le discernement remplacent les conseils moraux :

> Le dialogue repose sur une double fidélité : fidélité à l'homme et à tout groupe humain, en tant qu'il est digne de considération et capable de réciprocité, et fidélité aussi à Dieu, dont l'action de salut est universelle[12].

Même si ces femmes ne sont pas toujours d'accord avec ce que l'Église officielle propose, l'attachement l'emporte. Cette attitude les maintient dans une sorte de tension entre la rupture et la révolution bruyante, entre le *statu quo* et le changement à tout prix. De leurs interrogations émergent des visions nouvelles qui incitent au déplacement vers plus de liberté.

Du prescriptif à l'inscriptif[13]

Sans commander une restructuration complète des pratiques et des visions ecclésiales, les femmes de ce profil cherchent à remplacer des prescriptions qui ignorent trop souvent la vie :

> On a une pastorale qui est plus diversifiée, moins centrée sur la liturgie, pas centrée uniquement sur les sacrements. Autrefois, avec les prêtres, on se sentait obligées de faire de la liturgie et des sacrements

---

12. *Préparer l'avenir de l'Église, op. cit.*, p. 42.

13. Dans cette section, le *prescriptif* fait référence à des pratiques institutionnelles contraignantes et normatives ne favorisant pas nécessairement l'expression de la foi, alors que *l'inscriptif* relève de la créativité, de l'intégration personnelle de certaines valeurs spirituelles en vue de répondre à des besoins intérieurs émergeant des mutations du religieux propres à notre société.

quand on faisait de la pastorale à l'école. [...] aujourd'hui, on s'approprie nos propres responsabilités comme chrétiennes et chrétiens.

Ces femmes déplacent lentement le monde du sacré. Si, pour certaines de leurs consœurs, c'est par le prêtre, considéré comme médiateur entre l'humain et le divin, que les rites sont validés, les femmes en déplacement croient que tout l'humain peut entrer en contact avec le divin. Elles recommandent que les rites soient remis à leur place afin qu'on ne perpétue pas des gestes dépourvus de sens. C'est avec beaucoup de précaution qu'elles instaurent ces changements. Le cri des malades comme celui de tant d'adolescents actuels, la naissance comme la mort, la recherche de la paix intérieure, les réconciliations entre les époux, tout cela les préoccupent au plus haut point. Pour elles, ces situations humaines s'ouvrent à la transcendance et doivent être traitées avec respect et amour. À la façon de Jésus, elles retrouvent ce sacré jusque dans la quotidienneté, hors du Temple et des rites reçus. Ainsi, elles déplacent doucement, mais irrémédiablement, la vision traditionnelle du *sacré*.

Est-ce aussi pour dépasser ce prescrit, « sans se sentir hors-la-loi », que certaines préfèrent pratiquer la pastorale dans les écoles, les hôpitaux, les institutions privées ? Un désir de dépasser « les cadres, les structures, le permis de la liturgie » les habite. Même si elles n'implantent pas toujours des pratiques de changements radicaux, elles souhaitent un renouvellement sérieux. Les « il va falloir », « il faudrait », « on devrait », « ça pourrait être » abondent dans leurs discours. Des virages s'amorcent. Des prescriptions reçues, elles passent petit à petit à l'initiative personnelle et deviennent artisanes de conscientisation dans leur milieu.

Leurs passages du prescriptif à l'inscriptif s'inspirent souvent du don sans compter qui stimule et motive leur agir. Modestement, elles affirment redonner ce *sens du don* au service, aux relations interpersonnelles, aux célébrations et aux diverses fonctions ecclésiales. Cette grande générosité et ce constant oubli de soi jalonnent de nombreuses entrevues. Leurs propos se rapprochent parfois de ce qu'avance Jacques T. Godbout dans son ouvrage *L'esprit du don*[14]. Ce sociologue souligne combien l'actualisation du

---

14. Jacques T. GODBOUT, en collaboration avec Alain CAILLÉ, *L'esprit du don*, Montréal, Boréal, 1992, p. 54-56.

désir de donner est constitutif de la réalisation de soi : « Le désir de donner est aussi important pour comprendre l'espèce humaine que celui de recevoir »[15]. Il n'hésite pas à reconnaître aux femmes ce talent particulier :

> Que nous apprend la femme sur le don moderne ? Il s'agit là d'un sujet « délicat ». Nous nous limiterons le plus possible aux« faits », sans nous demander s'ils sont d'origine culturelle, naturelle ou... surnaturelle (comme la grâce d'état de la femme mariée). Les faits, de toute évidence, c'est que l'univers du don, dans nos sociétés plus que jamais peut-être, est la spécialité, la compétence des femmes. [...] Dans tout le secteur du bénévolat, même si la proportion d'hommes augmente, les femmes demeurent largement majoritaires. Et les femmes sont au cœur du don dans la sphère domestique[16].

Mentionner ce « spécifique féminin » est risqué : le don comme le service ont été tellement exploités par « les traités des vertus féminines ». Comme le signale encore J. T. Godbout, le mouvement féministe craint que cette compétence des femmes, dans le système du don, soit pour elles « dévalorisante, voire asservissante, preuve de l'exploitation et de la domination dont elles sont l'objet[17] ». À ce sujet, il faut avouer que les femmes du profil en déplacement ne sont pas à l'abri de ce type d'exploitation. Par contre, une chose est certaine, elles semblent évoluer de plus en plus vers la liberté de penser, d'être et d'agir :

> Je suis motivée à travailler pour que cette Église devienne de plus en plus vivante. Motivée aussi parce que j'ai pas du tout envie de me désengager, sachant que la femme aura un très grand rôle à jouer dans l'avenir. Si je contribue à mettre quelques semences dans cette ligne, j'aurai apporté ma part comme femme dans l'Église.

À travers leurs découvertes quotidiennes comme à travers des tiraillements intérieurs qui bouleversent ce qu'elles croyaient fermement acquis, ces femmes cherchent à instaurer la vérité en elles et autour d'elles. Elles sont conscientes de collaborer à des mutations de mentalités et à l'avènement d'une culture ecclésiale nouvelle. Mais en attendant, elles savent qu'il faut organiser, administrer, gérer des

---

15. *Ibid.*, p. 31.
16. *Ibid.*, p. 55.
17. *Ibid.*, p. 57ss.

services. Dans le chaos actuel, elles tentent d'innover, d'unifier, de réformer... sans détruire. Le triomphe de la vie, elles le savent dans leurs corps, ne se fait pas sans douleur. Voilà pourquoi, sans mépriser les règles et les traditions elles choisissent de «faire avec». Elles nous confient leur désir de renouvellement, «leurs attentes des jours meilleurs, leur désir d'engagement dans cette Église pour œuvrer à la réalisation d'un monde nouveau annoncé par Jésus Christ». Certaines souhaitent que leur discrétion, leur non-agressivité, leur effacement permettent à la vie de germer.

Les déplacements opérés par les femmes de cette configuration, qu'ils soient voulus et planifiés ou qu'ils s'imposent du seul fait de leur présence agissante, rappellent en quelque sorte l'Exode du peuple hébreu. Au-delà des pas identifiables, il s'agit la plupart du temps de déplacements subtils, d'expériences spirituelles. Souvent intérieurs, ces passages assouvissent un besoin de sortir d'un modèle étouffant. Les femmes nous l'ont souvent mentionné, elles vivent l'expérience du manque, de la conversion, de la «marche lente vers un autre style d'Église» plus communautaire et moins normatif. Pourtant, une minorité de répondantes voient encore leurs pratiques en lien étroit avec le *statu quo*. Écoutons leurs points de vue.

PROFIL D'ASSIMILATION

Ces travailleuses œuvrent du dedans, mais sans être préoccupées d'opérer des déplacements et de changer la structure. Elles tentent plutôt de ramener les gens dans les murs de nos églises en encourageant les pratiques dites traditionnelles. Centrées sur le retour à la pratique religieuse, elles contribuent au renforcement d'une pastorale d'entretien. Ce profil à forte orientation de conformité avec les structures ecclésiales existantes se retrouve chez un petit nombre d'agentes et de bénévoles interviewées[18]. Pour

---

18. On évalue à environ 6 % des répondantes celles qui constituent ce profil. On ne peut cependant les ignorer, car elles sont représentatives d'une catégorie d'agentes œuvrant en pastorale.

cataloguer les femmes engagées en pastorale, le Conseil du statut de la femme les classe dans la catégorie « clergé et assimilées[19] ». L'expression, bien sûr, fait sursauter et provoque des récriminations chez de nombreuses femmes. Pourtant, dans environ une dizaine d'entrevues, nous avons remarqué cette tendance d'assimilation au clergé. Cela se manifeste par une idéologie cléricale, des pratiques de soumission et une spiritualité de l'effacement.

Une idéologie cléricale

En général heureuses de l'héritage clérical, ces répondantes apprécient fortement de pouvoir maintenant y « participer à leur mesure et comme femmes ». Elles tentent de s'adapter et de se conformer le plus possible aux structures actuelles de gestion et de planification, convaincues que ces dernières sont à préserver. Elles reconnaissent « faire un peu ce que le vicaire faisait anciennement, excepté évidemment la messe et le sacrement du pardon ». Leur temps, leur disponibilité, leur ténacité continuent de renforcer un modèle où compte surtout la bonne marche des services traditionnels offerts dans l'harmonie. Elles considèrent leur participation essentielle à cause du manque de prêtres et se perçoivent comme une courroie de transmission indispensable à la sauvegarde de pratiques cultuelles qu'elles cherchent toujours à revivifier.

Généreuses et actives, ces répondantes manifestent des valeurs de continuité, de fidélité, de stabilité. La notion de devoir est d'ailleurs très présente chez elles. Elles reconnaissent favorablement l'héritage reçu de l'Église et cherchent, à leur tour, à transmettre le même contenu. Elles acceptent difficilement que la doctrine, les dogmes, les enseignements de l'Église soient remis en question par le bouleversement spirituel qu'apportent les sectes ou les autres religions de plus en plus actives dans le milieu.

Fidèles à l'institution, qu'elles confondent parfois avec l'Église de Jésus Christ, elles gomment facilement les problèmes structurels et idéologiques et ne remettent pas en cause le fonctionnement ecclésial.

---

19. Cf. Conseil du statut de la femme, *Statistiques*, 1991.

Chez quelques-unes, la vision du prêtre s'apparente à celle du film *Les servantes du Bon Dieu*[20] : servir le prêtre serait servir le Christ lui-même. Des motivations de solidarité avec les prêtres, de support et de service au clergé débordé, vieillissant et qui ne peut suffire à la tâche sont exprimées : « Je veux être le soutien de mon curé, je suis là pour l'appuyer, pour l'aider. » Quant à leur vision du monde contemporain, elle est souvent négative et teintée de regrets :

> Les écoles sont pleines de posters, pleines de bonshommes sur les murs, pleines de couleur et de vie, mais tu cherches les crucifix, tu cherches la présence de Jésus Christ, physique et autre.

Cela rejoint les constats d'une autre recherche-action qui signale une vision pessimiste de la société véhiculée par un certain discours pastoral :

> Dans leurs pratiques, les intervenants et intervenantes sont confrontés à la déchristianisation de la société québécoise et à l'érosion de la culture religieuse qui, il n'y a pas si longtemps, constituait l'univers de représentation partagé par la très vaste majorité. Cet éclatement des représentations est perçu comme une perte de la foi et du sens religieux[21].

Pas étonnant alors que leurs discours encouragent la séparation et parfois même la condamnation du monde. Elles souhaitent vivement que les mutations socioculturelles n'affectent pas trop la vie de l'Église et la pratique religieuse. Elles souffrent des attaques et critiques formulées contre l'institution ecclésiale. Dans ce sens, elles recherchent et valorisent les paroles des autorités romaines venant renforcer les coutumes traditionnelles et « remettre le monde à leur place ». Leurs propos théologiques confondent à certains moments l'Esprit et l'autorité romaine. Cette dernière représente pour elles la voie directe de Dieu sur la terre, même si leurs déclarations ne tiennent pas toujours compte des changements et de la mentalité actuels[22] :

---

20. Documentaire couleur réalisé par Diane LÉTOURNEAU, Montréal, Productions Prisma Inc., 1978, 90 min. Ce reportage décrit les activités des religieuses d'une congrégation ayant pour but premier le service du clergé.

21. *Entre l'arbre et l'écorce, op. cit.*, p. 163.

22. L'Encyclique de JEAN-PAUL II, *La splendeur de la vérité*, **Veritatis Splendor**, 1993, bien que contenant des passages inspirateurs sur la foi,

Il y a toujours le besoin de se documenter sur la pensée de l'Église au sujet de certains problèmes pour pouvoir donner cette information-là aux personnes qui la demandent. Et puis les gens sont habitués : quand ils viennent présenter un problème à l'Église sur différentes questions, ils veulent avoir une réponse de prêtre.

Elles déplorent que, malgré les efforts déployés pour attirer les gens à des célébrations vivantes et bien fignolées... les églises continuent de se vider :

Confrontés quotidiennement aux réalités séculières et aux processus de sécularisation qui caractérisent notre société, les intervenants et les intervenantes ne possèdent pas, dans la majorité des cas, une culture séculière propice à une intelligence de la réalité. Cette confrontation à la souffrance et le manque de ressource pouvant permettre une meilleure prise sur la réalité en amène quelques-uns à verbaliser leurs propres limites avec un certain sentiment de découragement : « Qu'est-ce qu'on pourrait faire ensemble, qu'est-ce qu'on devrait faire[23] ? »

D'ailleurs une agente d'un autre type déplore cette difficulté à s'ouvrir aux réalités contemporaines et à sortir d'une vision non renouvelée : « Il y en a pour qui c'est vraiment trop clérical, trop dans le modèle de M. le curé, d'Église, de sacristain, de bedeau, de grand curé; on leur donne toutes sortes de noms. » On peut donc se demander jusqu'où leurs implications ne renforcent pas le modèle en place, ne l'autorisent pas en quelque sorte à se perpétuer.

Des pratiques de soumission

La vision cléricale des répondantes de ce profil risque de donner plus d'importance et d'autorité à l'institution ecclésiale (surtout romaine) et à ses porte-parole officiels qu'à l'Écriture et à la Tradition qui inspirent la mission véritable de l'Église. Ces femmes souhaitent que la hiérarchie s'adapte sans savoir comment favoriser ces adaptations : « Je ne serai pas la personne pour

---

la liberté et la compassion, reflète encore cette tendance à ne pas tenir assez compte des opinions des moralistes actuels et des idées postmodernes.

23. *Entre l'arbre et l'écorce, op. cit.*, p. 164.

innover des choses. Je ne sais même pas dans quel domaine je pourrais innover. » Impuissantes à combattre une idéologie religieuse, somme toute séculaire, elles défendent à tout prix des lois ou des normes en place :

> Au sujet de notre travail auprès des futurs couples, la difficulté vient de ce que le prêtre responsable, à mon humble avis, prend trop à la légère les rencontres avant le mariage. Il voudrait qu'on lâche prise sur la façon de présenter le questionnaire prénuptial. Exemple : sans assermentation, tel que demandé sur la formule; il voudrait donner des tournures accommodantes aux questions et le reste.

La survie de l'Église, voilà leur préoccupation majeure. Cela se traduit par l'importance qu'elles donnent à une présence assurée de prêtres ainsi qu'à la sacramentalisation des enfants. Ce n'est pas qu'elles refusent les changements, mais elles se limitent à des détails rituels ou fonctionnels qui renferment sur lui-même l'univers clérical. La conscience d'être souvent engagées à cause du manque de prêtres justifierait qu'elles doivent perpétuer ce que le clergé accomplit, ou encore, aller dans la ligne de ce que celui-ci décide pour l'appuyer :

> [...] quand on a une célébration à faire à la paroisse, mon rôle est de voir à ce que tous les gens impliqués sachent ce qu'ils doivent faire [...] pour faciliter la tâche du célébrant [...]. Au niveau des sacrements, c'est encore pour seconder le curé qui a deux paroisses et ne peut pas fournir dans la nôtre.

La sensibilité religieuse de ces femmes les entraînent parfois à une pratique de soumission, exempte de sens critique. Leurs actions, faites avec beaucoup de bonne volonté et d'oubli d'elles-mêmes, risquent d'être réductrices d'une mission ecclésiale axée sur le monde. D'ailleurs, elles-mêmes reconnaissent avoir peu de temps pour des projets ouverts sur la société. Elles avouent « être trop prises par l'Église, par la paroisse, par l'interne, pour expérimenter une pastorale du seuil ». « Tu ne peux pas être à la fois à l'interne et à l'externe. Tu es à un endroit ou à l'autre. » Ces propos traduisent l'écartèlement. Tiraillées entre le dedans et le dehors, elles optent pour servir les structures existantes.

Inconsciemment, elles cultivent des attitudes que certains hommes attribuent à la femme : obéissance, docilité, soumission.

« Beaucoup de nos curés ont des préjugés contre la femme, son rôle dans l'Église, et il faut être extrêmement diplomate et paraître soumise tout en sachant qu'il y a un arrière-plan. » Cela rejoint l'observation de Marie-Andrée Roy quand elle affirme que, individuellement, bien des femmes pensent échapper à l'autorité du curé :

> Tout se passe comme si elles étaient prêtes à admettre l'existence de rapports d'inégalités généralisées à l'intérieur de l'ensemble de l'Église, mais qu'elles demeuraient convaincues d'échapper elles-mêmes à cette règle générale. Elles auraient eu en quelque sorte le privilège de se retrouver dans une paroisse différente des autres, de travailler avec des prêtres pour la plupart très ouverts.[...] Les femmes [...] n'ont pas ou peu conscience de la structure organisationnelle ecclésiale comme structure génératrice de domination[24].

Ainsi, certaines éprouvent beaucoup de bonheur à préparer des patients, des enfants, des fiancés, des parents pour la venue du prêtre qui n'aura qu'à terminer par une bénédiction ce qu'elles auront construit avec patience et dévouement. Qualités indéniables que les communautés savent reconnaître et apprécier. Mais il serait vain d'attendre de ces agentes un sens critique aigu et articulé. Peu recyclées en théologie et en pastorale, ces femmes ne paraissent pas conscientes des transformations ecclésiales à opérer, des déplacements à promouvoir. Transmettre le « déjà-là », voilà ce qui les intéresse. Pas surprenant alors qu'elles évitent les tensions et les conflits avec le clergé en place ! Pour elles, la bonté est de mise.

Étrangement, si ces femmes sont sensibles aux drames que vivent les parents, aux besoins nouveaux des croyants en général, au désarroi moral des adultes autant que des jeunes, elles hésitent et même se refusent à proposer des démarches autres qui privilégieraient les attentes réelles des gens. Est-ce pour cela qu'elles s'inscrivent dans un courant moraliste étroit ? Sans trop savoir comment l'aborder, elles mentionnent que l'on vit aujourd'hui « une crise profondément morale et spirituelle ». Elles déplorent l'échec de la vie familiale et des ruptures qui s'ensuivent. Elles croient transmettre des valeurs sûres, conformes à la tradition, qui raffermiront la vie paroissiale à laquelle elles donnent leur vie et

---

24. M.-A. Roy, « Femmes, domination et pouvoir », *op. cit.*, p. 123-124.

leur énergie. Leurs pratiques s'orientent dans le but de ramener au bercail les brebis perdues :

> Je pense jeunesse, parce que j'ai trois jeunes garçons; je voudrais un comité de Pastorale jeunesse afin de mieux étudier la cause des jeunes, comment les rejoindre, comment les ramener à l'Église comme pratiquants, parce qu'on a vraiment de bons jeunes, mais nos églises sont vides.

Chercher les causes profondes de la non-participation et des difficultés de rassemblement n'effleure pas leurs préoccupations. Ces répondantes multiplient les services et les comités, en aménageant les liturgies, en imposant aux parents de suivre les catéchèses d'initiation sacramentelle[25]. D'elles-mêmes, elles seraient peut-être portées à plus de souplesse et de créativité, mais elles croient devoir maintenir ce qui s'est toujours pratiqué... un peu comme si en matière religieuse, la tradition avait quelque chose de sacré. C'est ainsi, que certaines, plus ou moins consciemment, préparent des célébrations loin des questions et des sensibilités d'aujourd'hui. Certes, elles désirent revitaliser l'esprit communautaire, mais sans vraiment réaliser que leurs pratiques consolident les modèles d'hier mal adaptés à la modernité actuelle. Tout se passe comme si le tournant conciliaire les avait peu atteintes. Leurs façons de penser, de voir et d'agir encouragent un modèle d'Église où la communauté chrétienne reste cantonnée au rôle d'objet, les véritables sujets demeurant les clercs. Le fait que la structure ecclésiale puisse être différente, les rapports de pouvoir moins hiérarchiques, la créativité des chrétiens et des chrétiennes davantage sollicitée ne semble pas encore avoir rejoint leur champ de conscience et d'action.

Inutile d'éviter le problème : une honnêteté et une sincérité sans faille ne peuvent faire oublier qu'il y a, dans cette pratique soumise, une forme d'aliénation religieuse, inquiétante pour l'avenir de l'Église.

---

25. Cf. André CHEVALIER, *La paroisse post-moderne. Faire Église aujourd'hui, l'exemple du Québec*, Montréal/Paris, Éditions Paulines/Médiaspaul, 1992. Les pages 85ss abordent assez longuement le sujet de l'inadéquation des formations « obligatoires » avant l'administration des sacrements d'initiation.

Une spiritualité de l'effacement

Les principales motivations de ces répondantes, comme d'ailleurs celles de la majorité des interviewées, relèvent du domaine spirituel. Leur foi est fervente et tranquille. Elles semblent obtenir facilement les réponses nécessaires à leur questionnement religieux. La prière de ces femmes s'exprime en général par des dévotions et des rites traditionnels. Il s'avère important pour elles de porter témoignage et de soutenir « leurs prêtres ». Les difficultés rencontrées sont facilement sublimées. Leur façon d'habiter la communion de l'Église justifie probablement leur refus d'affronter ouvertement des conflits existants[26]. Leur attachement est évident : « Je suis fière d'appartenir à l'Église et d'en être membre engagée. »

Leur spiritualité, tout comme leur engagement pastoral, s'inspire d'humilité et d'effacement. Elles citent souvent Marie comme modèle d'obéissance, de don de soi, de disponibilité et de soumission joyeuse :

> Je regarde Marie. Son oui dans la foi : il peut tout à travers celui ou celle qui agit. Sa hâte : elle partit en toute joie et toute hâte vers l'autre. L'inconfort : elle l'accepte, le froid de la nuit, la senteur de la crèche, la paille pour Celui qu'elle a porté avec tant d'amour [...]. Par obéissance à la loi, elle présente son enfant au Temple. Elle perd son enfant, l'Église perd les siens. Elle le retrouve au Temple donnant la Parole, l'Église accueille ses enfants en donnant la Parole.

On ne peut le nier, pendant longtemps, des écoles de spiritualité ont présenté Marie comme modèle d'une féminité idéale, valorisant les vertus de modestie, de dévouement, d'acceptation résignée de la volonté de Dieu. Cela a marqué de nombreuses générations et il semble qu'un certain nombre de ces chrétiennes engagées ignorent les progrès d'une théologie et d'une exégèse mariales qui resituent Marie dans l'économie du salut[27]. Disciple du Christ,

---

26. Parmi nos répondantes, nous n'avons pas rencontré de femmes engagées dans des mouvements de militance qu'on dit « d'extrême droite » et qui luttent fortement contre les changements dans l'Église, en vue, surtout, de maintenir une ligne dure en ce qui a trait à la morale sexuelle.

27. Voir à ce sujet Jean-Paul MICHAUD, *Marie des Évangiles*, (coll. « Cahiers Évangile », 77), Paris, Cerf, 1991, et également André et Francine DUMAS, *Marie de Nazareth*, Genève, Labor et Fides, 1989.

Marie est avant tout modèle d'humanité tant pour l'homme que pour la femme[28]. Cette perspective nouvelle ne semble pas connue des femmes regroupées sous ce profil et encore moins véhiculée dans leurs expressions.

Dans quelques cas, les récits démontrent une générosité poussée jusqu'à l'oubli de leur propre personnalité. D'aucunes attribuent une valeur spirituelle à cet effacement d'elles-mêmes. Humilité sainte ou déviance? Comment juger? Le mystère de la rencontre avec Dieu demeure entier. Si l'abnégation est valorisée, le témoignage de foi les encourage à travailler de nombreuses heures supplémentaires sans rémunération. Pour elles, cela paraît «normal» : «Moi je trouve qu'en Église, on ne doit pas compter son temps parce qu'on travaille pour le Seigneur.»

Une lecture attentive des entrevues permet de constater que, parmi ces femmes attachées aux valeurs traditionnelles, certaines s'ouvrent petit à petit à des changements de vision et de comportements en autant qu'ils paraissent favorables à la vie de l'institution et provoquent une augmentation de la pratique. Par contre, pour un bon nombre des interviewées, cela ne va pas de soi d'accepter, sans mot dire, ce clair-obscur des meilleures intentions institutionnelles. Sous la promesse de l'anonymat, plusieurs femmes ont partagé leurs fortes oppositions à des pratiques et mentalités qu'elles considèrent aliénantes. Nous les regroupons en configuration pour former le prochain profil.

---

28. «Pas plus que le Christ ne représente la partie masculine de l'humanité, la Vierge Marie ne représente la partie féminine. Tous les deux concernent l'Humanité tout entière, homme et femme, mais à des titres différents. Le Christ comme unique sauveur et médiateur entre elle et Dieu; et Marie comme exemplaire et symbole de cette même humanité rachetée, quel qu'en soit le sexe. En Marie, il n'y a pas une attitude religieuse qui ne vaudrait que pour les femmes; autant qu'elles, les hommes ont à imiter les vertus mariales dans l'accomplissement actif de la volonté de Dieu, à la suite du Christ», Jean-Marie AUBERT, cité par Jean-Paul MICHAUD dans «Marie et la Femme selon saint Jean», dans *Église et théologie*, 7, 1976, p. 395.

PROFIL D'OPPOSITION

Il ne serait nullement exagéré d'affirmer que des manifestations claires d'opposition se retrouvent dans la majorité des entrevues[29]. Les répondantes clament leur désaccord sur tous les tons : avec agressivité ou avec désinvolture, parfois comme si elles désespéraient que les choses puissent changer un jour ! Ces expressions disent leur opposition aux directives de Rome et leur contestation répétée à l'égard des attitudes du clergé local. Des manifestations d'opposition s'expriment aussi dans des divergences de visions théologiques et pastorales et dans celles, plus subtiles, relatant des confrontations quotidiennes au sujet des pratiques qu'elles qualifient comme « hors de la vie ». Voilà pourquoi elles disent non à la marginalisation institutionnelle, non à des visions cléricales dépassées, non à un langage fermé et enfermant.

Non à la marginalisation institutionnelle

Certaines femmes ne tolèrent plus d'être marginalisées malgré leurs compétences et leurs expériences reconnues. On a pu l'entendre dans plusieurs entrevues : l'Église de ceux qui les maintiennent dans une condition de mineures, tout en prêchant l'égalité de nature des sexes et la justice pour « tous », ne peut se réclamer de l'Église de Jésus Christ. Cependant, peu des femmes interrogées utilisent la confrontation ouverte, les débats publics, les écrits dénonciateurs pour faire valoir leurs points de vue. Lors des entrevues confidentielles, elles n'ont pas hésité à affirmer qu'elles en ont assez de cette suprématie institutionnelle qui consent à peine à leur octroyer des parcelles de pouvoir, tout en prétendant rendre « un service et non exercer un pouvoir ».

Quelques-unes, plus exaspérées, attaquent même de front la loi et la théologie patriarcales et ne voient point d'avenir sans des transformations substantielles aux plans anthropologique,

---

29. À l'exception, bien sûr, de celles, peu nombreuses, dont nous venons de parler au profil précédent.

théologique et ecclésiologique. Elles s'objectent à ce que l'Église officielle ne les consulte pas comme ses membres vivants. Elles n'acceptent pas que les autorités remettent si peu en cause des traditions qui perpétuent l'inégalité entre les sexes : « On a encore un statut de soumission, de suppléance... c'est comme si on me disait : "Toi t'es engagée, je te paie pour faire ça, alors viens pas me dire quoi faire !"; je ne peux accepter cela. »

Elles ne précisent pas si ces barrières sont d'ordre idéologique (théologie de pouvoir), juridique (droit canon non adapté) ou structurel (hiérarchie exclusivement masculine et autorité quasi absolue). Elles refusent la fermeture hermétique d'une loi dépassée mais toujours aussi inébranlable. L'ampleur de cette rigidité institutionnelle ne leur échappe pas plus qu'elle n'échappe à des organismes de défense des droits humains. Ainsi, à titre d'exemple, le Conseil du statut de la femme du Québec, en se référant à cette autorité absolue de l'institution ecclésiale, n'hésite pas à parler de violence dans l'Église :

> Quelle que soit son origine, la subordination des femmes a été enracinée dans des mentalités et des institutions qui sont encore empreintes du sexisme séculaire qui les a caractérisées. La contribution de l'Église à l'infériorisation des femmes n'est plus à démontrer. Selon la version de la création la plus répandue, la femme a été tirée d'une côte de l'homme et lui était destinée. D'après saint Augustin, le corps de l'homme est à l'image de son âme, mais pas celui de la femme[30].

Et le texte ajoute à la page suivante :

> Pour qu'une entité exerce de la violence contre une autre, il doit y avoir au préalable un rapport inégal de pouvoir à l'avantage de la première. En théorie, plus l'inégalité est grande, plus le potentiel de violence est élevé. La violence contre les femmes, comme la violence raciale ou *religieuse*, est rendue possible par la conviction que « l'autre », *la femme*, le noir, le juif, vaut moins que soi, est moins intelligent, moins beau, moins utile à la société, *moins proche de Dieu*. La violence existe quand il y a mépris de l'autre et de ses désirs, quand il y a négation de son identité et de son égalité[31].

---

30. *Pour que cesse l'inacceptable, op. cit.*, p. 25-26.
31. *Ibid.*, p. 27. C'est nous qui soulignons. Voir également certains passages des pages 28 et 29 de ce même texte.

De plus en plus, en précisant leur tâche et leur mission, des animatrices revendiquent le statut qui devrait découler de leur vocation :

> La vocation de l'Église, nous la portons aussi, nous sommes, nous incarnons cette Église-là. La mission d'être signe pour le monde nous est aussi confiée, mais pas seulement à nous, aux clercs aussi. Moi, il y a des textes de Vatican II qui m'énervent concernant les distinctions entre laïcat et clercs où on dit que les clercs sont là pour prendre soin de l'Église alors que le laïque est là pour être signe dans le monde. Personnellement, je pense qu'ensemble, clercs et laïques, on est là pour être un signe dans le monde et ensemble on est là pour prendre soin de l'Église. Bien sûr, on aura des rôles différents, mais le clerc doit porter autant que moi la responsabilité d'être un signe dans le monde et un signe vivant d'un Dieu joyeux, d'un Dieu qui apporte la vie à tout le monde. Il doit être ce signe-là tout comme moi.

Impliquées pour la plupart dans la structure ecclésiale, ces agentes se considèrent lésées et brimées dans l'exercice de tâches qu'elles ne peuvent accomplir avec les coudées franches. Même si elles reconnaissent que des petits pas se font et si elles sont sensibles à ce que certains prêtres manifestent ouvertement leur désaccord avec les injustices à leur égard, les tensions demeurent évidentes et fort répandues. Elles le savent : l'Église d'ici ne peut se passer d'elles actuellement et si elles « décidaient de faire la grève » tout s'écroulerait. Pourtant, ces interviewées sont loin d'être reconnues à part entière. Pour plusieurs agentes, les curés ou le clergé en général déploient encore des comportements de supériorité dont elles ont à gérer les conséquences sur le terrain. Elles en ont assez de devoir se débattre pour prononcer des homélies, pour intervenir, pour assumer totalement leurs responsabilités pastorales, pour s'occuper vraiment des paroisses confiées qui « aimeraient bien célébrer avec elles et non avec un prêtre de passage ».

> [...] même si ça fait des années que je suis au diocèse, un prêtre peut arriver, et c'est déjà plus important pour l'évêque. Je veux dire que je ne me sens pas reconnue; je me sens reconnue pour accomplir des tâches de service, mais pas dans le leadership. Puis quand on pense au niveau de l'équipe pastorale, au niveau des comités diocésains, ça dérange qu'on soit là. Ça ne peut pas continuer comme ça.

Nombreuses sont les frustrations à ce sujet : les femmes de ce profil se « sentent à la merci d'un clerc qui a le pouvoir temporaire d'une paroisse » et s'opposent à ce que leurs « acquis de chrétiennes engagées soient soumis au bon vouloir d'une seule personne sans jamais être attestés par une reconnaissance officielle ».

Elles affirment : « Souvent on parle et ils [les prêtres] ne nous regardent même pas, je ne sais même pas s'ils nous écoutent; ils s'en vont avec leurs petites ornières. » Se buter à « une structure masculine tellement solide », à des prêtres qui ont peur des femmes[32], les questionne quant à la possibilité réelle d'opérer les changements de mentalités nécessaires à l'acceptation des femmes à part entière dans l'Église. Elles contestent la mise à l'écart du clergé, cette serre chaude des presbytères, hors de l'évidence des problèmes et du quotidien du monde contemporain. Elles ne veulent pas travailler uniquement avec des prêtres qui se réfugient derrière leurs rôles d'« hommes du culte », d'un culte coupé de son enracinement humain et communautaire. Souvent les rapports des prêtres à la sexualité sonnent faux et les femmes remarquent, qu'en leur présence, ils ressentent divers malaises. Les récents cas d'abus sexuels ne réhabilitent pas un clergé en mal d'une véritable raison d'être dans l'Église et dans la société. Les femmes seraient prêtes à les soutenir dans ce combat, mais elles se butent trop souvent à des attitudes de fermeture. Elles trouvent inacceptable ce climat de tension, de combat, d'hostilité, de conflits, qui parfois mène au déchirement ou à l'éloignement du vrai sens de leur engagement commun. La charge est lourde et, comme tout travailleur, elles savent ce qu'il en coûte de s'opposer aux autorités en place. L'affrontement demande courage et audace; certaines y renoncent.

Si elles refusent que le clergé se sente seul responsable de la mission de l'Église, elles ne souhaitent pas pour autant sa disparition. Elles avouent être écartées des tâches pour lesquelles elles sont souvent mieux préparées que certains prêtres qui les considèrent peu ou pas : « Dans notre diocèse, l'évêque ne nous inclut jamais dans les rencontres officielles de pastorale; il ne penserait même pas à nous inviter. » Ce qu'elles réclament à voix haute et soutenue, c'est un pouvoir partagé, un partenariat officiel, une pratique évangélique vécue en coresponsabilité dans l'harmonie et

---

32. Le chapitre précédent cite quelques exemples de prêtres aux prises avec une condition masculine qui se cherche. Les répondantes identifient les nombreuses peurs qui envahissent le monde clérical.

la réciprocité. Pour plusieurs interviewées, c'est clair : « Tant qu'on ne débloquera pas au niveau des ministères, la question des femmes, la place des femmes, le travail des femmes en Église restera toujours problématique. » La distorsion entre l'exigence de la mission, le sens du baptême et l'inaccessibilité à différents ministères ne leur échappe pas :

> Le problème est crucial de ce côté-là. Et tout ce que je souhaite c'est qu'on ait le courage, au niveau de l'Église, de regarder la question de l'ordination des femmes en face et que, ici, dans l'Église du Québec, on ne recule pas devant les audaces à prendre.

Elles signalent une autre forme de marginalisation : celle de la précarité de leur statut. Elles s'opposent aux conditions de travail qu'elles subissent. Sous-payées, compte tenu de leurs compétences, elles doivent œuvrer dans un climat de suppléance et de rôles imprécis où on leur accorde peu de marge de manœuvre pour réaliser pleinement leur mandat. Elles réclament le crédit de ce qu'elles ont accompli tant au plan de la préparation des sacrements qu'à celui de l'élaboration de documents catéchétiques ou de démarches d'éducation de la foi. Non par bravade, provocation ou « orgueil mal placé », mais par opposition au statut de seconde zone dans lequel cette marginalisation institutionnelle les maintient depuis déjà trop longtemps. Écoutons ce dernier témoignage :

> J'ai expérimenté une autre chose dans des ateliers que je donnais avec un prêtre. Je sentais souvent que ce qu'il disait avait plus de portée que ce que je disais même si des fois, lui, il pouvait dire des choses qui étaient plus ou moins recherchées, plus ou moins étoffées; mais quand c'était lui ça passait. Il pouvait même dire des choses qui n'étaient pas tout à fait vraies — au niveau des recherches en exégèse par exemple — puis ça passait mieux que moi qui arrivais bien préparée, qui avait une recherche sur un sujet. Ce que je disais, je sentais que ça passait moins. Puis s'il était là et renchérissait par-dessus, ah oui, là ça allait. J'ai vu une fois, une femme arriver puis dire à ce prêtre-là : « Ah, une chance que t'es dans le Conseil, je sais pas ce qu'on ferait si tu n'étais pas là, regarde les beaux documents qu'on a ! » Et il a tout pris ça pour lui. C'est choquant, c'est moi qui avais préparé le document. Il n'y avait pas mis un seul mot. Il a pris le compliment pour lui seul; il n'a jamais dit : « C'est pas moi tout seul », non, pas du tout.

Non à certaines visions cléricales dépassées

L'histoire le confirme amplement, de tout temps il y a eu des contrastes évidents entre les théologies, les croyances, les perceptions et les idéologies dans l'Église. Cela provient bien sûr de points de vue différents, mais aussi de formation, d'éducation, de priorités souvent difficiles à concilier entre elles. Les femmes de cette configuration s'opposent aux visions rétrogrades de certains porte-parole officiels de l'Église. Surtout lorsqu'elles y perçoivent une trahison de ce qui est au cœur de leurs engagements et de leurs motivations : l'Évangile et la foi.

> Il y a une vision de la pastorale et de la théologie complètement opposée entre moi et mon curé. Alors ça n'aide pas parce que c'est lui qui prend les décisions. Si ça allait dans le sens que je pense la pastorale et la théologie, ça pourrait toujours marcher, mais là, ça complique la difficulté. Comme membre de l'équipe, je suis obligée d'accepter des choses avec lesquelles je ne suis pas d'accord et sur lesquelles je n'ai pas de prise. Nos notions de pastorale et de théologie peuvent être tellement différentes, tellement opposées, que c'est devenu impossible d'essayer de travailler ensemble.

Les femmes du profil d'opposition déplorent, entre autre, la trop grande importance des investissements réservés à la liturgie et à la sacramentalisation au détriment de l'éducation de la foi et de la pratique évangélique. Elles exigent d'acccéder au sens de la foi avant de célébrer à vide, de faire communauté avant de juxtaposer des expériences sans liens les unes avec les autres. Trop de célébrations mettent l'accent sur l'observance du rituel plutôt que sur l'intériorité et la célébration de la vie. Elles vont plus loin : le manque de contact avec la réalité séculière, une Église « hors du monde », non présente à la modernité, tout cela devient intolérable, inacceptable. Leur vision ecclésiale rafraîchie les incite à s'opposer à des pratiques archaïques pour faire place à une pastorale pour aujourd'hui :

> L'autre jour, un curé est venu dans les groupes populaires puis il nous a demandé combien on avait de « vraies familles ». [...] Je ne savais pas par où prendre sa question. J'ai dit : « Vous voulez dire le père, la mère, les enfants ? On accueille tout le monde ici. » Là il trouvait que ça avait bien du bon sens qu'on accueille tout le monde. Mais je

me disais : Il reste à deux coins de rue de nous autres. Comment ça se fait qu'il ne voit pas? Il n'a pas des frères ou des sœurs? Comment ça se fait? Ce n'est pas connecté avec la réalité de tous les jours. Leur grosse difficulté, c'est un manque de contact avec la réalité, parce que je pense que l'Église officielle a des choses à dire, qu'elle a des grandes valeurs [...] mais dans son discours, il manque un aspect essentiel : celui de quelqu'un qui a été en contact avec la réalité. Je ne peux être en accord avec ces manières de penser et d'agir.

Les visions religieuses paraissent, en effet, bien nébuleuses pour les jeunes et les adultes façonnés par le discours postmoderne. Ils les qualifient de moyenâgeuses, féodales, monarchiques. L'image « du curé, représentant du Christ, Roi, Prêtre et Prophète a peu de résonances aux cœurs de nos contemporains ». D'ailleurs, plusieurs répondantes avouent ne plus y comprendre grand-chose elles-mêmes. Ce malaise, mué en opposition, est en passe de devenir chemin de créativité nouvelle :

> J'ai eu un témoignage hier au Conseil de pastorale : les gens nous disent que, nous les femmes, on a le don de démystifier et de simplifier le langage. On rend compréhensible un message qui a toujours été dit dans un langage hermétique et à travers des formules. On doit se battre par exemple pour changer les formules, il faut revendiquer et dire : « Ils ne comprendront pas, ça ne sert à rien; si on veut que le message passe, il faut absolument reformuler. » Et ça, les laïques apprécient beaucoup qu'on le fasse... mais au prix de quelles luttes !

L'univers plus expérientiel, plus affectif, plus séculier des travailleuses en pastorale ne peut pas ne pas influencer leur discours, tout autant que leurs visions et leurs pratiques.

Non à un langage fermé et enfermant

Ces femmes ne peuvent plus entendre le langage fermé, dominateur, qu'on leur sert encore trop souvent dans les textes officiels, dans les homélies ou même dans certains comités ou associations. Elles manifestent fortement leur opposition aux comportements et aux discours sexistes de cette « Mère Église qui est plutôt l'Église des Pères et des hommes », de cette institution qui perpétue l'ordre sacré de la soumission. Elles ne sont pas tendres envers les autorités qui, au nom de l'Église, les maintiennent dans un rôle de second plan où les clercs demeurent souvent les seuls et uniques détenteurs du pouvoir décisionnel, du pouvoir sacramentel, du pouvoir ministériel. Les appels à une spiritualité de la réconciliation qui cherche à camoufler les problèmes n'ont plus aucune prise sur elles.

Combien de ces paroles, ajoutées aux discours politiques, anthropologiques, sociologiques et scientifiques de tant et tant de sociétés, ont contribué à l'aliénation des femmes? L'histoire, fort révélatrice là-dessus, deviendrait supportable si le présent ne s'acharnait pas à redire les mêmes bêtises. Citons seulement l'article, paru dans le journal français *La Croix/L'Événement*, en novembre 1992, autour du débat suscité par la décision du synode anglican d'ordonner des femmes à la prêtrise. L'auteur, Tony Anatrella, bien connu pour ses études en psychiatrie sociale, y écrit :

> Si l'égalité en dignité existe entre les hommes et les femmes, l'égalité en sens psychologique et symbolique n'existe pas. Leur différence sexuelle les situe dans une asymétrie relationnelle à cause de laquelle chacun aura une approche des réalités que l'autre ne peut pas vivre. La femme dans son inconscient rêve souvent d'être un homme. Dans son enfance mais aussi dans sa vie amoureuse et sociale, elle joue plus facilement avec cette ambiguïté que l'homme. Cette motion se projette dans la vie religieuse : il y a ainsi des « femmes-prêtres » qui recherchent à travers une identification masculine impossible celle de leur père à laquelle elles n'ont pas renoncé[33].

Les intervenantes de ce profil dénoncent ce langage générique basé sur des idées préconçues des rôles féminin et masculin. Elles s'opposent à une parole officielle fermée sur elle-même, à une parole catégorique, absolue, unique et trop sûre d'elle-même : « Il me semble qu'il n'y a pas beaucoup de points d'interrogation dans les discours des évêques... Ils ont l'air tellement sûrs d'eux... » Face aux contradictions et aux confusions de ceux qui le formulent, le « discours exemplaire » du clergé perd pour elles toute autorité. Elles refusent que le magistère se considère *le chemin, la vérité et*

---

33. Texte repris dans « Femmes violées, humanité abusée », dans *Femmes et Hommes en Église*, 53, 1993, p. 12. Dans ce même numéro, Françoise Baldé, psychanalyste, répond à Tony Anatrella et dénonce le fait qu'un expert comme lui utilise la science psychanalytique pour convaincre de ce qui apparaît pure cogitation personnelle.

la vie... et les déclarations dans ce sens provoquent de plus en plus de réactions. Dans cette perspective, elles tolèrent de moins en moins la non-parole, la parole camouflée :

> Nous avons beaucoup de difficultés à dire les problèmes vécus dans l'Église... par exemple sur l'avortement ou l'euthanasie. Il faudrait toujours cacher. Il existe un véritable mur de silence que Rome voudrait bien entretenir. Pourtant, il y a là un enjeu fondamental pour l'avenir de l'Église.

Peut-être est-ce une des raisons pour lesquelles, nous avons trouvé, de part en part des entrevues, une importance primordiale donnée à la parole. Un peu comme si seule une *autre parole*[34], venue d'ailleurs, pouvait garantir la sortie d'une aliénation séculaire encore entretenue. Leur façon de « prendre la parole sur la parole » révèle une mosaïque des plus colorées. Elle est forte et significative, comme si les répondantes voulaient aller à l'encontre de ces paroles qui ont marginalisé les femmes, les ont bafouées et réduites à l'état d'infériorité. Dans bien des cas, leurs débats provoquent une autocritique saine, une prise en charge remarquable.

Tout d'abord, à plusieurs reprises, les femmes ont manifesté combien elles appréciaient l'occasion fournie par les entrevues pour prendre la parole. Plusieurs n'ont pas hésité à parler et à « parler contre ». Elles sont convaincues de l'urgence de s'exprimer et de se faire entendre : « Nous sommes dans une conjoncture où la femme ne doit pas se contenter uniquement d'être là, mais doit aussi prendre la parole. »

Elles revendiquent leur place dans l'Église, réclamant en quelque sorte leur acceptation dans la sphère du sacré, ce lieu « intouchable », ce « Saint des saints », réservé aux clercs, donc aux hommes. D'autres cherchent à modifier le sens unique de la parole en la donnant aux moins connus, aux oubliés, aux exclus des discours traditionnels. Elles entendent encourager cette parole autre et venant du dehors des murs institutionnels, en refusant des paroles toutes faites :

---

34. Expression devenue consacrée par la réputation que lui a donnée un collectif de femmes québécoises appelé *L'Autre Parole*.

On bloque toute discussion, toute expression autre dans l'Église...
Il y a une façon unique de parler, de suivre nos chefs religieux. C'est
impossible à accepter. Par ma pratique, je réclame un espace de
liberté.

C'est ainsi que paroles et libertés revendiquées sensibilisent le
milieu, l'influencent de plus en plus, démontrant l'inutilité ou
l'incohérence de certaines pratiques. Voilà pourquoi des agentes
passent outre les consignes habituelles, les « habitudes acquises »,
les discours tout faits, les canons dépassés, les comportements
injustes. Sans nécessairement le savoir, elles instaurent des pratiques de déviance. Plus subversives qu'elles ne le croient, elles
grugent de l'intérieur les bases normatives de l'institution et, par
conséquent, ses fondements mêmes. Pourtant, d'aucuns reconnaissent dans ces prises de parole et dans ces affirmations de soi
des signes d'une foi en croissance. Le passage d'une foi de jeunesse à une foi adulte s'opère par le développement d'une pensée
critique. Le besoin de faire la vérité et celui de cohérence amènent
ces femmes à de fortes remises en question. N'est-ce pas l'aube
d'une ère de maturité ? Serait-ce caractéristique de ce que certains
auteurs nomment une foi davantage « réflexive[35] » ?

Ces diverses oppositions face à la marginalisation institutionnelle, face à des visions traditionnelles, face à un langage hermétique et dépréciateur fissurent l'édifice institué et l'ébranlent en
profondeur. En effet, ces femmes, comme celles qui ont quitté l'institution, déstabilisent une organisation que l'on croyait immuable.
D'institution monolithique et rigide, l'Église devient une structure
ébranlée, de plus en plus vulnérable et fissurée de toutes parts[36].

---

35. On pourra lire avec avantage ce que de nombreux auteurs mentionnent
au sujet des étapes de la foi adulte. Signalons en particulier Paul-André
GIGUÈRE, *Une foi d'adulte*, Ottawa, Novalis, 1991, en particulier la
section 2 où il reprend les stades du développement de la foi présentés
par James FOWLER, *Stages of Faith. The Psychology of Human Development and the Quest of Meaning*, San Francisco, Harper, 1981. Evelyn et
James WHITEHEAD traitent également de ces passages dans *Les étapes de
l'âge adulte. Évolution psychologique et religieuse*, Paris, Centurion, 1990.

36. Les médias, les arts et la littérature soulignent à grands traits, depuis
quelques années, les comportements antiévangéliques d'un certain
univers clérical. Que l'on pense ici aux nombreuses figures négatives de
prêtres ou de religieux présentées par des romans ou des téléromans
comme *Montréal, P.Q., Au Nom du Père et du Fils, Les garçons de*

La crise actuelle de la religion, pas nécessairement celle de la foi, ne dévoile-t-elle pas ce qui couvait dans l'inconscient collectif depuis longtemps?

Ces situations inconfortables manifestent une souffrance réelle. Pourtant, l'héritage transmis depuis des siècles et les exigences à aller de l'avant ne cessent d'inspirer les chrétiens et les chrétiennes à inventer de nouvelles manières de faire Église, des façons novatrices de vivre l'Évangile. Accepter les multiples expressions de l'existence qui invitent à outrepasser des lois et des rituels désuets pour accueillir le mystère actuel de l'Esprit ne peut se faire sans résistance et sans audace. Pourtant l'aveu de ces tensions conduit un certain nombre de répondantes à déserter le temple et à s'exiler vers d'autres cieux.

PROFIL DE RUPTURE

Si les femmes des profils précédents choisissent de demeurer à l'intérieur des structures, de s'y conformer dans certaines de leurs pratiques en les renouvelant ou en les contestant, d'autres optent pour opérer des ruptures à divers niveaux. En effet, malgré la relative nouveauté de leur présence dans le travail pastoral, nombreuses sont les femmes qui, ces dernières années, ont quitté les rangs. Les entrevues ayant été faites auprès de plus de deux cents répondantes engagées, il est normal que peu de cas de rupture soient relatés dans les discours enregistrés. Pourtant, les réponses à la question « Avez-vous l'intention de travailler encore long-temps en Église? » signalent des ruptures imminentes. Les motifs varient : mauvaises conditions de travail, profonds désaccords avec la doctrine officielle de l'Église, non-conformité du discours des autorités avec l'esprit évangélique. Devant des situations intenables ou injustes, devant les incohérences structurelles et

---

Saint-Vincent, etc. Les dénonciations publiques des déviances et abus sexuels de certains membres du clergé, leurs discours rétrogrades, etc., si elles ont des effets négatifs, montrent cependant une recherche de vérité et de transparence.

idéologiques, devant la lenteur ou le refus du changement, les intentions de ruptures s'expriment, des départs se constatent. Regroupons les propos des répondantes et ceux d'autres femmes ayant déjà quitté la structure institutionnelle. Nous avons rencontré ces dernières de manière informelle. Pour garder la force des propos de ces femmes, nous organisons ce profil sous forme de *table ronde*. Écoutons ce qu'elles disent elles-mêmes au sujet des causes de leurs départs récents ou prochains.

Des situations intenables

Au-delà de choix personnels ou d'accidents de santé, le constat de tâches démesurées, d'exigences ou de conditions de travail insatisfaisantes en convainc quelques-unes de partir. Une mauvaise organisation et une pression excessive en épuisent plus d'une. Les heures interminables, les nombreux comités, les tâches improvisées procurent un sentiment d'essoufflement[37], de bureaucratisation, de débordement... jusqu'au jour où elles en ont assez et lâchent tout :

> Je me sens correcte comme agente de pastorale et si j'avais de bonnes conditions de travail, si j'avais un climat acceptable, j'y travaillerais longtemps. Je me sens les talents et les capacités nécessaires. En même temps, je ne sais pas combien de temps je supporterai des situations intenables.
>
> C'est sûr qu'il faut que je fasse de l'animation dans les classes, mais moi, je ne veux pas juste faire de l'animation pour faire de l'animation; je ne veux pas me brûler au bout d'un an. J'ai cinquante sept groupes, soit treize cents jeunes; j'aime ça, je veux continuer, mais je ne peux pas faire vingt animations dans une année. Je ne sais pas si je vais finir par trouver mon rythme avec le temps.
>
> [...] quand tu n'as pas de prise sur les véritables affaires, tu finis par avoir le sentiment de tourner en rond. À un moment donné, je décroche. [...] Autant pour les autres que pour moi, je pense que c'est le temps que je parte.
>
> Je trouve ça très exigeant physiquement, je ne sais pas si je le ferai longtemps. Le fait que je sois devenue agente de pastorale, c'est

---

37. On fait mention de « l'essoufflement chronique » des intervenantes et intervenants pastoraux dans *Entre l'arbre et l'écorce, op. cit.*, p. 142-143.

comme si on exigeait de moi que j'aie les mêmes disponibilités que les curés. Mais je suis d'abord mère de famille, j'ai trois enfants de huit à dix-huit ans, c'est important que je leur sois présente. Je suis mariée et ça passe avant mon travail.

Si la disponibilité exigée par les divers services offerts les soirs et les fins de semaine cause des départs, le fait d'être confinées à des tâches non essentielles et d'être sous-évaluées pourrait en provoquer d'autres :

Ce qui devient inacceptable, c'est le manque de temps pour faire le travail déjà confié et souvent pour des raisons tout à fait matérielles. Par exemple, nous n'avons pas l'autorité pour embaucher quelqu'un pour les choses « secrétariales » ou techniques [...]. On nous relègue à des tâches subalternes parce que nous sommes des femmes. Il faut paraître soumises et ne pas avoir l'air frustrées quand on nous demande de faire des tâches qui ne requièrent aucune formation en pastorale.

[...] parfois, j'ai l'impression de me retrouver comme en un vase fermé. J'ai difficilement des contacts avec des gens ordinaires, avec le commun des mortels. Ça me manque parce que ça me faisait tellement vivre avant. C'est dans ce sens que je ne sais pas si je vais être là bien longtemps.

Les conflits interpersonnels non réglés provoquent aussi des ruptures, des abandons et des démissions :

Nous n'avons pas réussi à résoudre [le conflit]. Des démarches ont été faites et il y a eu des réconciliations demandées par celui qui avait adressé la lettre. J'ai aussi reçu une lettre personnelle. Il y a eu des gestes, je dirais, très évangéliques. On s'est réconcilié, on s'est parlé, mais après, c'est toujours resté lettre morte. Ça n'a pas abouti. Et après un an et demi, deux ans, quand j'ai vu que ça n'aboutissait pas dans le sens qu'on aurait souhaité depuis les débuts, j'ai laissé tombé. Je n'étais plus intéressée à me battre.

Malheureusement avec le pasteur, il y a une mésentente sur une façon de procéder. Comme on disait, c'est le prêtre qui a toujours raison, c'est donc à nous de reculer. C'est toujours à recommencer d'encourager les gens malgré les difficultés qu'on ne peut résoudre. D'autre part, faire de la chicane, je ne donne pas mon temps pour ça et je vais me retirer.

Je ne trouve pas de solution pour vivre en harmonie et me respecter. La seule solution c'est de le vivre pour moi, le mieux possible ou de démissionner. Il n'y a pas d'autres sorties. J'ai tout essayé et ça s'est durci davantage; c'est l'impasse totale. Je reste avec ce problème ou je quitte[38].

Des incohérences inacceptables

Les incohérences du système et les interminables luttes pour accomplir véritablement leur mandat font fléchir les résistances et en conduisent certaines vers la porte de sortie :

> La première raison pour laquelle je ne resterai pas longtemps au diocèse, c'est toute l'incohérence de notre tâche, autant du point de vue structure que du point de vue salaire. Tout ça, pour moi, est difficile à vivre; je ne peux plus résister. Prendre un travail en paroisse, ça ne m'intéresse pas non plus parce que c'est la même sorte de structure que je retrouverais encore.
>
> Il n'y a aucune place pour la contestation. Dans les orientations de fond, dans les questions qui touchent les croyantes et les croyants, les laïques et spécialement les femmes, les concernées n'ont absolument rien à dire. Et subtilement, l'Église s'éloigne des questions fondamentales de la société; elle est complètement décrochée de la vraie vie !

D'autres, constamment tiraillées entre la vie et l'institution, avouent ne plus vouloir entretenir des pratiques imposées. Elles ne sont pas tendres à l'égard d'une hiérarchie qu'elles trouvent écrasante et non ouverte au partage du pouvoir avec les laïques et encore moins avec les femmes :

> L'Église est une institution complètement gérée, dirigée et orientée par des prêtres. Le système de pensée, de référence et d'intervention est donc typiquement masculin. Ceux qui ont le pouvoir décisionnel (spécialement ceux qui sont en haut de la pyramide) font tout ce qui est en leur pouvoir pour que les femmes ou ceux qui en sont proches ne puissent accéder au sacerdoce. C'est par et avec le sacerdoce qu'ils justifient leur pouvoir « qui vient de Dieu » et ainsi, ils imposent leur vision de l'Église et du monde. Ils s'arrangent pour que ce soit leur caste qui garde l'Église dans leur système de pensée et ils éliminent facilement les dissidents (ceux et celles qui posent des questions); enfin ils nomment aux postes décisionnels ceux qui pensent comme eux. Ils font ce que les régimes totalitaires font : ils s'auto-engendrent.

---

38. Cette femme a quitté quelques mois seulement après l'entrevue.

Je pense que ma plus grande source de frustration viendrait justement de cette hiérarchie. Je me demande si, je vais appeler ça l'évêché ou en tout cas ceux qui donnent les mandats, s'ils reconnaissent vraiment comme essentielle notre tâche d'animatrice de pastorale. Moi je suis vraiment hantée par eux; même en m'étant donné une formation spécialisée, pour rentrer dans le milieu où je suis, il a fallu que je rentre par la porte d'à côté. Je peux peut-être raconter un petit fait qui aiderait à expliquer. Je ne sens aucun soutien de mon évêque ou en tout cas de ce milieu-là. Je suis peut-être « tolérée ». Nous sommes deux animatrices, où je suis, et un prêtre. L'autre animatrice est quelqu'un qui a beaucoup d'expérience et qui est très formée, alors elle a été nommée coordonnatrice des activités de pastorale dans notre milieu [hospitalier]. Et bien l'évêché a téléphoné pour qu'on nomme le prêtre « aumônier-chef ». Je pense que ce petit fait dit tout.

Les discours abstraits, aux contenus incohérents avec la pratique, les font de plus en plus réagir. Ils sont loin de leurs expériences vitales de femmes qui côtoient les blessés de la vie, qui luttent quotidiennement pour survivre ou pour obtenir leurs droits élémentaires.

Je n'aime pas non plus camoufler des choses. Je fais un travail qui pourrait être reconnu pour ce qu'il est, puis dans le fond je sais très bien qu'il ne l'est pas. Ça fait dix ans que je fais ça : on vient tannées de ne pas être reconnues. Il y a bien d'autres choses à faire comme servir des pauvres. Et avec les grosses ruptures économiques qu'on connaît actuellement dans la société, j'ai davantage le goût de faire des choses plus utiles.

Pour les unes, continuer à approfondir leurs valeurs chrétiennes c'est quitter carrément l'institution alors que pour d'autres, c'est implanter des pratiques parallèles. Elles créent des petits groupes marginaux parce que le rituel ou le prescriptif ne donnent plus sens à leur existence ni à leur engagement de croyantes. Espèrent-elles que ces ruptures prennent leur véritable signification dans la mesure où, en creusant ailleurs, de nouvelles sources jaillissent pour féconder l'avenir? Ce n'est pas toujours aussi clair dans les entrevues, mais quelques femmes ayant quitté l'institution se sont exprimées dans ce sens :

Je suis frappée par les témoignages des autres femmes qui ont étudié en théologie en même temps que moi. La majorité ont été frustrées; elles ont aussi décroché de l'Église institutionnelle et sont arrivées comme moi au même constat : il n'y a plus grand-chose à faire. Leur foi ne se situe pas dans ce rite qui ne les respecte pas, elles sentent qu'il n'y a pas vraiment de place ni d'espace pour du nouveau; elles ne veulent plus être simplement utilisées. Imaginons la quantité de chrétiens et de chrétiennes qui ont décroché de l'Église parce que celle-ci a cessé d'être signifiante pour eux; elle n'a pas su les respecter et a refusé de répondre à leurs aspirations profondes !

Un nombre grandissant refuse qu'on « exploite leur dévouement et leur bonne volonté »; ce malaise leur rend l'institution inhabitable. Alors que les femmes dont nous parlons sont parfois taxées de « déserteuses », de « lâcheuses », de « contestataires », on retrouve dans leurs propos des phrases comme : « L'Église est hors de l'Évangile et incapable de porter au monde un message d'amour, de vérité, de justice. » « L'Église était devenue pour moi un obstacle, un fardeau, un empêchement de vivre ma foi, alors, j'ai quitté. »

Rompre à cause de l'Évangile

Des départs douloureux, vécus dans la souffrance ou même dans l'espérance pour certaines, se font au nom du Dieu de l'Évangile envers qui les répondantes manifestent abondamment foi et amour. En effet, les découvertes du sens évangélique qu'elles font à travers leurs études, leurs pratiques, leurs prières amènent parfois les femmes à opérer des ruptures. Les conflits entre cet idéal de justice, d'amour, de respect et les écarts de conduite et de paroles provoquent des abandons. À leurs yeux, le fossé s'agrandit entre de « belles déclarations » sur l'égalité, la justice et la dignité et leurs interventions quotidiennes pour accéder à plus de dignité et à plus d'autonomie :

Personnellement, je trouve que l'Église est foncièrement antiévangélique. En effet, on ne respecte en rien la justice et l'amour de l'autre à cause du système qui n'a rien de démocratique et qui élimine en partant plus de la moitié de l'humanité. N'est-ce pas hypocrite de prêcher l'amour, la justice, quand [justement] les personnes qui s'engagent le plus en Église ce sont des femmes?

Imaginons que toutes les femmes ne pratiquent plus pendant quatre semaines... L'Église aurait l'air de quoi? Ce serait drôle et triste à la fois! Nous, les femmes, sommes-nous tout juste là pour applaudir et encourager les hommes d'Église, voir passer le train en gardant silence, tout juste bonnes à servir, à boucher les trous ? Il me semble qu'on est loin de l'esprit évangélique du service demandé par le Christ.

Les femmes de cette configuration, du moins celles qui se sont exprimées sur les raisons de leur départ récent ou futur, ne mentionnent nulle part qu'elles ne croient plus en Dieu ou en l'Évangile. Elles dénoncent la détérioration et le non-respect de certaines valeurs évangéliques au cœur même de cette Église qui se réclame de Jésus et de sa Bonne Nouvelle. Rebutées par la pesanteur des structures de l'Église, de son appareil, de ses divisions internes ou par son manque de présence à la réalité contemporaine, elles sont en quête de lieux *autres* pour instaurer une ecclésiologie de disciples égaux :

> N'assiste-t-on pas alors à un paradoxe existentiel — vécu parfois comme un « mal à l'Église » incurable — où l'on prend ses distances de l'Église pour être fidèle à l'Église. Ce paradoxe existentiel semble être vécu sous la forme d'une *pastorale généreuse centrée sur la vie* mise en opposition avec une *pastorale onéreuse soumise à une institution* perçue comme étant plus attentive à son propre fonctionnement et à ses propres normes qu'aux gens qu'elle a la mission de servir[39].

Oui, ces femmes cherchent comment évoluer, comment célébrer autrement, de quelle façon parler autrement de Dieu, de Jésus, de l'Écriture. Comment vivre leurs valeurs les hante :

> Il y a toute la question de la justice sociale qui me travaille, et je me demande combien de temps je vais pouvoir tenir si je sens qu'il y a trop d'injustices à l'intérieur des cadres d'Église. [...] Quand on a l'impression de ne pas faire le travail d'Église, ou qu'il y a un décalage entre ce que l'Église est censée représenter, entre ce que l'Église enseigne et ce qu'elle pratique, des fois ça devient intenable. Alors, je ne peux vraiment pas ne pas être engagée dans l'Église : j'aime croire que je vais l'être toute ma vie parce qu'il y a là un idéal qui me fait vivre, mais concernant la modalité du service, je ne suis pas prête à dire que dans un an j'accepterai de continuer si les choses ne changent pas. Je ne peux pas dire un oui aussi catégorique.

Elles abandonnent ce rêve d'une Église renouvelée, ou font comme si, pour vivre leur idéal en s'éloignant de cette institution

---

39. *Entre l'arbre et l'écorce, op.cit.*, p. 132.

qui n'arrive pas à changer au rythme qu'elles auraient espéré après Vatican II :

> Il y a vingt ans, comme plusieurs jeunes femmes, je me suis engagée en Église. À cette époque, celle-ci semblait vouloir changer, vouloir ouvrir ses portes aux femmes même laïques! Nous étions quelques jeunes pleines d'enthousiasme et d'énergie à donner. Nous avions encore de grandes espérances! Petit à petit, pendant mes années d'études en théologie, puis d'enseignement comme chargée de cours, mes illusions commencèrent à s'effondrer! Au fond, plus je m'impliquais dans le milieu (engagement et travail dans des organismes d'Église), plus je prenais conscience du système clérical qui était bourré d'injustices, d'hypocrisie, spécialement envers les femmes.
>
> Moi, c'est toujours ce que je dis : « D'un côté, il y a un discours de coresponsabilité, de l'autre, il y a des structures hiérarchiques, ce qui fait que ça ne marche pas ensemble. » Tu as beau vouloir les réconcilier, tu sens toujours qu'on nous prêche une chose bonne, mais qu'on en pratique une autre. À divers niveaux d'enseignement, ça devient de moins en moins crédible!

Ces réflexions, si d'aucuns les trouvent intransigeantes, ont cependant des effets positifs. En plus de manifester affirmation de soi et maturité, elles cimentent des liens entre les femmes elles-mêmes. Elles provoquent des invitations à une plus grande solidarité :

> Si à la limite on n'a pas de place, il faut s'organiser entre nous si on veut dire : « Au sein du diocèse, on existe. Entre nous, on a des liens. Il y a des choses dans une communauté ou dans l'autre qui se passent et ne sont pas correctes. Il faut marcher ensemble! » En même temps, je dis que c'est une difficulté, puis en même temps je me dis que c'est un ferment pour faire bouger des affaires. C'est évident que je ne pouvais continuer longtemps de cette manière-là.

Les femmes en instance de rupture voudraient voir l'Église ne pas s'entêter à défendre « sa » vérité, mais davantage les droits des personnes bafouées : les sidéens, les homosexuels, les pauvres, les femmes et les enfants violentés dans les pays du Sud et les pays en guerre. D'après elles, l'institution manque à sa mission prophétique en s'opposant à la liberté de pensée des théologiens et théologiennes qui réfléchissent autrement et proposent des solutions renouvelées. Comme leurs consœurs du profil en opposition, elles demandent que l'Église fasse son autocritique, surmonte sa peur de parler des vrais problèmes, dépasse son hésitation à se compromettre dans les dossiers chauds concernant, la plupart du temps, la sexualité ou la place des femmes. Elles quittent parce qu'elles n'ont pas réussi à être témoins d'une Église qui annonce la liberté évangélique dans notre culture.

L'une ou l'autre, voulant être plus près de la base, se préparent à aller dans d'autres pays :

> J'ai préféré aller à la base, travailler soit en paroisse, soit au niveau diocésain. Mais là, dans l'avenir, ce n'est pas certain. Pourtant, fondamentalement, je me sens appelée à être au service de l'Église. Ça peut peut-être se modeler autrement, changer un peu, mais c'est ça qui est l'essentiel. Voilà pourquoi j'aimerais beaucoup vivre une expérience en Amérique latine, au Pérou en particulier, pour quatre ou cinq ans, vivre l'Église là-bas avec ce qu'ils rencontrent comme défis. Ça pourrait être un bon point de réflexion par rapport à ce qui se vit ici. En tout cas, j'ai toutes sortes de projets dans ce sens pour l'avenir.

Si elles n'accusent pas toujours clairement l'Église d'être en contradiction avec l'Évangile, incapable de porter au monde une parole de libération, de tendresse, de vérité, on décèle la non-approbation et parfois même la révolte qui les conduisent ailleurs.

> Je suis dérangeante, parce que dans ma situation de divorcée, par la position que je prends vis-à-vis des situations semblables [...] bien, j'emmène des pauvres puis des tout croches, alors je suis dérangeante de ce côté-là, puis c'est pas très confortable ni pour ma famille ni pour les autorités en place (rires). Alors, il faudrait que j'aille ailleurs pour accomplir ce en quoi je crois.

Ces travailleuses ne condamnent pas ceux ou celles qui croient encore à l'institution, mais parce qu'elles n'y croient plus ou parce qu'elles ne peuvent plus supporter de nombreux faits, gestes et paroles, elles quittent en douce ou en colère. Elles démissionnent ou ne négocient pas le renouvellement de leur contrat : « Je ne peux continuer à tourner en rond dans un système qui ne reconnaît pas nos valeurs et nos compétences. » Même si elles aiment l'Église de Jésus Christ et apprécient leur travail auprès des gens, elles ne sont pas prêtes à y laisser leur peau.

Où vont-elles?

On observe que, pour la plupart, elles ne quittent pas en claquant la porte, mais délaissent petit à petit certaines tâches ou travaillent à mi-temps :

> Moi, ce sera pas très long encore, d'ici deux ans, je vais avoir quitté le travail pastoral. L'année prochaine je pense même diminuer mon temps de travail; je suis en train d'y réfléchir. Je sais que, affectivement, émotivement je suis rendue là. J'ai le sentiment que c'est le temps que je parte.
>
> Justement, moi, cette année j'ai laissé tomber beaucoup de choses. Particulièrement la catéchèse, les sacrements d'initiation. Je garde un peu de travail en paroisse et je vais prendre des tâches pas nécessairement rattachées à la pastorale.
>
> Moi, j'ai l'impression qu'ils... (c'est effrayant ce que je vais dire là), qu'ils ne savent plus quoi faire avec moi. Je les comprends en quelque part. Qu'est-ce qu'il faut faire avec des personnes comme moi? Me faire jouer à la chaise musicale? Me donner un autre poste diocésain? Aller en paroisse? Je ne crois pas que j'accepterais de travailler en paroisse pour vivre ce que X raconte. Je ne pense pas que je serais capable de le prendre. Être responsable de paroisse? Je ne sais pas si j'en ai le goût. Je ne sais plus, je suis plafonnée, je tourne en rond. Il faudrait que je parte carrément.

Où vont ces femmes? On les retrouve dans l'enseignement, dans des mouvements d'éducation populaire, dans des groupes écologiques. Elles s'engagent pour la défense de causes humanitaires ou s'inscrivent dans des regroupements de spiritualité. D'autres, tellement déçues, se coupent de tout ce qui rappelle leur engagement antérieur. Certaines s'impliquent auprès des femmes violentées, dans des maisons de jeunes ou dans des centres de réhabilitation : elles s'y sentent plus libres, moins surveillées et supervisées par les autorités. D'autres décident de poursuivre à plein temps leurs études en théologie ou en éducation; enfin, quelques-unes amorcent un changement radical de carrière. Celles qui restent sont conscientes de cette perte de richesses humaines pour l'Église. Les partantes étaient souvent bien formées; cela appauvrit davantage l'Église et les communautés locales.

Allégées du poids de la responsabilité qu'elles s'étaient donné de tout bien faire, de transformer les structures et les mentalités, quelques-unes décident de ne plus être complices de la transmission d'anti-valeurs qu'elles récusent. Elles refusent « de camoufler les abus ou les bassesses de quelques dirigeants ». On les retrouve à la marge ou complètement en dehors de l'institution dans des postes de gestion, d'éducation, de coordination, d'administration. Voilà comment une engagée de la première heure, maintenant administratrice, nous partage les valeurs qui l'habitent toujours :

> Si j'ai accepté de m'engager en administration au sein de l'Église, c'est parce que ma connaissance du milieu est un atout intéressant. Je suis capable de comprendre les visions de fond sans toutefois me mêler des questions d'ordre pastoral. Je gère mes responsabilités comme si je travaillais dans un organisme communautaire. Pour moi, ce qui est surtout important et évangélique, c'est le travail de conscientisation, de respect et de solidarité entre les employé-es. Je suis capable d'y donner le meilleur de moi-même, même si j'ai décroché au niveau de ma pratique religieuse. Évidemment, il m'arrive de vivre quelques conflits au niveau de ma conscience, mais je me dis que dans n'importe quel milieu de travail, il peut y avoir des incohérences, [...] les individus et la solidarité humaine qui nous lient sont plus importants pour moi que l'institution.

Les ruptures déjà faites et celles à venir soulèvent de sérieuses questions. Se peut-il que ce qui protège l'Église : sa hiérarchie, ses dogmes, ses lois, sa structure, pourrait un jour, et même bientôt, la faire disparaître ? Des femmes vont jusqu'à affirmer : « Ce n'est pas en durcissant les positions pour se protéger que l'institution améliore sa crédibilité auprès du peuple et fait augmenter la pratique liturgique. » En quittant, ces femmes remettent en question, parfois gauchement mais réellement, l'appareil organisationnel ainsi que l'archaïsme des gestes répétés et usés.

Au-delà et à cause des motifs évoqués, il existe un ressentiment grandissant, une tristesse envahissante, un manque d'intérêt flagrant à lutter inutilement pour que triomphe la vérité de l'Évangile. Une autre question surgit. Se peut-il que vouloir choisir et promouvoir les valeurs évangéliques amènent à s'écarter de l'institution ? Que celle-ci préfère garder intactes ses structures au lieu de questionner ses propres lois ? Pourtant, en présence de celles qui ont quitté ou qui vont le faire, on peut espérer que « si l'Église, l'*ecclèsia*, est convocation, elle est aussi paradoxalement exode, voire exil, pour ceux qui déjà sont dedans. Ne vont-ils pas dehors, pour que la parole soit portée aux confins du monde[40]? »

L'Église ne peut demander à ces femmes de croire en ce qu'elles ne peuvent plus croire, de faire ce qu'elles ne peuvent plus faire en conscience. Pour elles, se soustraire aux « comme si », c'est préférer les exigences de la liberté d'action, de la liberté de pensée, de la liberté intérieure. D'autres, venues parfois près de quitter, ont risqué des pratiques renouvelées. Elles optent pour des changements radicaux et profonds. Elles passent aux actes. Elles osent des gestes de transformation. Laissons-les nous interpeller.

PROFIL DE TRANSFORMATION 19 p.

De nombreux témoignages s'organisent autour d'une configuration qu'on analysera sous l'angle déconstruction/reconstruction. Ce discours va au-delà de la manifestation des oppositions concernant le fonctionnement, le langage et la structure actuelle relatée dans les profils précédents. Les propos des intervenantes, en même temps qu'ils dénoncent une structure, révèlent une manière de voir, de faire ou de vivre l'Église *autrement*. Ils s'organisent en configuration significative autour du profil de transformation.

Déconstruire pour mieux bâtir

Si ces répondantes s'indignent d'une institution de plus en plus sclérosée, elles instaurent, consciemment ou non, des pratiques novatrices. Elles se considèrent les sujets véritables de leurs pratiques et de leurs discours. Il ne s'agit plus uniquement de moderniser le vocabulaire, mais de proposer un *nouveau discours* axé sur une théologie et sur une anthropologie repensées pour aujourd'hui.

---

40. Maurice BELLET, *L'Église morte ou vive*, Paris, Desclée de Brouwer, 1991, p. 29. Tout ce livre d'ailleurs est une réflexion poussée au sujet des nombreux paradoxes vécus en Église.

Des façons renouvelées d'annoncer l'Évangile et de faire Église voient le jour. Des modalités différentes de prendre des décisions et de gérer, d'établir des rapports entre hommes et femmes s'articulent. Le défi majeur? Développer des pratiques qui abolissent une structure désuète en la minant par en dessous. Leur parole, souvent subversive, radicale et transformatrice, fait son chemin assez rapidement auprès de chrétiennes et de chrétiens qui ont décroché, du moins en esprit, d'une institution qu'ils jugent parfois en contradiction avec des valeurs évangéliques qui les rejoignent toujours[41]. Le parcours de ces interviewées va de la dénonciation à l'innovation radicale en passant par la transgression et la revendication, mais surtout par l'instauration de pratiques de libération.

Des pratiques de dénonciation et de revendication

Faut-il le redire, la présence prédominante, voire exclusive du clergé aux postes décisionnels maintient une gestion qui reproduit ou cherche à légitimer une discrimination devenue intolérable. Les femmes du profil de transformation ne parlent pas ouvertement de révolution, de mobilisation générale, de grands coups d'éclat; elles exigent des jours meilleurs pour le peuple chrétien. La mise en œuvre de solutions et de stratégies pour remplacer des habitudes séculaires souvent injustifiées, pour promouvoir une évangélisation et une pastorale inculturées caractérise leur agir.

Le rejet de pratiques inadéquates ou irrespectueuses des communautés et des mentalités actuelles se traduit, non seulement par des dénonciations de situations inacceptables, mais par un appel à la responsabilité et à la compétence des gens en place. Constater des abus n'est pas suffisant, il faut prendre position ouvertement et proposer des alternatives[42]. Les pouvoirs se déplacent, les directives sont en quelque sorte contournées par une recherche de

---

41. Cf. le sondage de *La Presse* déjà cité. Il en résultait que les valeurs évangéliques rejoignent encore profondément les Québécois et les Québécoises qui pourtant croient de moins en moins à l'Église institutionnelle et dont la pratique dominicale est toujours en baisse.

42. Ainsi, bon nombre d'entre elles se sont concertées pour réagir au contenu de la Lettre apostolique *Sur l'ordination sacerdotale exclusivement réservée aux hommes*, cf. *Le Devoir*, 29 juin et 25 août 1994.

nouvelles expressions ou par des prises de position fermes et efficaces. Voici comment cela se traduit pour deux d'entre elles :

> On a un nouveau pasteur; en arrivant, il a décidé qu'il rétablissait le sacrement du pardon à l'école. Alors, je lui ai d'abord dit que non, dans le milieu ici, ce n'est pas ce à quoi on est arrivé. Mais lui, il avait décidé qu'il était pour remettre ça en place. Alors, toute mon action, en regard de cette communauté et de ce pasteur-là, a été de réunir les directions et les animatrices de pastorale pour signifier clairement à ce pasteur : «Oh! là, on ne veut pas ça!»
>
> Ma nouvelle stratégie pour résoudre mes difficultés, c'est la reconnaissance du milieu relativement au travail que je fais. Les directions des écoles sont d'abord informées. De cette manière, elles sont équipées pour négocier avec un pasteur. On a aussi donné de la formation aux professeurs; on a réfléchi avec eux, avec les représentants de la communauté et du diocèse. Alors, quand arrive un nouveau pasteur, ces personnes savent ce qu'elles ont à faire et agissent en conséquence.

Pour d'autres, la gestion peu transparente des paroisses et des diocèses les scandalise. Réclamant un style de gestion par participation réelle, elles sollicitent une administration responsable basée sur la valorisation de la maturité, de la confiance et de l'autonomie. L'une d'elles, ayant quitté depuis quelques années le champ pastoral, s'exprime ainsi :

> Je trouve que l'institution essaie de garder les prêtres dans un stade d'infantilisme, tant au niveau des responsabilités, des engagements vis-à-vis autrui, de l'autonomie (à plusieurs niveaux), de l'affectivité, etc. Le dernier livre de Drewermann, *Fonctionnaires de Dieu*[43] en parle très bien. D'ailleurs, l'Église par ses encycliques, ses catéchismes, essaie également de garder les chrétiens et les chrétiennes dans l'infantilisme. Il n'y a vraiment pas d'espace pour la nouveauté, la créativité et l'autonomie au niveau théologique, sacramentel et spirituel. Où est l'espace pour un cheminement de foi qui ne s'inscrit pas exactement dans les normes de l'Église?

Plusieurs pratiques manifestent ouverture et initiative. Les intervenantes agissent afin que l'Église évolue au regard de la Tradition vivante, qu'elle écoute ce que l'Esprit inspire à la communauté des croyants. Leurs pratiques de transformation misent

---

43. Eugen DREWERMANN, *Fonctionnaires de Dieu*, Paris, Albin Michel, 1993.

sur leur vision de femmes pour instaurer une pastorale *autre*. Formées sur le terrain (et non dans les grands séminaires), fortes d'expériences de toutes sortes, elles perçoivent avoir plus de liberté de pensée et d'actions que leurs collègues prêtres. Elles revendiquent d'autres manières de faire : « Nos façons, nos modes de fonctionnement actuels, ça ne peut plus tenir si on continue à être autant de laïques impliqués qui disent leur façon de penser. »

Pour éliminer le fossé entre le séculier et le religieux, entre le clérical et la vie du peuple, elles réclament que la formation des futurs prêtres se fasse différemment, qu'elle tienne compte de la présence grandissante des laïques :

> Il y a toujours la question de la formation des futurs prêtres. Est-ce qu'on va les former à travailler seuls ou en équipe ? Est-ce qu'on va continuer à les former en vase clos, loin des femmes, loin des familles, loin des situations de la vie, ou si on va les former pour être vraiment présents à l'ensemble de la vie ? Il ne semble pas qu'avec la formule des grands séminaires, actuellement, on ait pris des orientations dans le bon sens. Ça m'inquiète, mais plus encore, ça me dit qu'il faut revendiquer une formation qui soit davantage adaptée et intégrée à celle des agentes et agents laïques.

Des pratiques de transgression

Sans toujours s'en rendre compte, les femmes s'approchent de plus en plus du domaine sacro-saint autrefois réservé aux clercs. Elles le font évoluer en particulier dans le champ des pratiques sacramentelles. Ainsi, des agentes de pastorale hospitalière ne voient pas pourquoi elles refuseraient les derniers sacrements à un malade qui le demande. D'autres avouent rencontrer régulièrement des personnes d'âges variés insistant pour recevoir le pardon et l'absolution :

> Même si ce n'est pas permis officiellement de donner l'absolution, c'est une chose que je ne refuse pas à une personne qui se confie à moi en matière de confession. Elle a besoin de ce pardon et, comme membre de la communauté, je peux l'assurer du pardon et de la miséricorde du Seigneur.

Des responsables de paroisse, présentes toute la semaine dans leur communauté, contestent le « parachutage d'un prêtre pour l'Eucharistie dominicale ». D'autres assument la responsabilité de la préparation au baptême, pourquoi ne baptiseraient-elles pas? Celles qui accompagnent des fiancés dans leur préparation au mariage sont invitées à servir de témoin principal, les époux étant les ministres mêmes du sacrement. Quelques-unes se disent surprises et souvent démunies devant pareilles réclamations. La délicatesse avec laquelle elles gèrent ces requêtes exprime un profond respect et une infinie précaution. C'est un peu comme si, à la suite de Moïse, elles « enlevaient leurs souliers » pour fouler ce lieu saint de la rencontre de Dieu. Seraient-elles en train de transformer la sacralité chrétienne en démarche de sainteté? Une répondante l'illustre en se référant à l'homélie :

> C'est encore le prêtre qui donne l'homélie. C'est la fonction des laïques d'écouter. Un peu comme dans le temps de Pie X. Vous avez à écouter, c'est ça votre rôle. Et c'est devenu non une façon de faire, c'est devenu sacré que ce soit ainsi. J'ai entendu une intervention encore plus forte : « Moi je ne peux pas endurer une femme qui prêche. » Quelqu'un d'autre a dit : « On est en train de faire s'écrouler le fondement même du dogme catholique! » Parce qu'une femme prêche! Imaginez! Ça devient tellement facile de devenir agressive lorsqu'on s'aperçoit comment des choses si banales sont devenues si sacrées. C'est dans le domaine du sacré, donc de l'intouchable, mais moi je le fais.

Transgresser les règles du jeu établies devient alors urgent pour demeurer fidèles à elles-mêmes et à leurs convictions. Elles hésitent de moins en moins à recommander à des gens de la paroisse d'aller de l'avant dans certaines pratiques, même lorsque celles-ci ne reçoivent pas l'assentiment du curé :

> Je leur dis : « Mais oui, ça se fait! » Par contre, il y a des affaires sur lesquelles tu ne peux vraiment pas te prononcer parce que t'es bloquée. Le curé va s'en apercevoir et il va penser que t'es en dessous de ça? Pourtant tu n'es pas en dessous, tu fais juste dire : « Allez-y! » La communauté, c'est pas nous autres; on est au service de la communauté.

Dans certaines situations, parce qu'elles sont femmes et non prêtres, elles choisissent d'infiltrer le système pour réussir à accomplir leurs mandats. Si d'aucunes travaillent en marge n'est-ce pas à cause des attitudes de quelques prêtres qui les forcent à ralentir leur élan, à repenser des stratégies d'intervention pastorale jugées essentielles ? Refusant de n'être que des exécutantes au service et en dessous de la hiérarchie, elles combattent pour obtenir plus d'autonomie, plus de liberté d'action à l'intérieur de leur champ pastoral. Leurs pratiques transgressives prennent à certains égards des allures révolutionnaires. Ainsi, dans un diocèse, des femmes ont démontré leur autonomie et leur sérieux en donnant leurs couleurs propres à une structure reconnue :

> On n'a pas voulu que la répondante soit l'exécutante de l'évêque. Elle est donc autonome. On prend nos décisions et on informe l'évêque après. On s'est donné une table qui n'est pas une table du diocèse. Elle est une table des femmes. La répondante a son rôle à jouer parce qu'on veut bien qu'elle en joue un, mais la table est autonome.

Devant des incohérences et des injustices, quelques-unes n'hésitent pas à clarifier leurs propres positions sociopastorales et à s'inscrire en faux contre des comportements autocrates. Les questions de justice sociale les tenaillent et les font outrepasser certaines « consignes » : quand « il y a un décalage entre ce que l'Église enseigne et ce qu'elle pratique, cela devient intenable ». Il n'y a qu'un pas pour transgresser les lois du silence ou du secret imposé à l'interne :

> Au cours d'un reportage de télévision sur *Les soutanes roses*, on devait prendre quelques images de l'homélie que j'adressais à la communauté. Le prêtre au sein de notre équipe était absent. J'ai accepté avec les autres membres de l'équipe de me prêter à cet exercice. À son retour, juste avant la célébration, le prêtre a fait une colère noire; si la « chose » devait se savoir à la grandeur du Québec, que dirait l'évêque ? La menace pesait sur nous de perdre ce privilège de l'homélie. Cette colère inspirée par la peur montre bien la limite du tolérable.

Le repérage des contradictions institutionnelles dont elles sont victimes conduit les femmes de cette configuration à des pratiques et à des stratégies revendicatrices qui ébranlent la structure sans toutefois l'attaquer de front : « Indirectement, on essaie de brasser. À un moment donné on espère que ça va « s'effoirer ». Si elles consentent à cette déconstruction, c'est pour mieux reconstruire une Église pour aujourd'hui. Les derniers chapitres de cet ouvrage déploieront les conséquences théologiques et ecclésiologiques indispensables à l'édification d'une mission ouverte aux aspirations spirituelles des femmes et des hommes d'aujourd'hui. Mais, nous avons entendu dans l'expérience dévoilée par les répondantes du profil de transformation des sons nouveaux pour une symphonie nouvelle.

Transformer en construisant de nouveaux modèles

Conscientes que le changement modifie la vision du monde, que la société nouvelle en voie d'élaboration doit tenir compte de l'incontournable changement social, elles expérimentent que, pour faire évoluer les choses, il faut croire qu'elles changent, il faut vouloir qu'elles changent[44]. Se fiant à leur créativité et à leur vision d'une Église renouvelée, les travailleuses implantent des pratiques de concertation et d'acculturation, des pratiques favorisant une plus grande justice et un meilleur sens des responsabilités.

Pratiques de coopération

Opter pour un leadership coopératif, un style de décision participatif, des pratiques basées sur la solidarité caractérise leur mode d'implication et de direction. Des répondantes, peu nombreuses mais décidées, organisent des regroupements pour élaborer des stratégies, participer à des comités importants, tant au niveau national que diocésain. Parce qu'elles croient au pouvoir d'influence, elles n'hésitent pas à s'immiscer dans certains lieux décisionnels :

> Moi j'ai dit que j'irais s'il n'y avait pas de femmes. Et comme il apparaît ne pas y en avoir, j'ai accepté d'y retourner parce que c'est un lieu de prises de décisions. Je crois que la femme a une sensibilité particulière pour envisager les problèmes. Elle a aussi sa façon de concevoir les situations du monde d'aujourd'hui, du monde de notre milieu. Et même si la décision n'est pas toujours prise en regard de la voix de la femme, je suis convaincue qu'on a à influencer les décisions, et moi je veux marcher plus par la ténacité que par le radicalisme.

---

44. Lire à ce propos, le chapitre « L'idéologie du changement comme facteur de mutation sociale », dans Guy ROCHER, *Le Québec en mutation*, Montréal, H.M.H., 1973, p. 206-221.

Elles tentent d'éviter et de contrer toute naïveté pour évoluer vers des prises de position plus articulées qui défient des structures instituées et figées. Elles décident d'actions plus pointues, de paroles plus incisives. Pour les répondantes de cette catégorie, il est temps que ça change ! Selon elles, ce n'est qu'une question de temps puisque « l'édifice s'écroule en commençant à disparaître par le haut ». Et elles n'empêcheront pas cette dégringolade ! « Construire une Église où et les laïques et les clercs partagent la mission en toute égalité » suppose un partage réel du leadership ! Leur esprit coopératif s'exprime dans la formation « d'équipes réellement pastorales incluant le curé, les agents et agentes laïques, les représentants des divers comités actifs ». Dans les écoles, elles provoquent des rencontres multidisciplinaires regroupant parents, professeurs, agents, directeurs, représentants de la communauté. Leurs efforts de collaboration, de concertation, d'actions communes va jusqu'à des formules neuves comme les réseaux, les ateliers mixtes, les comités multipartites.

Favoriser l'être-ensemble et la concertation implique davantage la qualité de présence que l'imposition. Se regrouper, agir ensemble, c'est leur manière de dire non au pouvoir hiérarchique, de le confronter. Mais surtout de gérer autrement : considérer le socioaffectif, les réalités actuelles, les situations des familles d'ici et non seulement l'accomplissement de la tâche. Leurs objectifs et méthodes d'action se veulent concrets, réalisables, « proches des vraies préoccupations ». Elles croient en l'action communautaire capable de modifier les mentalités, de faire germer des transformations, d'enraciner des changements en profondeur, de prioriser la formation de personnes autonomes dans le milieu.

De plus en plus, la compétence acquise par leurs études pastorales ou théologiques et par leur expérience (peu reconnue par un certain clergé) devient un lieu non négligeable de leur pouvoir. En lien avec l'existentiel, le quotidien, leur savoir tient compte des relations interpersonnelles; il essaie de s'harmoniser avec l'environnement, afin de favoriser les valeurs humaines et la croissance des personnes[45]. On le voit, les caractéristiques du

---

45. Plusieurs de ces agentes ont bénéficié d'une formation basée sur les principes andragogiques. Cela modifie, par le fait même, leurs propres façons de transmettre le savoir, le savoir-faire et le savoir-être.

pouvoir manifesté par les femmes de ce profil sont différentes : elles valorisent des modes de gestion fondés sur l'intuition plutôt que sur la rationalité, sur l'expérience communautaire plutôt que sur l'individuel.

Pratiques de justice sociale

Revitaliser les engagements au nom de l'Évangile et pas seulement favoriser le service de l'institution les orientent vers des pratiques de décentrement, des pratiques axées sur les droits humains, sur les besoins des personnes démunies. Que les intervenantes de ce profil œuvrent en terrain social, paroissial ou diocésain, elles sont mal à l'aise dans une structure ecclésiale enroulée sur elle-même, dans une sorte d'espace clos, enfermé et enfermant :

> Les personnes qui avaient des engagements qui, à mon point de vue, étaient presque les plus valables, étaient extérieures à la communauté. Je me souviens d'une femme qui faisait beaucoup de bénévolat auprès des pauvres, puis qui avait tout un engagement. Je n'en revenais pas du travail qu'elle faisait. Mais, ce n'était pas reconnu du tout. Par contre, quelqu'un qui était à la célébration liturgique, qui était à faire des choses à l'intérieur, ça c'était bien reconnu. Et je trouve ça dommage ! On reconnaît beaucoup ce qui se fait à l'intérieur. Mais ce que des gens font pour les autres, ceux qui sont plus centrés sur la mission, on les oublie.

Elles bannissent l'arsenal des pratiques faites pour l'entretien d'une pastorale du dimanche et refusent clairement le surinvestissement dans l'initiation sacramentelle[46]. Cantonnées au centre, elles étouffent et questionnent cette dichotomie dedans/dehors telle que vécue actuellement.

À entendre les interviewées, on se demande si ce qu'on désirait « lien » ne devient pas parfois « fossé » :

---

46. Ce fait a été largement démontré dans *Risquer l'avenir, op. cit.*, dans *Entre l'arbre et l'écorce, op. cit.* et dans Pierrette DAVIAU, « Profils des agents et agentes de pastorale », dans *Prêtres et pasteurs*, 96, 8, 1993, p. 450-460. On retrouve dans ces textes une réflexion sur cette orientation de l'ensemble des diocèses du Québec depuis les quinze dernières années.

Je ne sais plus très bien qu'elle est mon appartenance à l'Église... J'ai des solidarités plus grandes à l'extérieur de l'Église, avec des gens actifs sur le plan social. Je me sens toujours à cheval sur la clôture, un pied en dedans, un pied en dehors.

Avoir la foi n'est pas la même chose que faire partie de l'Église. Ma foi se vit ailleurs, souvent en dehors de l'Église, institutionnelle, bien sûr.

Cet écartèlement engendre chez de nombreuses intervenantes, surtout chez celles qui œuvrent au cœur de l'institution, une sorte de sentiment de schizophrénie qualifié de pénible, voire d'insupportable :

Il nous arrive d'avoir l'impression d'être prisonniers de la fidélité de certains de ceux et celles qui, depuis trente ans, ont tenu bon contre vents et marées, tout autant que de l'ardeur néophyte de certaines personnes qui vivent leur « conversion » sous le mode du retour à la religion de leur enfance et de la défense des modèles et des idées reçues alors[47].

J'ai l'impression parfois de me retrouver dans un vase fermé; je me sens exilée... Je le suis autant que les femmes qui me disent ne rien comprendre de ce que le prêtre raconte le dimanche.

Ce sont des responsables de paroisse qui parlent. Pour elles, admettre la difficulté n'est pas exclure ou éliminer des gens afin de bâtir une élite communautaire. Au contraire, situées au cœur d'une tension contradictoire, elles préfèrent déranger, « jusqu'au trouble s'il le faut », les tenants du « dedans » comme ceux du « dehors ». Quand on aime les communautés comme ces femmes les aiment, comment agir autrement? Éviter les polarisations extrêmes qui déchirent et détruisent, n'est-ce pas la seule solution? Les pratiques peuvent-elles évoluer quotidiennement dans un univers d'obligations « structurelles » resserrées par un continuel mouvement de repli? Il faudra un jour prendre conscience que la dynamique pastorale, aussi nouvelle soit-elle, se développe dans une sorte de sous-culture, dangereusement étrangère à la culture séculière qui nous entoure. Il y a là un enjeu primordial pour l'avenir :

Ce n'est pas passé dans les mentalités, mais il y a beaucoup de gens chez nous qui sont impliqués à l'extérieur et je ne sais pas s'ils font le lien entre leur foi et leur implication. Ça ne leur viendrait même pas

---

47. Extrait du récit d'une responsable de paroisse, Lucie LAFLEUR-SANS-FAÇON, « En tenue de service... », dans *Scriptura*, 14, 1993, p. 45-54.

à l'idée qu'ils pourraient être envoyés par la communauté pour faire ce qu'ils font. Comment on va s'organiser pour que ce message-là passe ? J'ai l'impression qu'il va falloir célébrer, à un moment donné, tous ces engagements qui se vivent à l'extérieur de l'Église et montrer que c'est important, que l'Esprit agit là aussi.

Cette dialectique du « dedans » et du « dehors » ecclésial rejoint le problème beaucoup plus vaste de la crise des institutions. En cette matière, l'Église ne fait évidemment pas cavalier seul. Dans une société qui boude le collectif et le politique, la plupart des institutions éprouvent une énorme difficulté à maintenir une saine tension entre forces instituées (normes, procédures, mots de passe, ordre établi, etc.) et forces instituantes (vie, création, changement, nouveauté, etc.). Repoussant la spontanéité et la créativité vers le « dehors », des femmes et des hommes finissent par tourner à vide dans un « dedans » de plus en plus déphasé, marginalisé, relativement aux phénomènes contemporains. Il y a urgence de regarder avec ouverture et d'une manière sympathique les changements de la société, les valeurs positives qui s'y affirment, les modes de pensée qui se transforment, les nouvelles visions du monde qui émergent, les styles de vie qui s'inventent.

Pratiques acculturées

Selon les femmes de ce profil, les chrétiennes et les chrétiens ne doivent plus être à la remorque de la culture ambiante. Ce phénomène socioculturel et religieux est analysé dans maintes études[48]. Ainsi pour Fernand Dumont, les vieux problèmes sont toujours présents et « la survivance requiert une constante vigilance et le courage de la liberté[49] ». Il nous semble juste d'appliquer ces

---

48. On pense en particulier aux analyses de Fernand DUMONT et alii, *L'Église du Québec. Un héritage, un projet* et *Situation et avenir du catholicisme québécois* : t. 1, *Milieux et témoignages*; t. 2, *Entre le temple et l'exil*, Montréal, Fides, 1971 et 1982. Pour ce qui est de l'institution ecclésiale particulièrement, on peut lire l'étude de René LOURAU, *Les analyseurs de l'Église. Analyse institutionnelle en milieu chrétien*, Paris, Anthropos, 1972 et également, *L'instituant contre l'institué*, Paris, Anthropos, 1969.

49. Fernand DUMONT, *Genèse de la société québécoise*, Montréal, Boréal, 1993.

propos à ce profil. Cette insistance sur la présence des manifestations du Royaume dans le monde, sur l'importance de bâtir des communautés vivantes à partir des réalités actuelles jaillit de la pratique des femmes. Elle instaure un engagement basé sur le risque, le dépassement et la complicité en tenant compte « des jeunes qui viennent de familles divorcées et vivent des tiraillements dans leur vie de couple », et de toutes ces situations contemporaines souvent surprenantes dans leur nouveauté.

La formation théologique renouvelée de ces femmes permet l'enracinement dans une espérance têtue. Elle favorise la traduction, dans l'aujourd'hui contemporain, de la solidarité avec leurs concitoyens et leurs concitoyennes pratiquant des valeurs évangéliques « hors du temple ». Une attention perspicace alliée à une intégration personnelle de leur réalité de vie ont incité plusieurs femmes à s'inscrire dans la voie d'une foi mieux éclairée et davantage expérientielle. La séparation engagement séculier/ engagement pastoral occasionne encore ici une dichotomie regrettable. Que cela ne nous empêche pas d'entendre les propos significatifs de celles qui parviennent à l'intégration :

> Une pastorale sociale, une pastorale qui s'engage, une pastorale qui a des solidarités, une pastorale qui dénonce des choses, une pastorale qui promeut, c'est une pastorale qui est dérangeante. Et ça ne fait pas l'affaire de tous. Je dirais que la majorité, l'ensemble, apprécie beaucoup ce que l'on fait et qu'ils sont de bons collaborateurs. On est très crédibles pour eux et on a beaucoup de sympathie, de collaboration.

La rue, la maison, la vie quotidienne, les engagements concrets donnent un sens aux célébrations. Non l'inverse. Bref, sortir l'Église des églises, aller dans la rue ! Redevenir une communauté de l'exode avec des moyens humbles et des libérations opérées une à une. Dans la vérité de ces témoignages résident des gestes authentiques, des prises de paroles continues avec des croyants non pratiquants. On retrouve des efforts de sensibilisation soutenus, modestes mais courageux. Partir des besoins, parler de ce qui fait vivre, des souffrances et des joies du quotidien nourrit célébrations et rencontres. Leur parole, différente de celle des hommes, de celle des clercs, s'inspire d'une lecture et d'une perception du réel qui jaillit d'une expérience personnelle. Les femmes engagées auprès des cégépiens et des jeunes adultes paraissent les plus sensibilisées

et les plus impliquées dans des pratiques axées sur les réalités
« hors du temple » :

> On nous dit qu'une pastorale qui s'occupe d'environnement, de
> qualité de vie... ce sont des préoccupations écologiques et non théo-
> logiques. Pour eux [les prêtres], ce qui est pastorale au Cégep, c'est
> uniquement quand on fait des camps d'expérience chrétienne, quand
> on a des célébrations, quand on a des réflexions de type biblique ou
> évangélique ou sur des thèmes liés à des valeurs. Ils vont reconnaître
> une pastorale là-dedans. Une pastorale sociale, pour eux, ils n'arrivent
> pas à vraiment saisir. Toute la théologie de la libération, on dirait que
> ça ne les a jamais rejoints nulle part.

Cette autre agente œuvrant en milieu carcéral annonce
l'Évangile d'une manière peu conventionnelle :

> J'essaie, de temps en temps, de dire de nouveau quelle est la croyance
> de la présence du Christ dans l'Eucharistie. Mais, je ne mets pas de
> conditions à ce que les gars s'approchent de l'Eucharistie. Et puis, au
> début, quand les gars disaient : « C'est le même bon Dieu de toute
> façon ! » Dans ma tête, je disais : « Oui, ils ont raison. » [...] Non parce
> que je veux me libérer des anciennes vérités, mais parce que je
> commence à croire moi-même qu'on s'est imposé, à l'intérieur de
> l'Église, des pratiques qui ne sont pas du tout essentielles et qu'on a laissé
> tomber l'essentiel du Mystère.

Cette présence au monde ouvre un espace de compétences
renouvelées, indispensables à la mission. Elle s'inspire d'une
sensibilité plus grande envers les courants de pensée, valeurs et
enjeux de la société postmoderne. Elle perçoit l'aspect dynamique
des événements : transformation, mutation. De leur côté, ceux-ci
incitent à un agir pastoral plus intégré à la culture actuelle et, par
voie de conséquence, plus distancié des contraintes institutionnelles. Parce que ces femmes portent sur le monde un regard
mobile, elles impriment à leurs pratiques une impulsion évolutive
en allant vers le peuple de Dieu non réuni en Église. Un peuple en
recherche de sa voie dans toutes sortes d'expériences spirituelles.
Ce monde du multiculturalisme et du pluralisme, avec ses forces et
ses questionnements, avec ses certitudes et ses doutes, est transformé :

> Le Ressuscité ne restreint pas son action à l'Église. Il pénètre le
> cosmos tout entier, il envahit le monde et se rend présent en chaque
> personne. Chaque fois que dans le monde grandit une vie authentiquement

humaine; chaque fois que triomphe la justice sur les instincts de domination [...]; chaque fois que des hommes et des femmes créent des médiations plus fraternelles pour la vie sociale; chaque fois que l'amour est au-dessus des intérêts; chaque fois que l'espérance s'oppose au cynisme et au désespoir, alors toujours se réalise la dynamique de la résurrection[50].

Implanter des pratiques libératrices ne se fait pas dans de grands rassemblements, mais dans de petites cellules de personnes engagées au cœur de projets humains. Dans le concret, cela se réalise en partageant l'Évangile, en s'impliquant dans des situations contemporaines, au risque de « mêler l'ivraie au bon grain ». Nous l'avons vu en parlant des femmes en rupture, certaines s'orientent de plus en plus vers des institutions non confessionnelles, connexes à l'Église, pour être moins dépendantes de l'idéologie romaine qui ne tient pas toujours compte de l'évolution de notre société. N'est-ce pas une manière d'être présentes aux enjeux de transformation et d'humanisation du monde en vue de bâtir des alternatives pour la réintégration sociale des diverses catégories d'appauvris ?

Pratiques pour une éthique repensée

Au niveau des valeurs, un bon nombre d'interviewées exorcisent les comportements moralisateurs pour mettre en évidence des valeurs évangéliques. Déplacement donc de la morale, du système des règles éthiques, qui accepte le risque, le non-conventionnel, la contestation. Les femmes du profil de transformation ne critiquent pas seulement certaines règles de la morale catholique en vigueur. Elles ne croient plus tellement à leur caractère absolu qui s'affirme au détriment des personnes. Elles les dénoncent quand elles les jugent non conformes à l'Évangile. Quelques-unes recherchent une éthique renouvelée autant dans les tâches organisationnelles qu'éducatives :

---

50. Leonardo BOFF, *Chemin de croix de la justice*, Montréal/Paris, Novalis/ Cerf, 1984, p. 82, cité dans *Bulletin de l'Entraide missionnaire*, 36/1, 1994, p. 1.

Dans l'engagement du personnel, je sens bien que j'agis différemment d'un certain nombre de clercs. Et quelques fois, il y en a qui m'ont fait des remarques : « Comment ça se fait que tu as engagé cette personne ? Elle vit ou il vit avec une femme et ils ne sont pas mariés. Ou bien, cette personne-là est divorcée, remariée. » Bon, moi, ça ne me préoccupait pas. Ce qui était important, c'était le témoignage que ces gens-là donnaient dans le milieu avant que je les engage. Et qu'importe leur statut, leur couleur, leur sexe, leur condition de vie, leur façon de vivre leur sexualité ou leur vie familiale. Moi, je trouvais que ça ne me regardait pas. Ce qui était important, c'était de quelle façon ces gens-là vivaient les valeurs évangéliques dans le milieu.

À leur avis, ce serait reculer que de réintégrer tout le monde dans l'Église, de confessionnaliser les écoles, de s'accrocher à des cadres religieux. Il importe de libérer et d'évangéliser le vécu des chrétiens et des chrétiennes. Voilà pourquoi l'incarnation des pratiques est importante. Voilà pourquoi aussi, ces femmes choisissent de relever le défi d'une société en effervescence. Se situer comme chrétiennes dans ce courant de remise en question, de doute, de recherche, mais aussi de rajeunissement, de renouveau spirituel et moral, voilà ce qui les stimule.

Traditionnellement, la norme et l'interdit garantissaient une conduite irréprochable, bénie de Dieu. La pratique de ces femmes reconnaît la présence de l'Esprit au sein de la communauté en même temps que la capacité de discerner les charismes et ministères nécessaires à sa survie. De nombreuses femmes, malgré les tensions que cela engendre, refusent de se conformer à une morale devenue aliénante. Elles privilégient l'accompagnement et la relation aidante au risque d'aller à l'encontre des décisions de certaines autorités. Elles soulignent, en filigrane, le problème majeur concernant le contrôle des naissances, les relations prémaritales et d'autres problèmes relatifs à la sexualité. Elles ne se *foutent* pas de la morale traditionnelle concernant la contraception, l'homosexualité ou d'autres questions d'éthique sexuelle. Non. Pour elles, la densité et la vérité des situations vécues priment et elles défendent les personnes aux prises avec des lois périmées. La sexualité comme réalité humaine n'est pas étrangère à la vie spirituelle. Leur vision religieuse inclut tout ce qui a trait à l'amour, à la vie et donc à la sexualité. Elles remarquent que, depuis un certain temps, au moins depuis *Humanae Vitae* (1968), le discours officiel institué n'atteint plus les femmes de la base.

Ainsi, par leur parole ou par leur silence, par leur solidarité ou par leur complicité, elles élargissent le champ de la morale sexuelle, celui de la morale familiale traditionnelle :

> On met la vie des gens à la porte de l'église. Le catéchisme, les sacrements, la catéchèse initiatique, il n'y a que ça qui compte; on a un gros virage à prendre dans l'Église à cause du manque d'ouverture aux réalités auxquelles font face quotidiennement les gens. Moi, je perçois ces difficultés, mais je suis face à un mur. Alors, dans mes rencontres avec les prêtres et les responsables laïques, j'essaie de montrer l'évolution du monde actuellement et tout ce qui circule, l'importance de l'inculturation, etc. Je ne pense pas que ça va être bouleversé demain matin, mais je sens que j'ai de l'influence.

Féministes ou non, des femmes de ce groupe se préoccupent d'ouvrir un nouveau champ épistémologique en réfléchissant à partir de l'expérience, à partir d'une lecture féminine de la Bible et de la Tradition. Elles sont convaincues qu'il faut abolir les oppositions âme/corps, homme/femme, Église/Monde. Leur image de Dieu nourrit des déplacements éthiques remarquables. Leur langage sur Dieu, sur le Christ, sur l'Évangile s'inspire du vécu, du leur et de celui des gens à qui elles s'adressent. Elles continuent à réfléchir pour faire de la théologie autrement :

> Nous essayons un langage plus renouvelé, plus existentiel, proche des jeunes. On veut présenter un Dieu proche, un Dieu qui est présent dans la vie. Parce que le langage qu'on entend, par exemple à la messe le dimanche habituellement, nous renverse complètement.

Il y a urgence évangélique en la demeure, puisque le « sabbat est fait pour l'homme, et non le contraire ». Déterminées à aller de l'avant, ces femmes misent sur la solidarité, l'accueil et la reconnaissance du peuple de Dieu. Surtout des plus jeunes qui répondent davantage à leur manière de faire Église et d'annoncer l'Évangile aujourd'hui. On perçoit ce parti pris dans leurs attitudes de respect, d'accueil de ceux et celles que l'Église rejoint difficilement. Le courage d'anticiper un défi, d'essayer autre chose, d'aller ailleurs, de pratiquer l'Évangile autrement les mobilise. Afin que la communauté demeure prophétique, elles mettent de l'avant de nouvelles conjonctures en vue de « faire émerger des nouveaux modèles d'Église et des structures communautaires renouvelées ».

Bien que non majoritaires, parmi nos répondantes, ces femmes voient difficilement un avenir de la personne et de la communauté sans libération collective. La promotion de grands projets redonnerait aux chrétiens vie et élan, goût de construire et de vivre à plein. Dans un univers centré sur l'immédiat, la sécurité et la productivité, la poursuite d'horizons inexplorés les fascine. Leurs propos, loin d'être visionnaires sont plutôt teintés de réalisme et même d'inquiétude. Par des avenues différentes, par une présence de qualité au sein de regroupements séculiers, ces artisanes opèrent des transformations en profondeur. Leurs témoignages invitent à prendre les devants pour favoriser la libération de l'humanité.

Ces configurations d'ensemble, explorées sous cinq facettes, font percevoir les multiples détours de l'Esprit toujours présent à son Église. De ces récits tumultueux ou harmonieux, quelles lectures théologiques pouvons-nous proposer? Quelles réflexions sur Dieu, quelles conceptions évangéliques se cachent en amont et en aval de ces pratiques quotidiennes longuement analysées? Les deux prochains chapitres tracent les lignes de force et les fondements théologiques qui les éclairent et les sous-tendent.

CHAPITRE 4

ÉMERGENCE
D'UNE VISION THÉOLOGIQUE

> Nous sommes les filles de la tradition masculine
> — celle de nos professeurs du secondaire et du
> supérieur, de nos directeurs de thèses et de nos
> éditeurs —, une tradition qui nous demande d'être
> rationnelles, marginales et reconnaissantes; et nous
> sommes également sœurs dans un mouvement
> nouveau qui engendre une autre forme de con-
> science et d'engagement, qui exige que nous renon-
> cions au pseudo-succès de la féminité de pure forme
> et aux masques ironiques du débat académique.
> (Élaine Showalter)

Prétendre cerner une pratique est toujours une entreprise difficile et périlleuse, nous l'avons reconnu précédemment. Mais cela ne nous autorise pas à arrêter prématurément la démarche réflexive qui, par l'interprétation, fait émerger le sens et la cohérence du vécu. Aussi, dans son effort de compréhension et d'articulation, la théologie doit-elle poursuivre la réflexion déjà amorcée. Elle s'y adonne en faisant plus explicitement se rencontrer l'expérience humaine et la Tradition chrétienne en une forme d'expression qui puisse être acceptée de part et d'autre. Certes, à la lumière de l'histoire, on peut raisonnablement se demander si et quand l'expérience des femmes deviendra source de réflexion théologique. Chose certaine, pareille entreprise suppose une prise au sérieux à la fois de ce que vivent les femmes et de ce que porte la Tradition.

Mais la vie de l'Église étant toujours en évolution, aucun discours théologique ne peut, sans tomber dans l'abstraction et la généralité, offrir une synthèse capable de régenter les pratiques chrétiennes pour les temps à venir. Le travail de réflexion théologique doit alors nécessairement se faire attentif à la pratique des personnes et des communautés croyantes de chaque moment historique. Ce travail est justifié et pertinent dans la mesure où il cherche à *expliciter de manière cohérente le processus par lequel se fabrique la vie chrétienne elle-même*. C'est précisément ce processus que nous cherchons à dégager, dans le présent chapitre, à partir des pratiques pastorales des femmes interviewées.

Nous le voyons, deux types d'interprétation sont à l'œuvre dans la présente recherche, *chacun comportant une double lecture*. Le premier type, d'ordre *sociologique*, en laissant parler quelques signifiants expérientiels, dévoile par une première lecture les principales dimensions du vécu des femmes (chapitre 2), alors qu'une deuxième lecture révèle le même vécu sous l'angle plus singulier des configurations pastorales (chapitre 3).

Quant au second type d'interprétation, d'ordre *théologique*, il nous permet de ressaisir le contenu des précédentes analyses en faisant particulièrement ressortir les *fondements évangéliques* des pratiques ecclésiales des femmes. Ainsi, dans une première lecture, nous considérons le vécu des travailleuses en Église à partir de trois *catégories* directement reliées au mystère de l'Église en ses réalités d'initiative divine, de mission et de communion : il s'agit respectivement des catégories de l'*appel*, de l'*acculturation* et de l'*interdépendance* (chapitre 4). Une deuxième lecture montre que ces catégories rendent *opérationnel le concept théologique de réception*, lequel devient la clé d'interprétation du vécu ecclésial (chapitre 5).

L'APPEL

MYSTÈRE DE L'INITIATIVE DIVINE ET VOCATION MINISTÉRIELLE

Interrogées sur les raisons de leur engagement dans l'Église, plusieurs femmes ont répondu : l'appel. « Appel de Dieu », « appel du Christ », « appel de l'Évangile », « appel de la vocation baptismale », « appel à être au service de l'Église », « appel de la communauté », voilà autant d'expressions employées pour marquer l'aspect mystérieux du cheminement personnel devenu chez plusieurs synonyme de vocation[1]. Le recours aux catégories de l'appel et de la vocation permet ici de cerner un phénomène divino-humain qui a conduit des femmes à s'engager dans les tâches pastorales.

LES CARACTÉRISTIQUES DE L'APPEL

L'appel comme vocation

L'emploi fait par des laïques de la notion de vocation pour exprimer une expérience intérieure ouvre une brèche dans l'utilisation traditionnelle du terme dans l'Église. Dans le passé, le mot vocation se conjuguait presque uniquement avec celui d'appel au sacerdoce ou à la vie religieuse. Si bien qu'aujourd'hui encore, on est en attente d'une théologie de l'appel, de la vocation qui s'étendrait à l'ensemble des membres du peuple de Dieu[2].

---

1. Cf. chap. 2, « La relation des femmes avec Dieu », p. 36.
2. À cet égard, l'article « Vocation » paru dans le *Dictionnaire de Spiritualité* (t. 16, Paris, Beauchesne, 1993, col. 1081-1152) est décevant. Michel SAUVAGE a limité sa réflexion aux vocations sacerdotale et religieuse, réflexion historico-théologique renouvelée cependant. Cet article comporte aussi une présentation du thème de la vocation en général dans l'Écriture (Simon LÉGASSE). Il reste à paraître une troisième partie qui

L'appropriation du mot vocation par les travailleuses en Église représente une avancée. Dans leur bouche, le terme ne fait pas seulement référence à un *état de vie*, mais il décrit aussi le *sens donné* à un engagement pastoral. Loin de prétendre qu'elles sont les seules à utiliser ce mot[3], ces chrétiennes font partie des agents laïques de pastorale qui n'hésitent pas à parler de vocation pour expliquer leurs engagements au nom de leur foi :

> Les hommes et les femmes qui accomplissent ces tâches ont conscience de répondre à un appel particulier, à une authentique vocation ministérielle qui découle de leur vocation baptismale[4].

L'appel reçu de l'Évangile

Si les femmes interviewées reconnaissent qu'elles ont reçu un appel à proclamer la Bonne Nouvelle et à construire leur communauté chrétienne, elles affirment que cette invitation leur vient de l'« Évangile reçu ». D'emblée leurs témoignages renvoient à la condition première de la transmission de l'Évangile : c'est-à-dire à sa réception. Le Nouveau Testament ne parle pas autrement : le bien spirituel par excellence à être reçu, c'est l'« Évangile du Christ[5] »,

---

esquissera l'évolution de la psychologie de la vocation depuis le milieu de notre siècle.

3. Il est assez répandu aujourd'hui de préférer le terme vocation à celui de profession, de métier, pour signifier un engagement profond de la personnalité dans une activité ou un mode d'existence. Cette utilisation du terme vient toutefois après avoir été réservée pour les prêtres et les personnes consacrées. Cf. Louis DINGEMANS, « Introduction », dans l'ouvrage collectif *La vocation. Appel de Dieu, phénomène d'Église* (coll. « Cahiers de Froidmont », 20), Rixensart [Belgique], 1976, p. 6-7.

4. Marc JEAN et Marc PELCHAT, « Une approche empirique de la théologie des ministères : le profil ecclésial des laïques en responsabilité pastorale », dans *La prospective en pastorale*, textes réunis et présentés par Jacques GAGNÉ, Québec, Faculté de théologie de l'Université Laval, 1991, p. 48 [33-54]. Faut-il rappeler ici que, parmi les agents de pastorale, la proportion des femmes est plus élevée que celle des hommes : environ sept sur dix.

5. Cf. *1 Corinthiens* 15, 1; *Galates* 1, 9-12.

« sa Parole[6] », « son Esprit[7] », « le Royaume[8] », et ultimement « le Christ lui-même[9] ».

Or, ce qui est reçu doit être transmis[10], c'est là la vocation même de l'Église. Les femmes, en reconnaissant que leur appel vient de l'Évangile, dévoilent non seulement la solidité du fondement de cet appel, mais elles rendent compte aussi de leur expérience personnelle de la rencontre avec le Dieu de Jésus Christ. Elles parlent alors d'« appel intérieur » qui les pousse à se mettre au service de l'Évangile. Elles ne se donnent pas cet appel, elles le reçoivent. Une grande vérité de la foi biblique sous-tend leurs propos : c'est Dieu qui prend l'initiative d'appeler.

Nous le voyons, une théologie de l'appel trouve ici son point d'ancrage, Dieu vient à la rencontre de l'être humain pour lui offrir son amour. La Bible, d'ailleurs, n'en livre-t-elle pas maintes fois le récit? Le Dieu-qui-vient-à-la- rencontre d'Abraham, de Jacob, de Moïse en leur proposant son Alliance se manifeste aussi à Judith, Esther, Marie afin de réaliser son projet d'amour avec le peuple et avec l'humanité tout entière. Histoires de vocation où l'initiative appartient toujours à Dieu. Et ce mouvement de Dieu n'est-il pas l'expression d'une solidarité riche en promesse? Aussi pouvons-nous dire avec Pierre Talec : « Dieu vient de l'avenir[11] ». Comme êtres humains, nous sommes alors invités à devenir co-réalisateurs de ce projet dans le concret de nos vies. La vocation chrétienne tire son origine de ce mystère d'amour divin.

Aussi, lorsque les femmes soulignent l'importance d'être à l'écoute de l'Esprit Saint, elles rappellent la condition essentielle pour entendre les pas du Dieu-qui-vient. Attentives à sa présence reconnue au cœur de la réalité quotidienne, elles cherchent à discerner les signes de l'Esprit, qui les invite « à aller vers on ne

---

6. Cf. *Marc* 4, 20; *Actes* 2, 41; 8, 14; 11, 1; 17, 11; *1 Thessaloniciens* 2, 13-14.
7. Cf. *Jean* 7, 39; 14, 17; 20, 22; *Actes* 1, 8; 2, 38; *Romains* 8, 15; *1 Corinthiens* 2, 12.
8. Cf. *Marc* 10, 15; *Hébreux* 12, 28.
9. Cf. *Jean* 1, 11; *Colossiens* 2, 6.
10. Cf. *1 Corinthiens* 11, 23.
11. Pierre TALEC, *Dieu vient de l'avenir. Transmettre l'espérance*, Paris, Centurion, 1976.

sait trop où », tout en étant convaincues que cela ne peut être qu'un appel à la vie[12]. La foi des femmes en cette invitation, manifestée de manière plus éclatante encore, et définitive, dans le Christ, exprime leur profonde conviction que Dieu trouve sa gloire dans l'être humain vivant[13].

La rencontre avec le Ressuscité est déterminante : elle ouvre sur une réponse. L'Évangile est Bonne Nouvelle à partager, à vivre : « Mon engagement se fait au nom du Christ, c'est-à-dire le Fils du Dieu vivant », affirme l'une des répondantes avec conviction. Et leur vocation s'inscrit dans celle de l'Église : « La vocation de l'Église, nous la portons aussi », reconnaissent-elles. Celle-ci se spécifie bien sûr selon les réponses apportées par les membres de la communauté des « appelés[14] », réponses elles-mêmes liées aux capacités, aux dons (talents, charismes) de chacun et de chacune. Pour la majorité des femmes interviewées, en effet, la mise en œuvre des ressources personnelles représente un point de repère important pour discerner l'appel à s'impliquer dans le travail pastoral.

Un appel venu de l'intérieur et de l'extérieur

Les travailleuses en Église s'engagent suite à des appels intérieurs ou à des appels extérieurs, particulièrement ceux venus de leur communauté locale. Reconnaissons qu'il y a dans cette manière de distinguer les appels les uns des autres les traces d'un discours officiel sur les vocations particulières dans l'Église, c'est-à-dire les vocations à la prêtrise et à la vie religieuse. Dans ces dernières, les pôles subjectif (l'appel intérieur) et objectif (l'appel

---

12. Dans le propos des femmes, on croirait entendre les mots d'une hymne de l'office divin pour le temps du Carême, *Dites-nous d'où souffle le vent* : « Dites-nous d'où souffle le vent et quel signe s'annonce, car nous cherchons le Dieu vivant pour lui faire réponse. »

13. Suivant l'expression bien connue d'Irénée de Lyon († vers 202) : « La gloire de Dieu, c'est l'homme vivant; la gloire de l'homme vivant, c'est de contempler le Dieu vivant. »

14. Cf. *Romains* 8, 28; *Jude* 1. Le terme Église, en grec *ekklèsia*, signifie assemblée, convocation. La première communauté chrétienne a saisi que son existence était redevable à l'Esprit du Seigneur qui appelle, elle est « communauté des appelés » parce qu'assemblée par l'Esprit.

extérieur) constituent, avec le consentement libre de la personne, les éléments structurels de la vocation. L'un des deux pôles peut toutefois prédominer. Ainsi, pour la vocation ministérielle, le pôle objectif représente l'élément déterminant. La conviction intime et personnelle d'« avoir la vocation » ne suffit pas, une autre instance doit intervenir dans le discernement vocationnel : l'appel de l'Église, c'est-à-dire de la communauté chrétienne, de l'évêque.

Lorsque les femmes engagées en pastorale déclarent : « Je porte un appel très fort à travailler dans l'Église » ou encore : « Ce qui m'a aidée à tenir, c'est la certitude d'avoir été appelée. C'est un appel intérieur », elles mettent l'accent sur le pôle subjectif de la vocation. D'autres, par ailleurs, soulèvent la nécessité de l'appel extérieur pour la reconnaissance de leur ministère. Elles font alors porter l'accent sur le pôle objectif : « Ce n'est pas simplement une personne qui se sent appelée, mais davantage une personne que l'on appelle. » Certaines précisent même que « ce doit être une personne qui est choisie, ou déterminée, par un ensemble de personnes pour remplir une fonction bien précise à l'intérieur de l'Église, en vue d'aider les membres de cette Église à grandir dans la foi ».

En opérant une telle distinction, ces croyantes ne mettent pas en opposition les deux types d'appel, mais elles pointent le moment déclencheur de leur engagement pastoral. Qu'il s'agisse de l'un ou de l'autre, elles rattachent ce double appel à la responsabilité missionnaire inhérente à la vocation baptismale. Elles savent par expérience que la vocation personnelle est inséparable de celle du peuple de Dieu. Leur conviction reflète l'un des plus beaux acquis du concile Vatican II : situer la vocation baptismale à l'origine de toutes les vocations dans l'Église. « Elle est, écrit un spécialiste, la vocation par excellence, sans laquelle toutes les autres n'auraient ni consistance, ni signification, ni aucune espèce d'utilité [15]. » La vocation baptismale apporte finalement aux autres vocations un fond commun : commune est la dignité, commune la vocation à la sainteté, commune la mission [16]. Et la présente

---

15. Marcel DELABROYE, *Vocation. Expérience spirituelle du chrétien*, Paris, Centurion, 1968, p. 122.

16. Cf. entre autres *La Constitution dogmatique sur l'Église*, **Lumen gentium**, nos 4, 7, 31, 32, 39, 40, 42.

recherche, nous le voyons, fournit la preuve éloquente de « l'infiltration[17] » de cet enseignement conciliaire dans la vie des croyantes interviewées. Pour elles, il est naturel de recourir à la catégorie « vocation » pour expliquer le cheminement intérieur qui les a conduites à s'engager dans l'activité pastorale.

Quant à l'appel extérieur, mentionné le plus souvent par ces femmes, il vient surtout de la communauté chrétienne immédiate. Lieu de la visibilité de l'Église, la communauté se fait interpellante à partir des besoins à combler, des projets à réaliser au cœur des divers milieux qui la composent[18]. Si pour certaines les appels de la communauté sont liés à leurs capacités personnelles (talents et compétences), pour d'autres, ils se présentent comme des défis à relever (dépasser des peurs, surmonter des doutes, faire confiance) et se transforment en occasion de découvrir des dons cachés : « Jamais je n'aurais pensé être capable de faire une homélie. »

Une certitude de foi traverse les dires des répondantes : l'Esprit Saint suscite du sein des communautés les ministres dont elles ont besoin. À celles-ci incombe alors la responsabilité de les découvrir et de les recevoir : « Ce sont les communautés qui doivent dire si tu portes tel charisme. » Derrière cette conviction se profile une grande vérité :

> C'est la communauté des croyants qui est la réponse à l'appel de l'Évangile et qui est porteuse de la tradition de Jésus Christ. L'Église, comme communauté organique et structurée, se donne des ministères : il semble dès lors aller de soi que ces ministères, pour être authentiques, ont besoin de la reconnaissance de l'Église[19].

---

17. Emprunté aux historiens du droit, le terme infiltration a été retenu par Gilles ROUTHIER pour décrire le processus de la réception d'un enseignement conciliaire qui a pris racine dans le vécu des personnes, *La réception d'un concile*, Paris, Cerf, 1993, p. 92.

18. « Il n'existe pas de services, au sens ecclésial du terme, qui ne soient *la réponse à des besoins*, soit pour l'animation des communautés, soit pour la présence chrétienne aux réalités temporelles. » Jean RIGAL, *Services et responsabilités dans l'Église*, (coll. « Foi vivante », 221), Paris, Cerf, 1987, p. 77.

19. Ignace BERTEN, « Le Christ et la vocation », dans l'ouvrage collectif *La vocation. Appel de Dieu*, op. cit., p. 216. La part active de la communauté chrétienne dans le choix de ses ministres est un trait de l'Église ancienne. L'assemblée locale témoigne de sa capacité d'exercer un ministère et elle participe même à l'élection de l'évêque : « Qu'on ordonne comme évêque celui qui a été choisi par tout le peuple ! », *Tradition apostolique*

Premières concernées par le travail des femmes, les communautés paroissiales savent l'apprécier et même y discerner l'authenticité d'une vocation ministérielle. Aussi, pour de nombreuses agentes, le jugement de la communauté devient-il prioritaire. Il revêt la force d'un mandat, si bien que certaines relativisent l'importance du mandat octroyé par l'autorité officielle, qui pourtant compte parmi les éléments constitutifs du ministère en Église.

En effet, selon l'enseignement officiel, il revient en premier lieu aux responsables d'Église de reconnaître les personnes appelées à exercer des charges ecclésiales et des ministères. Ainsi, les évêques, en conférant un mandat pastoral à des femmes, confirment non seulement leur appel à des services, à des charges pastorales, mais également à certaines fonctions ministérielles, sans pour autant leur attribuer le titre de « ministre[20] ». Plus encore, les évêques du Québec parlent de « vocation » dans le cas des agents et agentes de pastorale[21]. Aussi les pratiques pastorales des femmes deviennent-elles le « lieu » pour découvrir leurs « réponses » à la vocation baptismale. N'avons-nous pas ici une clé de lecture pour comprendre leur participation active à la vie ecclésiale en général et à des fonctions ministérielles en particulier?

LA RÉPONSE À L'APPEL

La vocation baptismale, à l'instar de toutes les autres, prend forme au moment où la personne y répond. Mystère de l'appel qui

---

d'Hippolyte, nº 2. Il s'agit d'une sorte de rituel romain des années 215-220. Cité dans Services et responsabilités dans l'Église, op. cit. p. 81.

20. En effet, le Code de Droit canonique prend soin de ne pas appeler « ministres » (cf. can. 517, § 2) ceux et celles qui remplissent différentes charges pastorales, divers services précis dans divers lieux. N'est-ce pas révélateur, significatif? Voir Georges DUPERRAY, « Ministères laïcs. Une nouvelle tradition », dans Études, 379, 1993, p. 67. Dans la pratique courante toutefois, il est fréquent d'employer le terme ministre dans les communautés chrétiennes. On appelle, par exemple, « ministre de la communion » la personne non ordonnée qui aide le célébrant à partager le pain consacré lors des célébrations eucharistiques.

21. Cf. COMITÉ DES MINISTÈRES DE L'ASSEMBLÉE DES ÉVÊQUES DU QUÉBEC, Les nouvelles pratiques ministérielles. Document de réflexion, Montréal, Fides, 1993, p. 32.

se joue toujours en définitive au secret du cœur, ce centre de l'être où se vit la rencontre avec Dieu. Et parce que chaque personne est rejointe dans son histoire, sa réponse reflète les traits d'un sujet unique. À cet égard, les récits des femmes dévoilent une compréhension fort réaliste de l'appel : Dieu leur fait signe dans leur capacité de répondre. Il les invite à actualiser leurs potentialités, à faire fructifier leurs talents, à découvrir les dons cachés. N'est-ce pas là la condition essentielle pour saisir les appels de l'Esprit ? Car le pouvoir de dire oui à Dieu s'inscrit dans l'appel à être et à faire : « Ce que nous désirons être et faire est révélateur de ce que nous pouvons et sommes appelés à devenir, par nature et par grâce[22]. »

Une réponse-en-acte

Le « oui » des femmes à l'invitation de Dieu se traduit dans leurs engagements pastoraux. Une réponse commune émerge des cinq profils décrivant leurs pratiques : servir. En effet, les travailleuses en Église accomplissent et conçoivent leurs tâches selon le mode du « service ». Ce mot revient abondamment dans les entrevues et il est presque toujours accolé à la mission de l'Église. Le terme prend nettement une teneur évangélique et ne prête pas à l'ambivalence retrouvée dans les discours officiels. La théologienne Monique Dumais l'a fort bien montré :

> [...] les autorités ecclésiastiques donnent au mot « service » une extension différente selon les groupes de personnes concernées. Les structures de l'Église encadrent la signification accordée au mot « service », tantôt en l'appropriant aux ministères ordonnés donnant accès à des pouvoirs décisionnels, tantôt en le limitant à des fonctions d'aide sans prétention[23].

Évidemment, l'emploi circonstancié de la notion de service dessert les femmes puisque seuls les hommes peuvent assumer le « service » assorti aux pouvoirs rattachés au ministère sacerdotal. Conséquemment, comme le soutient Monique Dumais, une théologie

---

22. Jean-Charles THOMAS, « L'engagement des chrétiens dans la pastorale de toutes les vocations », dans *Jeunes et Vocations*, 64, 1992, p. 58.

23. Monique DUMAIS, « Une théologie du service pour les femmes. Une mise en tutelle inéluctable », dans *Concilium*, 214, 1987, p. 137.

du service ne peut pas être proposée aux femmes dans une Église où les structures demeurent encore patriarcales[24]. Cependant, malgré l'ambivalence, les femmes engagées en pastorale continuent d'employer le terme service parce que sa réalité est au cœur de la tradition chrétienne : « Le Fils de l'homme est venu non pour être servi, mais pour servir et donner sa vie en rançon pour la multitude[25]. » Cette citation se retrouve textuellement dans plus d'une entrevue. L'attitude de Jésus-Serviteur inspire leur agir pastoral axé sur la primauté des personnes, sur la vie des communautés[26]. Et c'est d'un « service de la vie » dont il est question avant tout. Un service respectueux des personnes dans leur devenir humain. Un service dynamique orienté vers la croissance des communautés chrétiennes. Plus encore, c'est parce que les femmes conçoivent leur implication en pastorale comme service que celui-ci constitue « un ministère de la vie ».

D'une part, nous voyons qu'identifier spontanément le « service » au « ministère » ne fait pas problème pour plusieurs femmes interviewées. Elles sont convaincues que leurs tâches rencontrent l'exigence première de tout ministère : « un service rendu à la communauté [27] ».

---

24. *Ibid.*, p. 143. L'auteure fonde son refus sur le fait que les deux conditions pour utiliser la notion de service dans l'Église ne sont pas encore réalisées. À savoir, 1) que la reconnaissance de l'égalité de l'homme et de la femme soit vécue dans les pratiques concrètes; 2) qu'une théologie du service ne soit proposée qu'en autant que l'Église se présente comme une assemblée de communion entre des disciples égaux. D'autres éléments à ce sujet sont développés par Elisabeth SCHÜSSLER FIORENZA, « "Servir à table". Une réflexion de théologie critique féministe sur la diaconie », dans *Concilium*, 218, 1988, p. 109-120.

25. *Marc* 10, 45.

26. Cf. la section « Du respect inconditionnel des structures à la primauté des personnes », p. 92.

27. Pourtant, s'approprier le terme ministère pour décrire la tâche qu'elles accomplissent suscite chez les femmes un réel malaise, certaines le rejettent carrément, comme le montre la section « L'urgence d'une nouvelle compréhension des ministères », p. 74. Les propos tenus dans ces pages illustrent aussi une réalité : les femmes dans l'Église ne forment pas un bloc monolithique à l'instar de ce qui se vit dans la société. Réalité que semblent oublier trop facilement les dirigeants de l'Église qui s'attendent à une parole univoque de la part des chrétiennes, tout simplement parce qu'elles sont femmes. Le droit de penser *autrement* appartient aux êtres humains en tant qu'individus façonnés d'une personnalité propre. Les prises de position variées des femmes doivent se lire à la lumière de cette réalité humaine et non à celle de leur appartenance à un même sexe.

Nous reconnaissons en cela l'usage établi par les auteurs du Nouveau Testament qui emploient le mot ministère pour exprimer un service attaché à une fonction donnée en vue de l'édification de l'Église et de l'aide fraternelle : « [...] le ministère n'est donc pas conçu en termes de pouvoir et de droit, mais en termes de *diakonia*, de service qualifié en vue de la croissance du corps[28]. » D'autre part, en spécifiant « service de la vie », « ministère de la vie[29] », les femmes, sous l'apparente nouveauté de l'expression, reprennent une perspective néotestamentaire liant le ministère à la mission évangélique. Trois passages empruntés à des auteurs différents font ressortir tout particulièrement ce point de vue.

Le premier passage, tiré du récit de la pêche miraculeuse telle que racontée par Luc (5, 1-11), décrit la portée de la mission de l'Église : « rendre la vie » aux êtres humains. Tel est le sens du verbe *zôgrein* employé par Luc. Si bien que la réponse de Jésus à Pierre devrait se lire : « Désormais tu rendras la vie aux êtres humains[30]. » Le but assigné au ministère de Pierre rejoint le but même de la mission de Jésus : « Je suis venu pour que les êtres humains aient la vie et qu'ils l'aient en abondance[31]. » Car, avec le Christ et par la puissance de l'Esprit, l'Alliance nouvelle s'écrit non plus sur des tables de pierre, mais sur des tables de chair, sur les cœurs, comme le rappelle l'Apôtre des Nations[32]. La Loi nouvelle est lettre de vie, les femmes engagées en pastorale en sont si fortement convaincues qu'elles pourraient dire, à la suite de Paul, qu'elles ont été rendues capables « d'être ministres d'une Alliance nouvelle », donc « ministres de la vie ». En se mettant au service de l'Alliance, les travailleuses en Église savent à quelle profondeur se déploie la mission de l'Église et comprennent également ses exigences pour leur propre vie. Leur vocation à la

---

28. *Services et responsabilités dans l'Église, op. cit.*, p. 12. *Diakonia*, qui signifie littéralement « service des tables », a été traduit par « service » et « ministère ».

29. C'est le dénominateur commun qui caractérise les cinq profils dépeignant les pratiques pastorales des femmes.

30. *Luc* caractérise une activité plutôt qu'un état comme le fait *Marc* (1, 17). Voir François DELTOMBE, « Désormais tu rendras la vie à des hommes, Luc V, 10 », dans *Revue Biblique*, 89, 1982, p. 492-497, cité par S. LÉGASSE, « Vocation », dans *Dictionnaire de Spiritualité, op. cit.*, col. 1088.

31. *Jean* 10, 10.

32. Cf. *2 Corinthiens* 3, 1-17.

ministérialité les a conduites sur le chemin de la croissance, de la transformation[33].

Un chemin de croissance

Le témoignage de nombreuses femmes dévoile une autre facette de la théologie de l'appel : la transformation de la personne. N'est-ce pas là un élément important pour discerner l'authenticité d'une vocation ? En parlant de croissance et de transformation, les travailleuses en Église démontrent comment l'invitation de Dieu a trouvé écho dans leur vie. En mettant les ressources de leur personnalité au service de la mission dans la communauté ecclésiale, ces croyantes vivent leur vocation baptismale comme une marche en avant. La vocation baptismale emprunte donc pour elles le chemin de la vocation de toute personne : l'appel à s'accomplir. Un projet qu'une anthropologie biblique a énoncé en des termes dynamiques : ressembler à l'image de Dieu en soi.

Le « don » de l'image creuse en l'être humain le désir de sa réalisation plénière. Sa transformation dans la ligne de l'accomplissement personnel devient alors un critère pour lire la trace de Dieu[34]. En effet, Dieu invite constamment la personne à sa vérité, à sa beauté. Car le beau (*kalon*), comme l'ont montré depuis longtemps les philosophes, est ce qui vient d'un appel (*kalein*), et ce beau lui-même continue d'appeler[35]. Aussi la beauté d'un être qui grandit manifeste-t-elle en quelque sorte la Source de toute beauté : Dieu qui appelle.

Or, si l'exercice d'une fonction pastorale favorise en ce sens la croissance et la transformation des personnes, surgit la question

---

33. Cf. spécialement les sections « Les femmes et leurs relations avec elles-mêmes », p. 33 et « La relation des femmes avec Dieu », p. 36.

34. « La trace de Dieu devient lisible dans *une transfiguration de l'homme* », écrit Maurice ZUNDEL, *La Pierre vivante* (coll. « Foi vivante », 31), Paris, Cerf, 1993 [1953], p. 21.

35. Dans le dialogue platonicien, « l'origine du mot "beau", *kalon*, ne constitue pas une étymologie parmi d'autres, elle est à l'origine même du langage. Le mot *kalon* est le nom du nom, il nomme ce qui dans la parole appelle », Jean-Louis CHRÉTIEN, « L'appel et la réponse », dans *Philosophie*, 25, 1990, p. 63.

suivante : ne faut-il pas y voir un fruit manifeste de la réponse à l'appel de l'Esprit ? Et si la vocation tire sa spécificité de la réponse apportée, suivant une théologie renouvelée de l'appel, ne faut-il pas alors comprendre que les travailleuses en Église sont appelées à toutes les vocations ministérielles ? Ces deux questions, émergeant des pratiques pastorales des femmes, interrogent fortement la théologie officielle de l'appel en son lien avec la théologie du ministère, spécialement en ce qui a trait au ministère presbytéral.

UNE THÉOLOGIE DE L'APPEL QUESTIONNÉE

L'emploi des catégories de l'appel et de la vocation par les femmes pour expliquer leur présence dans le monde pastoral implique un élargissement de la théologie actuelle de la vocation d'une part, et questionne sa mise en pratique d'autre part. Un signe de cet élargissement peut déjà être perçu dans le fait que des autorités ecclésiales reconnaissent la possiblité pour les laïques d'avoir une « vocation pastorale ». Il s'agit là d'une avancée qui sort de l'ombre « une réalité majoritairement ignorée[36] ». Le sérieux de cette reconnaissance se reflète dans la demande des évêques du Québec de pratiquer un discernement spirituel à l'égard des agents de pastorale laïques[37]. Adressée à la communauté chrétienne, cette requête prend un relief significatif dans la recherche d'une nouvelle théologie du ministère.

Vocation presbytérale et refus de discernement

Loin de récuser la nécessité du discernement en regard des agents et des agentes de pastorale, les femmes s'étonnent que cette pratique ne soit pas recommandée dans le cas des chrétiennes qui « sentent l'appel » au presbytérat. Nous comptons de fait, parmi les femmes interviewées, un groupe de chrétiennes qui depuis

---

36. G. DUPERRAY poursuit sa pensée en soulevant la question suivante : « Jusques à quand le terme "vocation" sera-t-il réservé aux ordres sacrés ou à la vie religieuse ? », « Ministères des laïcs », loc. cit., p. 69.

37. Cf. Les nouvelles pratiques ministérielles, op. cit., p. 32.

quelques années cheminent ensemble, prient et réfléchissent sur leur vocation au ministère presbytéral. Malgré le fait que ces candidates rencontrent sur leur route des gens sympathiques à leur cause, leurs requêtes ne peuvent être honorées en raison de la discipline officielle de l'Église. Le discernement par voie habituelle est refusé aux femmes puisque c'est « la Providence divine qui choisit certains hommes pour les faire participer au sacerdoce hiérarchique du Christ, leur accorde les dons nécessaires et les aide de sa grâce[38] ». Un choix qui nécessite cependant d'être confirmé par les représentants de l'Église : « Sont dits appelés de Dieu ceux qui sont appelés par les ministres légitimes de l'Église[39]. » La conclusion qui émane de ce texte, si elle est claire, s'avère pour le moins surprenante : les autorités ecclésiales n'appellent pas les femmes, donc Dieu ne les appelle pas[40]. Le discernement pratiqué se fonde donc sur la reconnaissance d'un « appel spécial », et dans le cas du ministère sacerdotal, d'un « appel exclusivement réservé aux

---

38. Décret *La formation des prêtres*, **Optatam totius**, nº 2. Le *Code de Droit canonique* précise : « Seul un homme baptisé peut recevoir validement l'ordination sacrée », can. 1024.

39. Ce sont les mots mêmes du *Catéchisme romain* (*Catéchisme du Concile de Trente* [1545-1563]) cités à l'article « Vocation », dans *Dictionnaire de Spiritualité*, col. 1095. Enseignement repris récemment par JEAN-PAUL II : « [...] tout prêtre reçoit la vocation du Seigneur, par l'intermédiaire de l'Église, comme un don précieux, une grâce *gratis data (charisme)*. Il appartient à l'évêque ou au supérieur compétent non seulement de soumettre à examen l'aptitude et la vocation du candidat, mais aussi de la reconnaître », Exhortation apostolique post-synodale *Je vous donnerai des pasteurs*, **Pastores dabo vobis** sur la formation des prêtres dans les circonstances actuelles, 1992, nº 35.

40. La perspective choisie ici nous dispense de discuter les arguments de Rome pour justifier son opposition à l'ordination des femmes. Les raisons de ce refus sont exposées dans une déclaration de la CONGRÉGATION POUR LA FOI, approuvée par Paul VI, *L'admission des femmes au sacerdoce ministériel*, **Inter insigniores**, 1976. Qu'il suffise de faire un rappel des cinq arguments exposés dans ce document :
1) un fait de Tradition : jamais en vingt siècles de christianisme l'Église catholique n'a ordonné des femmes prêtres; 2) l'attitude de Jésus : Jésus n'a appelé aucune femme à faire partie du groupe des Douze; 3) la pratique des Apôtres : la communauté apostolique est demeurée fidèle à l'attitude de Jésus; 4) la valeur permanente de l'attitude de Jésus et des Apôtres : la Tradition l'a jugée comme « normative »; 5) l'analogie de la foi : la ressemblance naturelle avec le Christ, le Christ était un homme, donc seul un homme peut le représenter.

hommes ». Cette manière de comprendre la vocation ministérielle peut-elle s'harmoniser avec une théologie de la vocation fondée sur le baptême ?

Fondement de toute vocation : le baptême

Il ne saurait y avoir un « appel spécial » à être signe de la venue du Christ, à témoigner de l'amour de Dieu pour tout être humain[41]. C'est là la vocation-mission commune du peuple de Dieu. Toutes les vocations dans l'Église se situent dans son sillage et en expriment une *variation*. Le refus de considérer l'appel au presbytérat pour des femmes heurte de plein fouet une théologie vocationnelle fondée sur le baptême. N'est-ce pas laisser entendre que la dignité d'une chrétienne est moindre que celle d'un chrétien ? Soutenir que le facteur sexuel représente un présupposé indiscutable pour la vocation presbytérale, n'est-ce pas faire intervenir un fondement autre que le baptême et ainsi aller à l'encontre des enseignements conciliaires à son sujet ? Pour être fidèles à ces enseignements, les réponses à ces questions doivent refléter sans aucune restriction le mystère de l'appel de l'Esprit convoquant femmes et hommes à former une communauté de disciples égaux, communauté responsable de la mission du Christ. C'est là une exigence interpellante pour tous les membres de l'Église.

Pour être un authentique protagoniste au sein de l'Église, tout baptisé est appelé à découvrir *comment* répondre à sa vocation chrétienne[42]. Une vocation cependant qui ne se « spécifie » qu'au moment d'y répondre. Quoi de plus normal, de plus réaliste ? La vocation n'est-elle pas « d'abord une personne qui a ses dons, ses aptitudes, son histoire, son projet[43] » ? Et c'est dans le déploiement de ses ressources que la personne saisit plus clairement ce à quoi elle est appelée. Dimension anthropologique propre à la recherche

41. « They are not, however, special or exclusive ways of being. Specific, yes ! Special, no ! », Laurence J. O'CONNELL, « God's Call to Human-kind : Towards a Theology of Vocation », dans *Chicago Studies*, 18, 1979, p. 155 [147-159].

42. Cf. Carlo CASTAGNETTI, « Vocation », dans *Dictionnaire de la vie spiri-tuelle*, Paris, Cerf, 1987, p. 1173.

43. M. SAUVAGE, « Vocation », *op. cit.*, col. 1142.

vocationnelle illustrant finalement que « nous n'entendons l'appel que dans la réponse[44] ».

Or, « si la manifestation de la vocation n'est pas antérieure à la réponse de la personne[45] », le discernement doit donc s'exercer à partir de l'agir concret. En insistant sur l'aspect dynamique de la réponse, on introduit un changement significatif dans la théologie de la vocation. Cela invite à changer de point de départ en misant d'abord sur le « déjà-là » des manifestations du *vécu de la vocation baptismale* au lieu de délibérer à partir d'une donnée abstraite qu'on nomme : appel « spécial[46] ».

> Il s'agit donc moins de discerner ou de découvrir par avance le projet de Dieu pour l'avenir que de collaborer, de coopérer à ce projet dans le présent en sachant que la réponse d'aujourd'hui achemine vers la réponse de demain[47].

Dès lors, la vocation n'apparaît plus comme une vision anticipée de la vie de la personne, mais comme un mouvement qui se dévoile par la vie. C'est ainsi que les pratiques pastorales des femmes offrent un terrain propice au discernement d'un appel authentique de l'Esprit aux divers ministères.

---

44. J.-L. CHRÉTIEN, « L'appel et la réponse », *loc. cit.*, p. 81.

45. *Vocation. Expérience spirituelle, op. cit.*, p. 70.

46. *« The question of a specific vocation does not arise primarily on the level of God's call, but on the level of the indivual's personal response »*, L. J. O'CONNELL, « God's Call to Humankind : Towards a Theology of Vocation », *loc. cit.*, p. 156. Une théologie de la vocation rejoint ici une théologie renouvelée de la grâce. La grâce en tant que réalité relationnelle entre Dieu et la personne est composée du binôme : le don en forme d'appel et la réponse. Le don offert ne prend son existence concrète que dans la réponse personnelle. En clair, cela signifie que la grâce n'advient qu'au moment où le don offert par Dieu a été accueilli par la personne. Aussi une définition de la grâce pourrait bien être : l'accueil du don de Dieu ou encore le don de Dieu reçu. De telle sorte que l'expression « résister à la grâce » devient incompréhensible : la résistance est par rapport à l'appel et non par rapport à la grâce puisque cette dernière inclut la réponse au don offert.

47. Raymond IZARD, « L'évolution de la notion de vocation dans l'histoire », dans *Vocation*, 255, 1971, p. 316.

Mystère de l'initiative divine et vocation ministérielle

Le discernement s'exerce à partir d'une donnée fondamentale et originelle, celle de la *précédence divine* : c'est Dieu qui le premier appelle. L'être croyant se sait un *être précédé*; la confession d'un Dieu Créateur le renvoie d'emblée à sa réalité «créationnelle». La reconnaissance de la *précédence divine* commande alors de ne jamais préjuger des destinataires des appels divins. L'ouverture aux manifestations variées de l'insondable mystère de l'amour gratuit de Dieu demeure ainsi la meilleure garantie pour un discernement éclairé. Aussi, l'opposition à l'intégration des femmes au ministère ordonné vient-elle en contradiction flagrante avec une donnée fondamentale de la théologie de l'appel. Bien que la reconnaissance de l'initiative divine ait été constante dans l'enseignement du magistère, il est curieux qu'elle continue à ne pas s'appliquer dans le cas des chrétiennes.

Pourtant, le Pape Jean-Paul II vient encore de rappeler de façon non équivoque que, dans toute vocation, «ce qui est tout à fait prioritaire, et même primordial et décisif, c'est *l'intervention libre et gratuite de Dieu qui appelle*. Il a l'initiative d'appeler[48]». Comment expliquer que cette foi en la souveraine liberté de Dieu ne joue pas en faveur des femmes? Comment les autorités eccclésiales peuvent-elles décider à l'avance que des femmes ne sont pas susceptibles de recevoir un certain type d'appel de Dieu? L'intention divine en cette matière ne serait-elle connue que de quelques-uns[49]? Certains textes semblent confirmer cette impression : «L'Église est dépositaire du mystère de l'Esprit Saint qui consacre pour la mission ceux que le Père appelle par son Fils Jésus Christ[50].» Que l'Esprit soit à l'œuvre dans l'Église est une chose, mais que celle-ci soit «dépositaire[51] de son mystère» en est une

---

48. *Je vous donnerai des pasteurs*, n° 36.
49. Avec une pointe d'humour, on pourrait parler d'eux comme de «dieutologues» : personnes qui connaissent des choses au sujet de Dieu. Il s'agit d'une expression utilisée par une agente en pastorale au moment de décrire la perception qu'avaient les gens de sa fonction.
50. *Je vous donnerai des pasteurs*, n° 35.
51. Parler en terme de «dépôt» appartient au langage néotestamentaire (cf. *1 Timothée* 6, 20; *2 Timothée* 1, 12.14). «Le dépôt est le terme inclusif qui désigne cette foi et cette façon de vivre qui a été léguée par [sic] les

autre ! L'audace de la formule suggère un présupposé difficilement acceptable pour quiconque confesse la transcendance de l'Esprit qui « souffle là où il veut ».

De plus, selon toute vraisemblance, l'Église comprise comme « dépositaire de... » fait référence à la communauté chrétienne. Or, trois paragraphes après le passage cité, le terme Église renvoie à ses représentants. Ce sont eux qui reconnaissent la vocation du candidat au sacerdoce : « Une telle intervention de *l'Église* fait partie de la vocation au ministère presbytéral[52]. » L'identification du mot Église aux autorités soulève un malaise certain en plus d'entretenir une confusion sur la capacité de la communauté de discerner l'action de l'Esprit. Un danger réel menace les autorités ecclésiales : celui de croire qu'elles sont les seules à pouvoir interpréter les signes de l'Esprit. La tendance à tout mandater s'inscrit dans cette veine et elle fait dire à l'une des femmes interviewées : « C'est comme si on voulait mettre le grappin sur l'Esprit. »

Pourtant, la Tradition et la théologie le confirment, l'Esprit œuvre également dans le cœur des laïques. Aussi, ces derniers sont-ils nombreux à signaler aux autorités ecclésiales l'urgence de renouveler la théologie des ministères comme le font ressortir plusieurs synodes diocésains. Ces regroupements des fidèles de divers diocèses questionnent entre autres les raisons invoquées pour exclure les femmes du ministère ordonné. Il arrive que des propositions formulées au cours des échanges soient reléguées au rang d'annexe parmi les divers documents émanant d'assises synodales, les Églises locales voulant suivre, en cette matière, l'enseignement officiel de l'Église. Beaucoup de chrétiens et de chrétiennes dénoncent cette façon de procéder et tolèrent de moins en moins que la question de l'ordination des femmes soit abordée en catimini, comme si elle ne concernait pas l'ensemble du peuple de Dieu. Nous sommes en présence d'un débat toujours en cours — malgré l'interdiction papale de discuter publiquement de la question[53] — et dont la gravité met en cause la crédibilité même

---

apôtres et leurs collaborateurs aux églises fondées par leur proclamation de la Bonne Nouvelle de Jésus Christ », Jared WICKS, « Dépôt de la foi », dans René LATOURELLE et Rino FISICHELLA (dir.), *Dictionnaire de théologie fondamentale*, Montréal/Paris, Bellarmin/Cerf, 1992, p. 243.

52. *Je vous donnerai des pasteurs*, n° 35. C'est nous qui soulignons.
53. Cf. *Sur l'ordination sacerdotale exclusivement réservée aux hommes*, n° 4.

de l'Église, comme le souligne un document de réflexion des évêques du Québec :

> [...] une question déterminante pour l'avenir des ministères : ne mar-chons-nous pas vers une nouvelle division d'Église, une Église exclu-sivement masculine dans sa hiérarchie et de plus en plus féminine dans ses services quotidiens ? Dans un temps où les femmes prennent une part de plus en plus active à toute vie sociale, les ministères ecclésiaux risquent de perdre beaucoup de visibilité et de crédibilité si l'on ne recherche pas un meilleur équilibre dans la représentation homme/femme[54].

Le Pape juge cependant que cela équivaut à entretenir de « faux espoirs ». Abordant la question du rôle des femmes dans l'Église, Jean-Paul II déclare à un groupe d'évêques américains venus le rencontrer à Rome :

> [...] en tant qu'évêques, nous sommes invités à transmettre aux hommes comme aux femmes l'enseignement de l'Église dans sa totalité en ce qui concerne le sacerdoce ministériel. Ce serait les trahir si on manquait d'agir ainsi. Nous devons aider ceux qui ne compren-nent pas ou qui n'acceptent pas l'enseignement de l'Église à ouvrir leur cœur et leur esprit au *défi de la foi*. Nous devons confirmer et affermir la communauté tout entière en répondant à la *confusion ou à l'erreur* lorsque cela est nécessaire[55].

Le véritable « défi de la foi » ne consiste-t-il pas plutôt à réinterpréter une théologie du ministère à la lumière d'une théo-logie de l'appel ? Théologie qui prend comme critère de discerne-ment vocationnel le caractère dynamique et réaliste de la réponse. Puisque l'appel s'entend à travers la réponse, celle-ci devient le « lieu » pour déceler l'initiative divine se dévoilant dans le devenir humain. Composer avec l'arrivée de vocations inattendues qui manifestent d'abord cette gratuité de Dieu appelant « qui Il veut », voilà le défi auquel fait face l'Église avec la venue massive des femmes dans les tâches pastorales. Or, « chaque vocation qui se déclare invite l'Église à se reconnaître comme assemblée de

---

54. *Les nouvelles pratiques ministérielles, op.cit.*, p. 92.
55. « Un féminisme erroné peut mettre en danger la foi de l'Église. Discours à des évêques des Etats-Unis », dans *La Documentation catholique*, 90, 1993, p. 756. C'est nous qui soulignons.

170

personnes libres et libérées[56] ». Pouvons-nous sans restriction soutenir que l'Église catholique est libérée lorsqu'elle refuse de considérer la vocation de candidates au presbytérat ? Comment peut-elle s'accommoder de cette attitude sans entrer en conflit avec sa propre théologie de l'appel qui déclare première l'initiative divine ? avec son propre enseignement au sujet de la discrimination des personnes basée sur le sexe[57] ?

En soulevant ces questions, les travailleuses en Église, dans leurs pratiques de déplacement, d'opposition, de transformation, de rupture, ne réclament pas nécessairement l'ordination pour elles-mêmes, ainsi que nous le disions précédemment, mais dénoncent la pratique d'une discrimination fondée sur une interprétation de la théologie de l'appel. Ne font-elles pas ainsi la preuve que « le principe prophétique » de la Bible est toujours à l'œuvre : dénoncer toutes les formes de discrimination, toutes les attitudes contraires au dessein d'amour de Dieu[58] ? Ce principe prophétique porteur d'une force de transformation est signe d'espérance pour quiconque travaille à l'avènement du Royaume, à l'humanisation du monde, au renouvellement de l'Église. N'est-ce pas sous ce signe que les autorités ecclésiales devraient accueillir comme une chance pour l'Église les vocations inattendues qui se manifestent aujourd'hui ?

---

56. M. SAUVAGE, « Vocation », *op. cit.*, col. 1135.
57. Le Concile a rejeté avec vigueur toute forme de discrimination fondée sur la race, la religion et le sexe. Cf. La Constitution pastorale *L'Église dans le monde de ce temps*, **Gaudium et spes**, nº 29. Enseignement repris avec vigueur par JEAN-PAUL II dans l'Exhortation postsynodale *La vocation et la mission des laïcs dans l'Église et dans le monde*, **Christifideles laici**, 1988, nº 37.
58. Selon la théologienne américaine Rosemary RADFORD RUETHER, ce principe possède une force de déstabilisation vis-à-vis toutes les hiérarchies de pouvoir religieux, social et économique; voir *Sexism and God-Talk. Toward a feminist Theology*, Boston, Beacon Press, 1983, p. 20-27.

L'ACCULTURATION

LE MOUVEMENT DE LA MISSION

Ouverture au monde, langage reformulé, anthropologie renouvelée, pastorale inculturée, voilà quelques expressions, parmi tant d'autres, qui en disent long sur la place que les femmes interviewées accordent aux réalités contemporaines dans leur engagement en Église. Mises à part les pratiques regroupées sous le profil d'assimilation, dans lequel perdure une sorte de divorce entre la culture[59] et le vécu ecclésial, leur action pastorale manifeste — parfois avec insistance — une préoccupation certaine des réalités spécifiques à notre temps. Porteuse d'une sensibilité plus grande envers les courants de pensée et les enjeux de la société moderne, leur présence au monde ouvre un espace de compétences nouvelles indispensables à la mission. En conséquence leur agir pastoral est mieux intégré à la culture actuelle et, par le fait même, plus libre en regard de l'institution.

Affirmer cela c'est déjà souligner que la plupart des répondantes comprennent jusqu'à quel point la relation au monde demeure au cœur de la foi chrétienne[60]. Ce qu'elles accueillent de

---

59. Culture s'entend ici comme un ensemble organique, constitué des façons de penser, de sentir, de s'exprimer et de se comporter, qui caractérise une collectivité humaine. Tout ce qui constitue l'habitat, les modes de vie, les productions d'un groupe est élément de culture. En d'autres termes, tout ce par quoi les humains affirment et développent leurs multiples capacités, humanisent la vie sociale, trouvent un sens à leur histoire, communiquent leurs expériences spirituelles et leurs aspirations fondamentales.

60. En cela l'agir ecclésial des femmes interviewées cadre bien avec l'ensemble des pratiques pastorales actuelles. Dans une recherche réalisée auprès du personnel pastoral du diocèse de Saint-Jérôme, J.-M. CHARRON rappelle que le thème des rapports Église/Monde « est probablement celui qui traduit le mieux la problématique centrale qui traverse les pratiques pastorales actuelles », et il ajoute : « [...] cette question du rapport Église/Monde continue, semble-t-il, d'envahir le champ de conscience de la pratique ecclésiale actuelle comme si le travail de toute une génération de théologiens n'avait pas réussi à se traduire en pratiques signifiantes

nouveau aujourd'hui, c'est la profondeur du mystère de l'incarnation. Jésus le Christ n'est-il pas venu en ce monde pour « mener les temps à leur accomplissement » (*Éphésiens* 1, 10) ? Par sa pratique, son enseignement, sa vie entière, c'est toute l'histoire humaine qu'il a conduite à son achèvement. Le Nouveau Testament présente, en effet, un Jésus réellement humain, très singulier et profondément *enculturé* : les textes parlent d'un homme concret et absolument unique. Ils réfèrent à l'histoire de *ce* juif né à un moment du temps dans un espace précis : milieu, famille et tradition identifiés, conjoncture sociale, politique et religieuse connue, enjeux historiques définis, etc. Ils soulignent le déploiement de *sa* mission au cœur de l'enchevêtrement des structures (économiques, politiques, idéologiques) et des forces en présence. Et c'est précisément toute l'existence culturellement enracinée du Nazaréen que la résurrection vient accomplir en lui donnant une portée universelle. Le sens humain qu'il a manifesté peut dès lors rejoindre les femmes et les hommes de toutes les cultures et de toutes les époques. Bref, c'est en parlant le langage culturel et anthropologique d'un groupe particulier que *sa* Parole s'offre comme message de libération à l'humanité.

Oui, voilà ce que les travailleuses en Église reçoivent et entendent traduire dans leur action pastorale. Voyons maintenant, de façon plus précise, quelle place elles accordent à la culture dans leurs pratiques et quel type de rapport elles établissent avec cette réalité dynamique. Nous pourrons par là même rendre compte de leur conception de la mission.

LE SERVICE D'UNE FOI QUI SE FAIT CHAIR

Au chapitre trois l'analyse mentionne deux concepts constamment présents dans la pratique des femmes : le *dedans* et le *dehors*. Concepts envahissants : « Que les intervenantes œuvrent en terrain social, paroissial ou diocésain, leurs discours se rencontrent. Elles sont de plus en plus mal à l'aise dans une structure ecclésiale enroulée sur elle-même, dans une sorte d'espace clos, enfermé et

pour les nouveaux défis de société auxquels nous sommes confrontés », *Entre l'arbre et l'écorce, op. cit.*, p. 245 et 247.

enfermant. » Si le « dedans » et le « dehors » concernent bien sûr le travail des femmes à l'intérieur ou à l'extérieur du cadre institutionnel, ils renvoient plus fondamentalement aux exigences concrètes d'une liberté chrétienne à vivre au cœur de nos sociétés.

Un monde[61] pris en compte

Dans leurs pratiques ces femmes affirment de façon assez éloquente que les réalités dites « mondaines » sont non seulement le lieu obligé, mais le domaine familier où elles fabriquent des signes d'espérance. Le primat de la vie est pour elles une constante; la vie concrète des gens, des familles, des groupes les intéresse, et elles déplorent le langage ecclésial qui ne la rejoint pas. Elles tentent de plus en plus d'opérer des changements à cet égard, conscientes que donner la parole aux gens entraînera des exigences et des modifications au plan des structures et des pratiques. Et pour y arriver, il faut d'abord une *présence gratuite au vécu*[62]. S'y exposer et l'écouter. Car comment prétendre connaître sans avoir d'abord entendu? C'est cette proximité de l'existence qui les rend particulièrement attentives à l'appel des milieux (besoins, attentes, angoisses, espoirs...), aux nouveaux environnements culturels et, pour un certain nombre, à l'urgence des débats sociaux. N'ont-elles pas « cette façon d'être au monde comme on est en amour » ?

Prendre au sérieux leur monde oblige aussi les intervenantes à œuvrer *au cœur des mutations de la culture actuelle*. Malgré les transformations en cours (dispersion de valeurs fondamentales, nouveaux repères éthiques, nouvelles orientations), elles savent que la voie ne se trouve pas dans le refus de la modernité. De façon plus ou moins satisfaisante, elles composent avec une certaine domination du discours de la rationalité scientifique et technologique,

---

61. Le monde est compris ici comme un « mixte », c'est-à-dire comme un ensemble d'êtres humains et de choses dans lequel les personnes sont inséparables du milieu terrestre qui, à la fois, les conditionne et en dépend. Il englobe donc le concept de culture.

62. Très souvent, on s'en souvient, les femmes associent expériences physiques et expériences spirituelles et elles veulent redonner au « monde d'en bas » sa place dans l'univers de la foi et de la théologie.

avec une valorisation particulière de la liberté et de l'émergence du sujet humain, avec le retour d'un religieux dont la configuration emprunte souvent ses caractéristiques à diverses traditions mises ensemble à la façon d'un menu constitué à la carte[63]. Elles aussi ont à vivre le passage d'une société de la prescription (où les institutions imposaient devoirs, valeurs et pratiques) à une société de l'inscription (où les personnes et les groupes se choisissent et déterminent leurs valeurs et leurs modes d'insertion sociale). Constamment elles sont confrontées à l'effritement de fidélités, de certitudes et de références. Mais elles sont aussi partie prenante d'une profonde recherche de sens.

Cela leur permet non seulement d'accorder aux réalités quotidiennes une place prioritaire, mais aussi de reconnaître la valeur et l'autonomie de cet ensemble culturel. Il n'est alors pas étonnant que s'inverse pour elles le rapport théorie/pratique, lequel devient un rapport *pratique/théorie* :

> C'est bien beau d'enseigner de belles théories, dira l'une d'elles, mais si on ne prend pas en considération le vécu des gens, la théorie ne colle à rien. Alors que, quand c'est une femme qui fait le travail, elle est déjà sensibilisée au vécu des gens et fait monter ce vécu-là dans l'exercice de sa mission.

Cela les rend également sensibles à tout ce qui est en train de naître pour y déceler les promesses de croissance ou de libération. Et c'est jusque dans les structures ecclésiales et sociales que les femmes cherchent à opérer petit à petit des changements sans donner l'impression d'enfreindre les normes[64]. Qu'il s'agisse de dénonciation, de revendication ou de transformation, leurs pratiques viennent ressaisir des données culturelles dont les enjeux ne peuvent échapper à la conscience chrétienne.

---

63. « Religieux flottant », selon l'expression de Paul BLANQUART, qui décrit en ces termes le phénomène : « C'est ainsi qu'on se bâtit sa religion à soi en prenant une pincée de zen, que l'on mixte [*sic*] à un zeste de culte afro-américain, le tout lié par une sensibilité christique, cocktail provisoire que l'on expérimente et recompose autrement en fonction d'un seul et nouveau critère : se sentir bien », « Nouvel individu et avenir du christianisme », dans *Lumière et Vie*, 36, 1987, p. 75.

64. L'ensemble du développement se rapportant au profil de transformation est ici davantage concerné.

Nous assistons ici au mouvement de décentrement de l'intra-ecclésial pour *un recentrement sur le service du monde dans son ambiguïté*. Cela se vérifie singulièrement chez les répondantes engagées dans la pastorale sociale. Mais pour plusieurs autres également, cette réalité perdure comme en creux, c'est-à-dire comme malaise ou comme volonté de changement par rapport à ce qui existe présentement. Pour ces femmes s'effectue la sortie d'un univers ecclésial qui s'enroule sur lui-même, vers un univers pastoral axé sur une anthropologie ajustée au monde contemporain. Pratique dont la pointe prophétique ne nous échappe pas : « une pastorale qui s'engage, dira l'une d'elles, une pastorale qui a des solidarités, une pastorale qui dénonce des choses, une pastorale qui promet, ça c'est une pastorale qui est dérangeante[65] ».

Une foi enracinée

Par leur consentement à la vie dans ses multiples manifestations, les répondantes rappellent que la Bonne Nouvelle de la liberté chrétienne *ne peut exister ailleurs que dans la complexité des réalités du monde* : relations, aspirations, besoins, institutions, projets, engagements, etc. Pour elles, ces réalités sont partie intégrante de l'existence des croyants et des croyantes. En conséquence, le monde ne peut être regardé et interrogé comme étant un objet extérieur à la foi. Ces femmes se souviennent que la liberté évangélique nous vient de Celui qui a fait alliance de façon indissoluble avec notre humanité. Faut-il le redire, c'est dans et par sa propre humanité, son enracinement dans un peuple et sa participation à une histoire que Jésus a donné un sens à son existence et à celle de tous les humains.

Et c'est précisément dans les récits évangéliques sur Jésus, dans la parabole de sa vie et de ses actes, dans la forme de relation humain/divin suggérée par les premiers témoignages chrétiens que les intervenantes enracinent leur compréhension de la foi aujourd'hui. Elles trouvent dans le Nouveau Testament une vérité interpellante,

---

65. Il importe également de noter jusqu'à quel point peuvent être « dérangeantes » certaines des pratiques que l'on retrouve sous les profils d'opposition et de rupture.

et la liberté unique de Jésus (à titre d'exemple, son ouverture particulière aux femmes) inspire leurs engagements. Fortes de cette conviction, elles réaffirment par leurs discours et par leurs pratiques que les croyants et les croyantes peuvent toujours faire appel à la *présence agissante du Vivant dans leur univers*. Pour elles, croire à l'action de l'Esprit au cœur du quotidien, dans les hauts et les bas de leur vocation et dans la vie de la communauté, demeure primordial[66]. Aussi, quelles que soient ses limites, le monde pour elles ne fait pas écran à la liberté absolue de l'Esprit. Il ne s'interpose pas entre l'Esprit et les personnes, il ne bloque pas leur communication. Au contraire, condition nécessaire à la libération évangélique, il est le seul lieu où celle-ci s'actualise. Conséquemment, le regard sur la vie devient le premier acte de l'évangélisation.

Croire en cette présence créatrice d'un Dieu dont la puissance s'identifie à l'amour inconditionnel, se laisser interpeller et accueillir l'offre de sa liberté, voilà la dynamique fondamentale qui anime ces femmes et nourrit essentiellement leurs engagements. Elles ont compris que la foi, active au cœur du monde, permet d'aller plus loin et d'être « plus ». Ouvrant sur la vie en plénitude, elle rend possible le dépassement des limites vers une libération totale qui concerne tout l'humain et tous les humains. Et c'est de cela que nous sommes responsables. La visibilité de l'espérance ne dépend-elle pas des signes que les personnes et les communautés en donnent ? D'où la fonction essentielle du témoignage soit comme évocation de la Parole de Dieu au cœur de la vie, soit comme confession de foi et proclamation de la Bonne Nouvelle, soit comme présence contagieuse et active rayonnant de la rencontre avec Jésus le Christ. Car, pour l'ensemble des personnes interviewées, nous y reviendrons d'ailleurs, évangéliser ne consiste pas seulement à porter un message mais, par les actes, à rendre réel l'amour fort et gratuit de Dieu. Aussi leur importe-t-il de favoriser au plus haut point les formes d'expression qui font émerger la signification de l'engagement chrétien : prière, écoute de la Parole, pratique célébrante.

---

66. Lorsqu'elles parlent de Dieu, on s'en souvient, les femmes interviewées le nomment massivement « Esprit » ou « Esprit Saint ». La section « La relation des femmes avec Dieu », p. 36, fait état de l'importance de l'Esprit dans leur vie.

Enfin, ce que l'agir pastoral de ces femmes nous invite à comprendre particulièrement, c'est l'urgence pour l'Église de se décentrer d'elle-même pour *se recentrer sur Jésus le Christ* qui la convoque et lui confie une mission. L'urgence de recevoir aujourd'hui cet Esprit du Ressuscité et de le prendre au sérieux : lui permettre d'ébranler nos certitudes et nos sécurités, redécouvrir l'audace prophétique à laquelle il nous invite, accepter l'absolu de sa gratuité qui fait éclater toutes les mesures et toutes les limites. Urgence pour l'Église de se rappeler que jamais l'Esprit ne peut être identifié à ses formules, ses modèles, ses institutions, ses dogmes. L'urgence de se laisser rejoindre aujourd'hui par le souffle subversif de l'Esprit.

UNE ACTIVITÉ MISSIONNAIRE LIBÉRATRICE

Le statut que les travailleuses en Église accordent aux réalités dites mondaines nous renvoie comme de soi à la question fondamentale du rapport salut/monde ou foi/culture. L'importance de ce rapport est telle que sa mise en évidence nous permet d'affirmer que, dans leurs pratiques, ces femmes sont engagées sur une voie d'affranchissement qui donne de l'avenir au présent. Voyons brièvement comment et en quoi.

À la façon du « levain dans la pâte »

Le monde dans son visage culturel d'aujourd'hui devient le lieu de l'évangélisation et il doit être servi comme tel dans toute sa complexité : aucune cause humaine ne reste étrangère à la pratique missionnaire. Voilà ce que les répondantes proclament avec vigueur ! Plusieurs rejettent le non-dit, la peur de parler des vrais problèmes ou de se compromettre dans les dossiers chauds. Elles refusent de cautionner une Église fermée sur elle-même. Pour elles la mission se vit au cœur de la société et de ses enjeux. Par leurs pratiques elles affirment la nécessité de redécouvrir la dynamique d'une espérance accueillie là où se vivent les angoisses et les espoirs humains, là où se manifestent les grandeurs et les limites des femmes et des hommes. Car la vie, dans le concret le plus quotidien, peut être porteuse de sens chrétien et de louange à Dieu. N'est-ce pas d'ailleurs la conviction particulière de ces nombreuses femmes qui, par une sorte de sensibilité naturelle, non seulement gèrent le sacré avec beaucoup de précaution, mais contribuent à le déplacer ? À leur point de vue, ce n'est pas uniquement dans le temple qu'on accède au sacré, mais aussi dans les rues, les maisons, les villes, les écoles... [67]

Sur ce terrain, en effet, la foi en Jésus le Ressuscité est le *fondement d'un changement radical*. Au cœur même de la division sacré/profane [68], Jésus introduit l'idée d'un Dieu accessible par « l'autre » et il préconise un temple rebâti au milieu de la vie. Aussi, pour les premières communautés chrétiennes, la question essentielle et centrale consiste-t-elle à chercher comment le Vivant peut rejoindre les croyants et les croyantes dans leur existence concrète. Nous les voyons poursuivre le mouvement de désacralisation initié par le Galiléen [69]. La vie dite « profane » apparaît alors comme le lieu premier du culte chrétien et le vocabulaire « sacré » (dont le terme « prêtre » au sens de « sacrificateur »), appliqué dans l'Ancien Testament au culte juif, n'est employé ni pour les célébrations liturgiques, ni pour les ministres qui président. Ce vocabulaire cependant refait abondamment surface au regard de l'existence quotidienne vécue dans la foi et l'amour en communion avec le Crucifié ressuscité [70].

Ainsi, sans le signaler explicitement, les femmes engagées en Église renouent avec *la grande Tradition* qui nourrit aujourd'hui encore les chrétiennes et les chrétiens. Il n'est donc pas étonnant

---

67. Elles rejoignent en cela ces nombreux chrétiens et chrétiennes qui refusent une sacramentalité coupée de la vie et pour lesquels des événements comme la naissance, la mort, l'amour et d'autres sont déjà porteurs de sacré.

68. On le sait, dans toutes les cultures, les peuples ont éprouvé le besoin de sortir certaines personnes, fonctions et objets, des contingences considérées comme normales pour la multitude. Comme si la protection d'un « lieu intouchable » de la condition humaine garantissait stabilité et pérennité sociales. Car, par ce lieu, le divin s'introduit dans l'humain et l'humain dans le divin.

69. À titre d'exemple, voir *Jean* 4, 21-24.

70. Cf. *Romains* 12, 1; 15, 16; *Hébreux* 13, 15-16; *2 Corinthiens* 9, 12; *Philippiens* 4, 18. Pour approfondir cette question, voir Claude DUCHESNEAU, *La célébration dans la vie chrétienne*, Paris, Centurion, 1975.

que l'annonce de l'Évangile ne puisse pour elles se confondre avec l'enseignement d'un ensemble de doctrines même si celles-ci ont leur place. Elle correspond bien davantage à cette démarche qui cherche à faire découvrir la présence de Dieu au cœur de l'histoire. Présence qui accueille et confirme les chances de vie, les énergies, les potentialités. Présence qui, en questionnant les acquis et les structures, invite au changement la conscience des humains et l'activité dans laquelle ils s'engagent, forts des promesses d'avenir fondées en Jésus le Ressuscité et en son Esprit.

Par ailleurs, pour l'ensemble de ces femmes, proclamer la Bonne Nouvelle c'est également agir afin que l'amour de Dieu devienne socialement visible. Aussi les actions individuelles et collectives qui manifestent cet amour dans notre histoire s'avèrent-elles constitutives de l'évangélisation. D'où l'urgence de s'engager au cœur des contradictions et des possibilités du monde pour rendre de plus en plus lisible la solidarité de Dieu. Plus précisément encore, évangéliser consiste pour elles à libérer une humanité blessée, souffrante, atteinte dans ses valeurs les plus profondes. De plus en plus, elles s'orientent vers des pratiques à l'extérieur, centrées sur les droits humains et sur les besoins des humains laissés pour compte.

Porter cette conviction, n'est-ce pas essentiellement rappeler que la Bonne Nouvelle demeure toujours abstraite quand elle n'invite pas à délivrer du mal ? Et qu'elle devient au contraire force de changement quand elle entraîne les croyantes et les croyants à prendre à bras le corps les limites de leur monde pour y fabriquer des signes d'espérance. Porter cette conviction, n'est-ce pas finalement consentir à vivre *la dualité chrétienne*, c'est-à-dire confesser par ses actes que la liberté chrétienne ne peut être définie autrement que comme participation à la plénitude de l'Esprit et comme existence humaine limitée ?

Un choix non équivoque : le rapport dialogal

Nous le voyons, le rapport que les femmes interviewées établissent dans leurs pratiques entre la foi et le monde (ou la culture) n'en est pas un de *fusion* où la vie chrétienne, à elle seule, définirait la culture. Il n'est pas non plus un rapport de *juxtaposition* où l'Évangile et la foi se poseraient à côté ou au-dessus du monde comme s'ils n'étaient pas eux-mêmes des « faits de culture[71] ». Il n'est pas davantage un rapport d'*opposition*, favorisant l'enfermement dans une dichotomie selon laquelle vivre chrétiennement serait marcher dans le sens de la lumière, de la paix, de la vérité, alors que se tenir du côté du monde serait être en quête de sens et se confronter aux ténèbres, au conflit, à l'erreur.

Consentir à la dualité chrétienne, c'est *apprendre à dialoguer* avec les multiples réalités (personnelles, familiales, sociales, ecclésiales) qui s'offrent à vivre au quotidien de l'existence. C'est faire place au processus inductif qui écoute et accueille d'abord. Et ce temps de l'écoute n'est jamais terminé, car le monde évoluant sans cesse pose toujours de nouvelles questions. Majoritairement les intervenantes pourraient faire leurs ces paroles de Jean Rigal : « Nous comprenons de plus en plus la mission comme le risque d'une entrée en réciprocité. Non pas d'abord préoccupation de convaincre et de transmettre, mais surtout désir d'entrer en partage sur le chemin fraternel d'une histoire vécue et construite ensemble[72]. » L'humain et l'Évangile soutiennent le même combat. La cause des femmes et des hommes, c'est la cause de Jésus le Christ et de son Dieu. À ce titre, la structure complexe de l'oppression aujourd'hui, notamment celle de la féminisation de la pauvreté, n'impose-t-elle

---

71. Il s'agit alors d'une sorte de rapport unilatéral dans lequel les croyants et les croyantes cherchent à « donner » le Christ au monde. Si certaines femmes nous paraissent privilégier ce type de rapport, l'ensemble des interventions cependant ne s'y inscrivent pas.

72. Jean RIGAL, « Vision de la mission en France », dans *Prêtres Diocésains*, 1268, 1989, p. 17. S'il est vrai que, pour une majorité de femmes, la séparation engagement séculier/engagement pastoral occasionne une dichotomie regrettable, il faut cependant éviter de généraliser celle-ci à l'ensemble de leur vie croyante. La présente étude rejoint bien la préoccupation dont fait état la recherche effectuée dans le diocèse de Saint-Jérôme, particulièrement au chap. 7, au paragraphe intitulé « Un langage religieux enraciné dans la vie ». Évoquant les défis d'une communication de la foi aujourd'hui, l'auteur affirme : « Il ne peut y avoir de compréhension croyante que par l'échange de nos expériences, de nos façons de voir les choses, de nos besoins et aspirations relus à la lumière de l'Évangile lui-même mis en débat », *Entre l'arbre et l'écorce, op. cit.*, p. 266. Le paragraphe « Des relations à sens unique » développe également l'importance d'un échange réciproque entre les partenaires de la communication, *ibid.*, p. 259-264.

pas de nouvelles exigences à l'Église et à l'interprétation théologique ? Et ne sommes-nous pas ici en présence d'un enjeu majeur pour la pratique pastorale ?

Voilà donc ce que nous disent ces croyantes : entrer en dialogue et en partage avec le monde c'est non seulement reconnaître l'ensemble de ses composantes, mais se laisser rejoindre et questionner par les angoisses et les espérances qui s'y logent, porter les attentes des individus et des groupes dans ce qu'elles ont de plus humain et chercher avec d'autres des réponses à la mesure des besoins. C'est, en d'autres termes, s'adresser d'emblée à l'expérience humaine et faire en sorte que l'Évangile puisse y devenir une parole concrète atteignant en profondeur jusqu'aux racines de la culture. Alors seulement on pourra parler d'une foi chrétienne devenue « culture vécue » : non pas, rappelons-le, identification entre l'évangélisation et la production d'une culture, non pas domination de l'une par l'autre, mais proposition mutuelle favorisant l'humanisation à tous les plans : personnel, communautaire, social, institutionnel. *Interpellation réciproque et constante*, car les réponses sont toujours à renouveler dans la dynamique transformante du rapport dialogal. « Je pense que le milieu où je vis, confie une répondante, est un ferment pour repenser ce qu'est la pratique religieuse et il y a là des pistes neuves[73] ». Interpellation qui nous incite à préférer le terme « acculturation » au terme « inculturation » généralement employé en théologie[74]. L'acculturation

---

73. Particulièrement ressaisie au paragraphe « Pratiques acculturées », p. 143, cette affirmation émerge d'un ensemble de pratiques que l'on retrouve surtout chez les intervenantes en milieu scolaire et en pastorale sociale.

74. Faisant nôtre ici la définition de Achiel PEELMAN, rappelons que l'*acculturation* est « le processus dynamique dans lequel s'engage une culture évoluant sous l'influence d'une autre culture avec des conséquences variées pour l'une et l'autre : emprunts réciproques, imitations, transferts symboliques, nouveaux développements, syncrétismes », *L'inculturation, l'Église et les cultures*, Paris/Ottawa, Desclée/Novalis, 1989, p. 114. Quant à l'*inculturation* (concept proprement théologique), elle désigne le processus d'insertion de l'Évangile dans les cultures particulières avec toutes les transformations qui en découlent. Pour approfondir ces questions voir également Hervé CARRIER, *Évangile et Cultures. De Léon XIII à Jean-Paul II*, Paris/Cité du Vatican, Médiaspaul/Libreria Éditrice Vaticana, 1987 et, du même auteur, *Lexique de la culture. Pour l'analyse culturelle et l'inculturation*, Tournai-Louvain-la-Neuve, Desclée, 1992.

marque davantage la nécessité, pour le travail d'évangélisation, qu'il y ait effectivement rencontre de cultures différentes, à savoir la culture de notre temps et celle dans laquelle la Parole évangélique est elle-même inscrite. Deux cultures susceptibles d'influence mutuelle dans le respect de leur unicité et l'exigence du décodage pour que soit possible la « réception » de la Parole aujourd'hui.

Ainsi, sans le nommer, plusieurs travailleuses en Église ont amorcé le passage du modèle doctrinal dogmatique au modèle herméneutique, lequel assure une réinterprétation constante de la foi chrétienne. Si elles restent minoritaires à considérer leur vie de femme comme point et norme de départ, elles sont de plus en plus nombreuses à mettre en corrélation l'expérience chrétienne fondamentale présentée dans le Nouveau Testament et l'expérience vécue par les humains d'aujourd'hui. Au chapitre deux du présent ouvrage, la réflexion sur les « pratiques de réinterprétation » illustre éloquemment cette interpellation réciproque. D'une part, à partir de leur existence présente individuelle et collective[75] (ses sensibilités, ses tensions, ses aspirations...), ces femmes réinterprètent la Parole biblique et la Tradition. D'autre part, en interprétant la figure de Jésus, les idées-forces, les comportements-clés et le sens de l'expérience dont témoignent les premières communautés chrétiennes, elles réinterprètent l'existence actuelle à la lumière du donné évangélique. C'est là un changement de paradigme qui nous paraît essentiel et irréversible dans la conjoncture culturelle contemporaine. Comme le souligne justement André Charron :

> Il s'agit d'aller au Nouveau Testament avec nos propres questions et nos états de conscience d'aujourd'hui et de pouvoir reconnaître que les propositions de sens et d'action de Jésus et de l'expérience croyante des premiers chrétiens sont pertinentes et mobilisatrices pour notre projet de vie dans sa dramatique humaine d'aujourd'hui[76].

---

75. Il faut mentionner qu'un nombre plus limité de répondantes font allusion à la dimension collective. Il faudra d'ailleurs revenir sur cette importante lacune au plan de l'agir ecclésial.

76. Conférence donnée au Congrès des prêtres du Québec, mai 1992. Voir aussi les références suivantes : André CHARRON, « L'accès au spirituel en un temps d'indifférence religieuse », dans Kerygma, 24, 1990, p. 128-132, 138; Edward SCHILLEBEECKX, Expérience humaine et foi en Jésus Christ, Paris, Cerf, 1981, surtout le chap. 1; Claude GEFFRÉ, « La théologie au sortir de la modernité », dans Roland DUCRET, Danièle HERVIEU-LÉGER,

Ce perpétuel va-et-vient demeure nécessaire entre les deux interprétations, car l'événement Jésus Christ n'est révélateur que s'il dévoile réellement ce qui dans le langage contemporain est attente ou recherche d'humanité. Aussi la préoccupation suivante, soulevée au chapitre trois, s'avère-t-elle fondamentale : il faudra un jour prendre conscience que la dynamique pastorale, aussi nouvelle pense-t-elle être, se développe dans une sorte de sous-culture dangereusement étrangère à la culture séculière qui nous entoure. Il y a là un enjeu primordial pour le présent et pour l'avenir.

En insistant sur l'évangélisation comme dynamisme d'interpellation et de transformation, les femmes engagées en Église *se réapproprient la réalité fondamentale de l'incarnation*, de cette action mystérieuse qui se passe aujourd'hui encore entre le Christ vivant et les humains soucieux de recevoir sa Parole. Elles le savent, il n'y a pas de mystère plus concret que celui de l'humanisation de Dieu. Mystère bouleversant présenté par l'apôtre Paul comme un véritable abaissement (*kénose*) de Dieu : « Lui qui est de condition divine n'a pas considéré comme une proie à saisir d'être l'égal de Dieu. Mais il s'est dépouillé, prenant la condition de serviteur, devenu semblable aux hommes, et reconnu à son aspect comme un homme. » (*Philippiens* 2, 6-7). Elles comprennent que la proclamation de l'Évangile ne peut sans trahison se soustraire à cette logique ; et donc que l'Église doit veiller à rendre possible dans chaque culture ce qui s'est réalisé de façon absolument unique et indépassable en Jésus. Car l'Église, si elle peut être chemin d'acculturation pour l'Évangile quand elle vit son universalité dans un lien particulier avec chaque culture, peut aussi devenir un obstacle quand elle se contente d'une universalité abstraite et qu'elle recourt à l'uniformité pour garantir son unité.

Une pratique aux accents prophétiques

S'il est une réalité à laquelle se rallient toutes les répondantes dans leurs pratiques pastorales, c'est *le primat de la mission :*

Paul LADRIÈRE (dir.), *Christianisme et modernité*, Paris, Cerf, 1990, p. 189-209.

toutes y réfèrent abondamment. À leur point de vue, le critère décisif de toute organisation et de tout changement dans l'Église, c'est la conviction que la mission reste première. L'Église n'existe-t-elle pas pour évangéliser ? Pour elles aussi, cette formulation (mise de l'avant par Paul VI[77]) se montre, dans les faits, plus révolutionnaire qu'elle ne paraît.

En effet, accorder la priorité à la mission dans la définition même de l'Église signifie essentiellement que la mission n'est pas seulement une des tâches ou une des fonctions de l'Église, mais que *toute la vie en Église se voit ordonnée à la mission*. L'Église n'existe donc pas pour elle-même mais pour le service du monde, d'un monde à changer dans le sens du Royaume. C'est dans cette dynamique que les femmes interviewées veulent vivre et c'est à cette mission qu'elles travaillent, soit par le témoignage de leur foi en l'amour gratuit de Dieu, soit par leur engagement à rendre signifiante la pratique sacramentelle, soit encore par leurs efforts d'insertion dans la transformation de leurs milieux.

Et parce que, pour ces croyantes, la vie des humains demeure le lieu de la rencontre avec Dieu et devient le lieu de la mission, « c'est de libération de l'humanité dont il faut parler en premier lieu comme étant la mission fondamentale des chrétiens[78] ». En mettant l'accent d'abord sur la reconnaissance et le caractère particulier des réalités quotidiennes, elles ouvrent pour la mission un espace de dialogue constructif et libérateur. Espace dans lequel l'Église n'est plus considérée seulement comme « sujet regardant » le monde, mais aussi comme « sujet regardé » à partir de ce monde. D'où, cette invitation faite à l'institution ecclésiale à changer ses structures inadéquates, à recentrer son

---

77. Cf. PAUL VI, Exhortation apostolique *L'Évangélisation dans le monde moderne*, **Evangelii Nuntiandi**, 1975, n° 14.

78. Cette conviction exprimée par une répondante ne rejoint-elle pas essentiellement cette affirmation de JEAN-PAUL II : « L'homme, dans la pleine vérité de son existence, de son être personnel et en même temps de son être communautaire et social [...], cet homme est la première route que l'Église doit parcourir en accomplissant sa mission : il est *la première route et la route fondamentale de l'Église*, route tracée par le Christ lui-même, route qui, de façon immuable, passe par le mystère de l'Incarnation et de la Rédemption », Encyclique *Le Rédempteur de l'homme*, **Redemptor hominis**, 1979, n° 14.

organisation au profit de l'Évangile, à modifier son fonctionnement et son leadership à l'avantage des personnes et d'abord des plus délaissées. À titre d'exemple, cela ressort singulièrement des pratiques regroupées sous le profil de transformation (déconstruction de modèles, de discours, de systèmes qui desservent l'activité missionnaire pour une reconstruction d'alternatives au service de l'évangélisation).

Quotidiennement ces femmes engagées constatent que l'Église n'échappe pas à la « logique presque fatale », selon l'expression de Ignace Berten, qui pèse sur les institutions et les fait se détourner de leurs objectifs pour se centrer sur elles-mêmes, sur leurs intérêts et leur permanence : « l'objectif déclaré en vient ainsi à être soumis à d'autres impératifs, tandis qu'une autre hiérarchie des urgences se met en place[79] ». Elles en ont long à dire sur ce sujet. Observant régulièrement les effets pervers d'une sacralisation des structures et des normes, elles questionnent avec lucidité, refusent certaines règles du jeu et fustigent toutes les formes d'aveuglement. Toujours de l'intérieur, elles dénoncent la soumission à une telle logique par laquelle l'Église, s'éloignant de l'Évangile, se fait elle-même instrument d'exclusion, d'humiliation et de déshumanisation. Elles contestent toute forme de sacralisation du pouvoir couvrant les abus et rendant difficile la mise en question des fonctionnements habituels. Particulièrement les femmes « en opposition » et les femmes « en rupture » ne sont pas tendres envers ceux qui les maintiennent dans un rôle de second ordre, en dehors des lieux de pouvoir véritables. Plus encore que leur discours et leur indignation, leur pratique missionnaire proteste vigoureusement et rappelle à l'institution, avec un accent prophétique, qu'elle doit demeurer au service de la mission.

Enfin, compte tenu de l'influence réciproque entre Évangile et culture qui se manifeste dans la pratique des répondantes, leur engagement missionnaire correspond, pourrait-on dire, à l'entrée dans le processus historique de la libération offerte en Jésus le Christ. Libération qui s'opère en solidarité avec les femmes et les

---

79. Ignace BERTEN, « Prophétisme et institution », dans *La foi et le temps*, 20, 1990, p. 555.

hommes et, de façon particulière, avec celles et ceux que les systèmes — social et ecclésial — désavantagent ou marginalisent. Et ce processus, elles le savent, n'est jamais achevé car la liberté du Ressuscité entraîne toujours vers d'autres lieux où il nous précède déjà... Aussi leur faut-il demeurer *des familières de la route* sur les chemins de l'humanité.

L'INTERDÉPENDANCE
UNE ÉGLISE EN PASSAGE

De l'ensemble des données recueillies et interprétées aux chapitres deux et trois, il ressort que les femmes interviewées veulent vivre l'Église *autrement*. Leurs discours, leurs actions, leurs rêves sont traversés par la recherche d'*un vivre-ensemble ecclésial dans lequel femmes et hommes sont effectivement l'Église*. Très majoritairement elles se situent dans la lignée des croyantes pour qui la question de la condition des femmes dans l'Église s'est déplacée : l'enjeu pour l'institution, ce n'est plus d'abord l'avenir des femmes, mais l'avenir de l'Église elle-même en tant qu'humanité nouvelle rassemblée en Jésus le Christ. La plupart des répondantes ne se contentent pas qu'*on* leur assigne *une* place dans la communauté ou qu'*on* améliore leur condition. Elles demandent une transformation de l'Église elle-même, de son visage institutionnel et de sa structure organisationnelle. Et c'est dans la poursuite d'une telle visée qu'elles opèrent des passages ou, plus globalement, qu'elles entendent vivre comme passage leur existence de croyantes. Sans amoindrir l'apport des autres, elles savent qu'il leur appartient, à elles principalement, d'œuvrer à leur propre libération. Aussi, dans le présent développement, nous intéressons-nous particulièrement à la configuration ecclésiale qui émerge de leurs pratiques. Mettant d'abord en évidence le type de relations communautaires qu'elles privilégient, nous en arrivons à « qualifier » le visage ecclésial qui s'en dégage.

En accordant priorité à l'activité missionnaire, ces femmes engagées expriment leur conviction que l'Église devient justement elle-même en accomplissant de façon authentique la mission qu'elle continue de recevoir du Ressuscité et de son Esprit. Mais, pour elles, comment cela se concrétise-t-il au quotidien ? Et en quel sens cela peut-il contribuer à transformer l'institution ecclésiale ?

Le « nous » chrétien : une logique systémique

Très nombreuses, on s'en souvient, sont les femmes interviewées qui allient étroitement communauté, mission, charisme et ministère. Renouant avec la Tradition, elles considèrent la dimension communautaire comme partie intégrante de la démarche de foi et de l'action missionnaire[80]. Conséquemment c'est *dans une relation de communion* qu'elles apprennent à témoigner de Jésus le Christ au cœur de l'histoire. Aussi, pour faire naître et s'épanouir la communion ecclésiale, engagent-elles leurs communautés dans le *processus des rapports d'interdépendance.* Par un effort soutenu pour créer et nourrir ce type de relations, elles font progressivement exister un vivre-ensemble communionnel. Le fréquent passage du « je » au « nous », le « faire-ensemble » et le « saisir-ensemble », l'action qui rassemble, coordonne et harmonise, l'intervention par réseaux, tout cela contribue à instaurer une pratique orientée vers le décloisonnement, l'interpellation et la concertation.

L'image du corps vivant souventes fois évoquée par les répondantes pour parler de la communauté prend ici toute sa signification. Plus qu'une organisation, l'Église, comme le souligne Léonardo Boff, est « un organisme vivant qui se recrée, s'alimente

---

80. Rappelons ici qu'étymologiquement le premier sens du mot communion (*cum* : avec et *munus* : tâche) veut dire « prendre part à la tâche ». Quant au sens second (*cum* : avec et *unio* : union), il renvoie à « être en union avec ». C'est donc pour vivre la mission que les chrétiennes et les chrétiens font communauté.

et se renouvelle à partir de ses bases[81] ». D'ailleurs, l'image paulinienne de l'Église comme « Corps du Christ » — l'une des plus englobantes et des plus centrales du Nouveau Testament — n'apparaît-elle pas comme l'équivalent théologique du modèle relationnel systémique? À la façon d'un système, le Corps ecclésial se présente comme une entité complète qui, bien que plus vaste, est constituée de l'ensemble de ses composantes dont chacune conserve son identité au sein de leur interdépendance. Le NOUS chrétien est un « corps de membres » (*1 Corinthiens* 12, 14; *Romains* 12, 5) dans lequel chaque personne est partie prenante de l'ensemble, mais aussi solidaire de chaque croyant et croyante et ce, réciproquement. Sorte d'approche écologique qui entend respecter l'interaction des diverses dimensions d'une vie communautaire. Nous le voyons donc, c'est en cherchant à réaliser aujourd'hui la mission évangélique que les travailleuses en Église *redécouvrent, en fidélité à la Tradition vivante*, jusqu'à quel point la communauté tout entière est le lieu de la responsabilité et du pouvoir considérés comme participation au pouvoir de l'Esprit.

Et ce NOUS chrétien — les répondantes en font la preuve par leurs pratiques — ne peut advenir sans que l'*égalité* soit prise au sérieux. Refusant de cautionner le vécu ecclésial encore marqué au sceau du modèle patriarcal « géniteur » d'inégalités, elles cherchent à transformer la réalité. Agissant avec la conviction de leur égalité de nature et de fonction comme femmes baptisées, elles travaillent à amoindrir les résistances en faisant reculer, dans le respect des cheminements personnels, les barrières qui entravent l'instauration de rapports égalitaires.

L'égalité radicale qu'elles défendent trouve son fondement dans la pratique libératrice du Crucifié ressuscité. Égalité constitutive de la communauté qui fait des disciples égaux (femmes et hommes), car l'affirmation de Paul n'a rien perdu de sa force et de son impératif pour le vécu ecclésial : « Il n'y a plus ni Juif ni Grec, ni esclave ni homme libre, ni l'homme ni la femme; car vous n'êtes qu'un dans le Christ Jésus » (*Galates* 3, 28). Oui, la participation à la condition de Fils vécue par Jésus Christ demeure la racine d'une libération capable d'affranchir les humains de toute forme

---

81. Leonardo BOFF, Église, charisme et pouvoir, Paris, Lieu Commun, 1985, p. 226.

d'esclavage et d'aliénation. L'Évangile appelle encore l'Église à exister comme communauté de disciples égaux recréée dans le souffle de l'Esprit. Voilà *ce que ces croyantes reçoivent aujourd'hui : le principe de la liberté chrétienne comme dépassement de toute discrimination.* Comme le souligne avec justesse l'exégète Rinaldo Fabris :

> Si l'on reconstruit le contexte général et immédiat dans lequel se place la déclaration paulinienne relative à la liberté chrétienne, et qui implique la fin de toutes les discriminations, on comprend que la nouvelle condition de la femme n'est pas un aspect marginal dans la théologie de Paul. Elle est la conséquence directe de la nouvelle dignité de tous les croyants et de tous les baptisés dans le Christ. Cette solidarité, qui les assimile à la condition du Fils unique de Dieu, définit la nouvelle identité des personnes qui se trouvent encore divisées et séparées sur un plan social, religieux et culturel, comme les Juifs et les païens, les esclaves et les hommes libres, les hommes et les femmes[82].

C'est au nom de cette parole libératrice que les femmes engagées en Église à la fois résistent aux pouvoirs oppresseurs et travaillent à transformer les structures d'exclusion.

Le partenariat comme expression privilégiée du « nous » ecclésial

L'agir pastoral des personnes interviewées renvoie assez généralement à cette forme particulière d'un vivre-ensemble caractérisé par les relations associatives. Ici encore rien ne se fait magiquement : il s'agit d'un déplacement qui s'effectue progressivement et avec beaucoup de difficultés. Fondé à la fois sur le fait de la dignité des personnes et sur celui de l'égalité des baptisés, le partenariat diffère de la collaboration (importante elle aussi[83] et

---

82. Rinaldo FABRIS, *Les femmes dans l'Église primitive*, Paris, Nouvelle Cité, 1987, p. 74. Voir aussi Elisabeth SCHÜSSLER FIORENZA, *En mémoire d'elle*, Paris, Cerf, 1986, p. 291-338; Norbert GREINACHER, « Libérés pour être libres, le problème des droits des chrétiens dans l'Église », dans *La vie spirituelle*, 144, 1990, p. 317-329.

83. À leur point de vue, cet esprit de collaboration n'est pas seulement désirable, mais essentiel.

pour laquelle les répondantes sont très souvent sollicitées). Il implique un choix délibéré de part et d'autre dans la reconnaissance fondamentale et explicite de la valeur égale de chaque partie et dans le respect de leurs différences et de leurs responsabilités. Le partenariat correspond ainsi à *une manière d'être et de vivre en Église* entre femmes et hommes, entre croyantes, entre croyants, entre ministres et baptisés, entre communautés. Une manière naturelle de vivre ensemble. Une réalité tout simplement, y compris pour les femmes... Ne sont-elles pas *un des deux* genres humains? Et, pour être bien servi, l'Évangile ne doit-il pas l'être par les hommes et par les femmes?

Plus précisément, la notion de partenariat évoque une attitude qui préside à des rapports de *réciprocité* entre hommes et femmes. Or, dans leurs pratiques, les travailleuses en Église sont encore habituellement confrontées à l'argument de la complémentarité des sexes. Plusieurs (dont une majorité se retrouvent sous le profil d'assimilation) l'endossent sans trop le questionner ou avec plus ou moins de conviction. D'autres, plus nombreuses, le refusent parce que, sous une forme déguisée, il ressemble à celui de l'infériorité féminine. À leurs yeux, ce concept généralement piégé tient souvent d'une anthropologie selon laquelle la femme demeure toujours relative à l'homme et jamais l'inverse, de telle sorte que la femme devient « une part de l'homme considéré comme prototype de l'humanité ». Elles rejettent cette complémentarité des sexes, « présentée de telle façon que les rôles et les fonctions des femmes dans l'Église et dans la société soient considérés comme de nature essentiellement différente de ceux des hommes[84] ». Bref, une complémentarité qui

---

84. Anne CARR, *La femme dans l'Église. Tradition chrétienne et théologie féministe*, Paris, Cerf, 1993, p. 71. Pour l'auteure, une telle idée « contient des présuppositions et des stéréotypes définissant les femmes comme particulièrement humbles, sensibles, intuitives, douces, réceptives, passives, [...] en opposition avec l'agressivité, la rationalité, l'activité, la force, etc., masculines », *ibid*. Cela rejoint d'ailleurs essentiellement l'affirmation de Elisabeth SCHÜSSLER FIORENZA : « la théorie féministe a montré qu'Aristote a développé le concept de "nature spéciale de la femme" afin de démontrer pourquoi elle est exclue de la citoyenneté de plein droit bien qu'elle soit un être rationnel [...] », « Revendiquer notre autorité et notre pouvoir. L'ecclésia des femmes et le patriarcat ecclésiastique », *Concilium*, 200, 1985, p. 69.

renvoie aux stéréotypes coutumiers de la «femme-cœur» et de l'«homme-tête» avec tout ce que ces schèmes peuvent encore entraîner comme domination ou exclusion à l'égard des femmes[85]. Enfin, c'est surtout en vivant des rapports de mutualité que les répondantes refusent effectivement une telle complémentarité. Au quotidien elles initient et renforcent les relations qui, tout en valorisant franchement les différences et les libertés, s'opposent catégoriquement à toute espèce de mise en tutelle quelle qu'en soit la source : sexe, classe sociale, cléricalisme, pouvoir...

Finalement, les rapports de partenariat leur apparaissent conditionnels à la force de la *solidarité*. Faite d'amitié, de connivence, de complicité et d'une reconnaissance concrète de la présence de Dieu dans les autres, l'action des femmes interviewées réaffirme que ni la société ni l'Église ne peuvent fabriquer leur unité sans la solidarité. Leurs pratiques témoignent d'une solidarité essentiellement liée à la responsabilité d'une même mission ecclésiale à porter au cœur de l'histoire. Solidarité libératrice et englobante soucieuse d'éviter le piège toujours possible d'un amour universel qui chute dans l'abstraction faute de lieux précis où il se donne et se reçoit. Plus explicitement encore, solidarité qui renvoie prioritairement au choix des personnes et des groupes marginalisés par nos sociétés et nos Églises[86]. Lieux privilégiés où se bâtit la communion ecclésiale, ces alliances avec d'autres humains laissés pour compte permettent à plusieurs femmes à la fois d'harmoniser leurs revendications communes d'égalité, de justice, de liberté et de mener un combat identique contre la domination sous toutes ses formes. Ce faisant, elles sondent toute la profondeur de l'oppression humaine particulièrement associée au racisme, à la lutte des

---

85. Même si, au plan du vocabulaire, certaines femmes parlent encore de complémentarité, elles n'accordent à ce concept aucune connotation de subordination. Il demeure cependant souhaitable qu'elles soient éveillées au piège d'une telle argumentation.

86. Au chap. 2, le paragraphe «Des pratiques de solidarité», p. 43, pose clairement la problématique ecclésiale sur cette question majeure. Il le fait à partir de deux lieux d'insertion de la pratique des femmes : la paroisse et la prison. Pour sa part, le chap. 3 reprend substantiellement cette même problématique qui entraîne chez de nombreuses répondantes un profond malaise (voir, à titre d'exemple, le paragraphe «Pratiques de justice sociale», p. 141).

classes, au sexisme et à l'élitisme. Et elles comprennent davantage leur lutte comme symbole de celle que soutiennent d'autres groupes plus ou moins exclus de la vie ecclésiale et sociale[87]. Enfin la solidarité s'avère une condition essentielle pour que s'opèrent dans l'Église des changements majeurs : une solidarité entre femmes bien sûr, mais une solidarité ouverte offrant à toute bonne volonté de participer à la prise en charge collective du renversement.

UNE ÉGLISE ESSENTIELLEMENT PLURIELLE

Les femmes rêvent de l'Église comme d'une « grande famille », d'un groupe « tricoté avec un paquet de monde de toutes sortes », d'un « regroupement de communautés ». Mais elles savent aussi que la communion ecclésiale n'est pas une réalité immédiate. Bien au contraire. De façon multiple et avec lucidité, elles font état de ses grandes pauvretés et des nombreux obstacles qui empêchent ou retardent sa venue : les accrochages quotidiens, les hauts et les bas de la vie communautaire, les rapports avec les collègues, les difficultés relationnelles particulières avec des prêtres, le manque d'accueil des différences et quoi encore... Quotidiennement elles constatent que l'Église-communion n'a pas d'autres visages que ceux des personnes et des communautés qui se préoccupent de la faire exister. Et parce qu'elles *reçoivent aujourd'hui l'invitation à la faire advenir*, ces femmes cherchent, par l'ensemble de leurs pratiques, à construire une Église dont la communion ne veut *rien perdre de la pluralité*.

Un vivre-ensemble centré sur la personne

Refusant le dualisme anthropologique dont les stéréotypes nuisent aussi bien aux hommes qu'aux femmes, les pratiques de la majorité s'orientent surtout vers *la globalité de l'expérience humaine*.

---

87. Il importe de rappeler ici cette faille déjà mentionnée relativement à l'analyse sociale. Nous reviendrons sur cette question quand nous aborderons les enjeux des pratiques des femmes.

Si certaines travailleuses consentent encore aux idéologies patriarcales, dans l'ensemble, les autres réfèrent à cette anthropologie unique, c'est-à-dire d'une seule nature, selon laquelle « il n'y a de rôles ou fonctions préordonnés au-delà du biologique, ni pour les hommes, ni pour les femmes, puisque les activités propres à l'individu sont extrapolées à partir des caractéristiques spirituelles et personnelles [88] ». Elles prennent alors davantage en compte l'ensemble des données de l'expérience et elles accordent une grande importance à l'intégrité, à la liberté active et à la responsabilité lucide. La variété des rôles de leadership qu'elles assument montre une fois de plus que les notions fixistes (sur la nature, la place et les fonctions des femmes et des hommes) ne sont ni universelles, ni justifiables. Parce que la personne est riche de tout l'éventail des possibilités humaines, ses choix reposent sur les dons, les intérêts et les attraits plutôt que sur les stéréotypes de classe, de sexe, ou autres. Cela permet de libérer la sexualité d'une fausse valorisation sociale ou religieuse et de transformer les dualismes traditionnels au profit d'une pluralité qui n'a rien à voir avec la réalité anatomique.

Il n'est donc pas étonnant que, dans leurs pratiques, ces croyantes valorisent constamment *les personnes dans leur autonomie, leurs différences et leur unicité*. La primauté des personnes et de leurs relations, voilà une préoccupation qui ne se dément pas. Et majoritairement elles expérimentent au sein de leurs engagements un enrichissement de leurs personnalités. Fidèles à leur propre vécu et à leur conscience, un grand nombre considèrent que leur existence, porteuse et créatrice de sens humain, s'avère un lieu privilégié où se vit et s'apprend la communion ecclésiale. Lieu qui doit aussi devenir une source fondamentale de réflexion chrétienne et théologique. Car comment les croyantes et les croyants peuvent-ils vouloir « faire communion » sans avoir d'abord le courage d'assumer toute leur humanité avec ses grandeurs et ses limites ? On le voit ici encore, l'avenir de l'Église est de plus en plus concerné par les pratiques des femmes. Leur mouvement entraîne une sorte de délestage des repères habituels et sécurisants qui balisent le vivre-ensemble ecclésial. Oui la communion en Église

---

88. Affirmation de Sara BUTLER, citée dans *La femme dans l'Église, op. cit.*, p. 164, note 15.

dépend du sens humain que les femmes et les hommes sont en train de fabriquer.

Affirmer la place centrale des personnes équivaut à les poser comme sujets véritables de la communauté. L'ensemble des entrevues analysées, nous l'avons signalé, parle de responsabilité de tous les membres, de lien avec le monde, de mission communautaire, de liberté chrétienne. Or prendre au sérieux, dans les faits, ces éléments ecclésiologiques majeurs crée chez les répondantes l'impatience et la détermination[89]. Pour elles, les femmes n'ont pas à être considérées par l'Église et la théologie comme « un cas particulier ». Comme personnes, elles sont — et doivent être — de droit et de fait des sujets à part entière dont la participation à la mission, à la vie et aux fonctions ecclésiales, peut aller jusqu'à l'exercice du ministère ordonné. Elles rejoignent en cela la conviction de tous ceux et celles qui refusent une ecclésiologie génératrice d'exclusion. Ecclésiologie cherchant à justifier une Église hiérarchisée et sacramentelle qui maintient un double sacerdoce « différent par nature » : le sacerdoce ordonné représentant le Christ (ou Dieu) comme masculin et actif et le sacerdoce des laïques en relation avec la communauté considérée comme féminine et passive[90].

Convaincues qu'il n'existe qu'une mission pour l'ensemble des croyants et des croyantes, la plupart des intervenantes rencontrées (spécialement celles du profil de transformation) renforcent par leurs pratiques et leur discours le travail libérateur de ceux et celles qui, en référence à la Bible, à l'histoire du christianisme, à la réflexion théologique et éthique, s'opposent au rôle biaisé et limité que l'Église accorde aux femmes. Les humains, rappelons-le, sont susceptibles de développer leurs dimensions religieuse et morale en proportion avec leur degré de liberté et de responsabilité.

---

89. Mais comme il est long encore le chemin vers la reconnaissance effective des femmes-sujets ! « Elles sont là dans le monde, dira Rita GROSS, mais on en parle comme d'un "autre" du sujet humain essayant de comprendre son monde [...], comme du problème à résoudre et non pas comme d'un co-sujet dans la tentative réciproque de compréhension de la différenciation humaine, sexuelle, et de toutes ses manifestations. » Texte repris dans *La femme dans l'Église, op. cit.*, p. 114.

90. Sur cette question voir, entre autres références, Rémi PARENT, *Prêtres et évêques. Le service de la présidence ecclésiale*, Montréal/Paris, Éditions Paulines/Cerf, 1992, spécialement les p. 102-120.

C'est pourquoi, comme le souligne Anne Carr, « le mouvement féministe a mis au premier plan de la conscience des femmes, qui inclut leur conscience dans l'Église, la signification morale importante de l'action humaine en les exhortant à valoriser leur vie d'acteurs moraux et religieux, par opposition aux attitudes passives et résignées[91] ». Dans cette foulée, les femmes engagées en Église confirment le passage d'une conception du « fidèle objet de l'évangélisation » à la « personne croyante sujet de l'activité évangélisatrice ». Rejet de l'hégémonie du clerc et valorisation de la responsabilité-en-acte des laïques[92].

Les autres : un décentrement bénéfique

Si la personne est première, c'est en fonction d'une communauté à bâtir, voilà une réalité du vécu des répondantes dont l'importance sollicite singulièrement la réflexion chrétienne et surtout la pratique de l'unité ecclésiale. Bien sûr, nous l'avons déjà signalé, le fait de vouer à chaque personne — et donc à soi-même — la reconnaissance et le respect de son humanité constitue une condition primordiale de communion. Celle-ci, comme d'ailleurs la coresponsabilité, ne peut se bâtir sur la disparition des autres. Mais il nous faut aller plus loin et voir comment la rencontre des autres[93] peut servir la tâche de l'unité ecclésiale.

Les pratiques des femmes, quelles que soient leurs configurations, mettent en perspective de façon réaliste que « les autres » nous orientent vers la découverte des possibles (ou des impossibles) de la communion ecclésiale. Ces autres (collègues, pasteurs, groupes, communautés...) ne confirment-ils pas par leurs propres choix, souvent si différents les uns des autres, que nul — *ni personne ni communauté* — n'a le droit d'absolutiser ses perceptions, ses engagements, ses décisions, ses modèles, etc? Ne

---

91. *La femme dans l'Église, op. cit.*, p. 81.
92. Pour prolonger la réflexion, de nombreuses références peuvent être mentionnées dont la suivante · Hervé LEGRAND, « La réalisation de l'Église en un lieu », dans *Initiation à la pratique de la théologie, Dogmatique II*, t. 3, Paris, Cerf, 1983, p. 143-345.
93. Le terme « autres » peut aussi renvoyer à l'altérité d'une communauté ou de communautés différentes et non pas seulement à celle des individus.

renvoient-ils pas finalement à la conscience de ses propres limites ? Ainsi, seule une relation vraie avec autrui peut permettre d'éviter la tyrannie des pratiques et des discours particuliers, qu'ils viennent des individus ou des institutions. De la même façon, seule une relation authentique avec autrui peut permettre de mesurer l'attachement réel à la tâche de la communion. Alors surgissent des visages d'Église qu'il nous paraît désormais possible de faire naître. N'est-ce pas ce que laissent percevoir les avancées soulignées par certaines intervenantes ? N'est-ce pas également ce qui les confirme dans l'importance d'habiter leurs rêves ?

Et parce que la rencontre des autres ouvre la porte à ce qu'il y a d'étranger en eux, il serait illusoire de s'attendre à une coexistence à jamais libérée des tensions et des conflits. En évoquant fréquemment ces situations, les travailleuses en Église attestent *le réalisme d'une altérité* qui inquiète, désarçonne, dérange et fait violence par son invitation au dépaysement[94]. Dépaysement par l'abandon des repères et des sécurités (mesures disciplinaires, normes, traditions...), par le renoncement au savoir cristallisé et au pouvoir centralisateur (qui infantilise ou asphyxie la communauté dans son ensemble) et, globalement, par le refus d'une unité sclérosée en uniformité. Dépaysement surtout lorsque la communion se fait solidarité avec les laissés pour compte, solidarité que *Matthieu* présente comme l'attitude fondamentale donnant accès au Royaume (25, 31-36). Tout cela fait peur. Les femmes en connaissent long à ce chapitre.

Or, on le sait, la peur entraîne moult réactions dont celle, fréquente, de chercher à réduire la gravité des questions soulevées. La rencontre prend alors habituellement l'allure d'une joute intel-

---

94. Trois profils sont ici particulièrement en cause : celui des femmes en opposition, celui des ruptures et le profil de transformation. N'est-ce pas d'ailleurs cette importante réalité du dépaysement qu'évoque Rémi PARENT, dans sa profonde réflexion sur la communion de l'Église concrète, lorsqu'il dit « que de fois, par exemple, on fuit dès que des conflits s'annoncent en proclamant qu'on n'y peut rien, que la pluralité est indépassable et que de toute façon chacun a droit à ses opinions. Mais ces agissements tiennent de la dérobade et contribuent pauvrement à alimenter une rencontre qui, en retour, serait chrétiennement valorisante pour les parties en cause », *Communion et pluralité dans l'Église. Pour une pratique de l'unité ecclésiale*, Montréal, Fides, 1980, p. 164.

lectuelle, d'une guerre de concepts ou d'un échange d'abstractions laissant toujours la possibilité de repli sur ses positions. Mais, par leurs pratiques ecclésiales, les répondantes rappellent avec lucidité qu'on ne peut, comme Église, se payer le luxe d'échanges aussi futiles en laissant la peur paralyser la vie. Oui, nous y insistons de nouveau ici, il faudra bien cesser un jour de refouler le côté obscur de nos belles intentions communionnelles. Par la force et l'ampleur de leurs récriminations, ces croyantes ne nous en laissent pas le choix.

Au contraire, si les autres, dont les femmes particulièrement, sont vraiment accueillis dans leur originalité, ils seront reconnus dans leurs responsabilités particulières, selon la couleur de leurs engagements et leurs manières de vivre la communion ecclésiale. « Il faut insister, dira une intervenante, seules ces rencontres en vérité peuvent amener les personnes, les communautés et l'institution à sortir de l'illusion d'une communion historiquement accomplie et à accepter d'être libérées par et avec d'autres. » Consentir à la pluralité exige donc un décentrement qui non seulement fait recevoir les autres « comme autres », mais favorise au maximum le déploiement de leurs différences et de leur unicité. Ce consentement est toujours trompeur s'il ne cherche pas à faire naître les individus et les collectivités à leur propre vérité. Aussi sommes-nous de plus en plus nombreux, croyantes et croyants, à partager cette affirmation de Ilse Schüllner : « [...] une Église qui se prive d'une importante participation des femmes pour sa pastorale et son ministère n'a que peu d'avenir[95] [...] ».

Enfin, recevant la mission à la fois comme un don et une tâche, la plupart des femmes interviewées inscrivent leurs pratiques dans le processus qui permet aux baptisés de se réapproprier le pouvoir correspondant à leur responsabilité. Et parce que l'accomplissement de la mission demeure lié au mode de présence de l'Église dans le monde, *elles questionnent son visage institutionnel en référence au mystère de communion qui la constitue.* À leur point de vue, le défi majeur de l'Église consiste non seulement à faire en sorte que le cadre institutionnel ne bloque pas le dynamisme de la mission, mais surtout à rendre visible, dans sa structure organisationnelle, la communion ecclésiale. Ainsi l'égalité radicale des

---

95. Ilse SCHÜLLNER, « Vers une nouvelle identité de la femme dans l'Église », dans *Communion et diaconie*, 9, 1981, p. 20.

disciples (femmes et hommes) doit-elle se refléter dans le rassemblement ecclésial jusque dans la conception et l'expression des fonctions ministérielles. Celles-ci en effet, étant relatives à l'ensemble de la communauté, englobent symboliquement les hommes et les femmes, car c'est dans l'être personnel et spirituel des humains (et non dans les différences biologiques ou physiques) que s'enracinent les rôles et les fonctions au sein de l'Église. Une telle participation des deux sexes, en plus de rendre l'Église plus véridique, enrichirait le sacrement de l'unique sacerdoce du Christ et le témoignage évangélique lui-même. Conviction qui rejoint une affirmation de la théologienne Elisabeth Schüssler Fiorenza : « Tant que les femmes chrétiennes sont exclues de l'acte de rompre le pain et de décider de leurs propres bien-être et engagements spirituels, l'*ekklèsia* comme communauté de disciples égaux n'est pas réalisée et le pouvoir de l'Évangile est fortement affaibli[96]. »

Il nous reste à espérer que l'expérience des femmes soit mise à profit pour corriger les lacunes du visage de l'Église et de son ministère et ce, dans la perspective du Nouveau Testament comme dans le prolongement du renouvellement suscité par Vatican II. Alors la réalité institutionnelle de l'Église se laisserait mesurer et juger par son mystère qui est communion des femmes et des hommes dans le Christ. L'institution deviendrait un signe authentique de cette communion.

N'est-ce pas d'ailleurs l'interpellation commune à laquelle nous renvoient les trois catégories déployées dans ce chapitre ? En effet, la première questionne la théologie de l'appel et des ministères, la deuxième interroge l'Église dans sa pratique missionnaire et la troisième interpelle l'institution ecclésiale dans sa réalité communionnelle.

C'est aussi une même invitation au passage qui ressort des trois catégories, chacune nous montrant les femmes interviewées en situation de changement. Ainsi, dans l'appel, nous les voyons disposées à vivre autrement les ministères. Dans l'acculturation, elles cherchent à relever les défis du changement que comporte l'évangélisation dans le monde contemporain. Dans l'interdépendance, elles travaillent à établir les conditions nécessaires pour qu'advienne dans les faits la communion ecclésiale.

---

96. E. Schüssler Fiorenza, *En mémoire d'elle*, *op. cit.*, p. 470.

Comment ne pas reconnaître dans cette double réalité de l'interpellation et du passage la conséquence inhérente à l'accueil de l'Évangile ? Voilà pourquoi nous affirmons que ces chrétiennes sont *en-acte-de-réception*.

CHAPITRE 5

LA RÉCEPTION

UNE CLÉ D'INTERPRÉTATION
DES PRATIQUES PASTORALES DES FEMMES

L'analyse des pratiques des femmes a révélé que la mission est au cœur de leurs engagements. Cela étant largement démontré, nous soutenons maintenant que ces femmes sont des sujets actifs de la réception. Qu'est-ce à dire ? Répondre à cette question constitue l'objet du présent chapitre. Cependant chacune des catégories, à sa manière, a déjà fait émerger l'une ou l'autre dimension de la réception.

En effet, c'est en raison de leur accueil de l'Évangile que les travailleuses en Église parlent d'*appel*. C'est pour transmettre ce même Évangile reçu qu'elles ont le souci de *pratiques acculturées*. Enfin, conscientes que la mission appartient à l'ensemble des chrétiens et des chrétiennes, ces femmes vivent l'*interdépendance* comme une exigence incontournable du NOUS ecclésial. Or, la théologie actuelle, en faisant ressortir les aspects fondamentaux de l'être-ecclésial, ne parle pas autrement de la réception. Celle-ci ne signifie-t-elle pas « d'abord et avant tout "réception" du Christ, conversion au Christ » ? N'est-elle pas « œuvre de l'Esprit qui nous conduit vers la vérité tout entière[1] » ? En rapport avec ce sens premier, la réception est définie comme « l'acte par lequel le

---

1. Déclaration du SECRÉTARIAT POUR L'UNITÉ DES CHRÉTIENS, citée par Thomas RYAN, « Démystifier ce nouveau mot sacré : réception », dans *Œcuménisme*, 72, 1983, p. 29.

peuple chrétien, le peuple de Dieu [...] reconnaît son bien et reconnaît qu'une décision est pour lui un apport de vie[2] ».

La réception, comme accueil de l'Évangile ou comme acceptation d'une décision de l'autorité ecclésiale, décrit le processus inhérent à la formation de l'Église, à sa croissance à travers les siècles. Aussi, en ecclésiologie, la réception représente-t-elle un concept majeur. L'importance de nous l'approprier comme clé d'interprétation des pratiques pastorales s'impose alors d'emblée. Encore faut-il pour cela être en mesure de la rendre opérationnelle. C'est là un défi à relever puisqu'en raison de l'ampleur et de la complexité du phénomène il est difficile, voire impossible d'après des spécialistes, de parvenir à une analyse exacte du processus de la réception[3]. Nous estimons, pour notre part, avoir réussi à relever le défi. En explicitant, au chapitre précédent, les réalités de l'appel, de l'acculturation et de l'interdépendance, n'avons-nous pas fait la démonstration de l'existence de catégories capables de rendre opérationnel le processus de la réception ? Des catégories descriptives

---

2. Yves CONGAR, « Débat », dans *Église infaillible ou intemporelle ?*, Paris, Centre des Intellectuels français/Desclée De Brouwer, 1973, p. 87. Une année plus tôt, cet auteur avait donné une autre version du terme : « Par "réception" nous entendons ici le processus par lequel un corps ecclésial fait sienne en vérité une détermination qu'il ne s'est pas donnée à lui-même, en reconnaissant, dans la mesure promulguée, une règle qui convient à sa vie », « La "réception" comme réalité ecclésiologique », dans *Revue des Sciences philosophique et théologique*, 56, 1972, p. 363-403. Une version abrégée de cet article, un classique dans le domaine, a été publiée dans *Concilium*, 77, 1972, p. 51-72. Faut-il souligner que depuis 1958 le célèbre dominicain avait commencé à réintroduire dans l'ecclésiologie ce thème de la réception ? D'ailleurs, des auteurs lui attribuent la paternité de ce concept dans la théologie catholique contemporaine; voir *La réception d'un concile, op. cit.*, p. 29.

3. Michael J. SCANLON écrit à ce sujet : « As the gift of the Spirit in the whole Body of Christ, *reception is a reality of the pneumatic order. It resists understanding in terms of neat categories.* It can be described as a communal *phronesis* [intelligence, sagesse] which guides a pneumatically empowered communal *praxis* of discipleship », « Catholicism and Living Tradition : The Church as a Community of Reception », dans Patrick J. HEWELL et Gary CHAMBERLIN (ed.), *Empowering Authority. The Charism of Episcopacy and Primacy in the Church Today*, Kansas City, Sheed and Ward, 1990, p. 3. Alors que G. ROUTHIER rapporte les propos d'auteurs montrant que la définition opérationnelle du processus de la réception reste à venir, *La réception d'un concile, op. cit.*, p. 68-69.

d'autant plus précieuses qu'elles sont intrinsèquement liées au phénomène de l'accueil du message évangélique dans la vie des personnes et dans celle de la communauté ecclésiale.

Il nous reste donc, dans un premier temps, à déployer la richesse de ce concept. Nous le ferons d'abord en retraçant brièvement l'historique de son usage ecclésial. Nous verrons ensuite comment ses composantes majeures sont déjà présentes dans les pratiques pastorales des femmes. Enfin, dans un second temps, nous montrerons que le processus de réception génère un mode d'interpellation qui devient une véritable méthode de confrontation.

LE DÉPLOIEMENT
DU CONCEPT DE RÉCEPTION

Loin de nous la prétention de vouloir traiter *ex professo* du concept de réception. Il s'agit plutôt ici de livrer quelques réflexions susceptibles de faire percevoir à quelle profondeur se situe la réalité ecclésiologique de la réception[4]. Et d'abord un mot sur la redécouverte de ce thème en ecclésiologie.

La redécouverte du concept

Le thème de la réception présent dans plusieurs disciplines (l'histoire littéraire, la sociologie et le droit, entre autres) est revenu avec force dans la littérature théologique récente[5]. Pratiquement

---

4. Cf. Y. CONGAR « La "réception" comme réalité ecclésiologique », *loc. cit.*

5. G. ROUTHIER donne plus de deux cents titres d'ouvrages, livres et articles dans la bibliographie de son livre *La réception d'un concile, op. cit.*, p. 243-261. Le concept de réception qui concerne d'abord la sociologie de la culture est aussi considéré comme un concept majeur par les historiens du droit en Allemagne. De même, dans ce pays, l'école de Constance compte parmi ses théoriciens de l'histoire littéraire Hans Robert JAUSS reconnu pour ses travaux portant sur l'esthétique de la réception. Une traduction française livre l'essentiel de ses études sur cette question, *Pour une esthétique de la réception*, Paris, Gallimard, 1990.

occulté de la réflexion, le concept ancien de la réception refait surface durant les années 70. Deux situations ecclésiales contemporaines expliquent sa soudaine émergence : la tenue du Second Concile du Vatican (1962-1965) et l'avancée de l'œcuménisme dans l'Église[6]. Aussi parler de la redécouverte du concept plutôt que de sa nouveauté s'avère-t-il beaucoup plus exact[7]. Cela est d'ailleurs confirmé par le fait que l'on puisse évoquer son histoire dans la tradition théologico-canonique.

Dès les premiers siècles, le concept de réception désigne le processus par lequel les différentes communautés ecclésiales accueillent, grâce à l'envoi de lettres synodales, les décisions d'un synode local ou régional. La réception implique donc le procédé d'échanges entre les Églises, lequel exprime éloquemment leur souci d'ecclésialité. Car une Église particulière n'est authentiquement Église qu'en communion avec les autres Églises locales. Puis, avec l'avènement des conciles œcuméniques au IVe siècle, le terme sert davantage à décrire le processus par lequel l'autorité s'assure, après de longues et parfois pénibles discussions, de la réception des décisions d'un concile par un autre, et ensuite de la réception des décisions conciliaires par le peuple de Dieu[8]. Dans

---

D'ailleurs G. ROUTHIER reconnaît que la théologie gagnerait à fréquenter cette école littéraire, laquelle pourrait l'aider à mieux définir les mécanismes de la réception dans la communauté ecclésiale (cf. p. 235-236). Un article récent d'Ormond RUSH vient illustrer cette possible contribution dans la manière de comprendre le développement du dogme, « Reception Hermeneutics and the "Development" of Doctrine », dans *Pacifica*, 6, 1993, p. 125-140.

6. Dans le contexte de l'œcuménisme, la réémergence de l'idée de réception comme concept de base apparaît lors des consultations (Oxford en Angleterre, Badgastein en Autriche) sur les conciles de l'Église primitive et lors des recherches provoquées par Foi et Constitution dans les années 1965-1966. L'idée aurait percé officiellement lors de la réunion de la commission Foi et Constitution à Louvain en 1971, cf. Jean-Marie R. TILLARD, *Église d'Églises*, Paris, Cerf, 1987, p. 156, note 106.

7. G. ROUTHIER rapporte des opinions qui font la preuve d'une ignorance au sujet de l'usage du concept dans le passé : « La "réception" au sens théologique et ecclésiologique est un concept extrêmement jeune », déclare Hermann Fischer; ou encore Johannes Bauer : « Le terme "réception" est aussi nouveau que le processus qu'il décrit est ancien », *La réception d'un concile, op. cit.*, p. 16.

8. Cf. Ulrich KUHN, « Reception : An Imperative and Opportunity », dans *Ecumenical Perspectives on Baptism, Eucharist and Ministry*. Edité par

ce contexte, et durant tout le premier millénaire de l'ère chrétienne, le sens technique du mot réception vise surtout « l'exercice de l'autorité en matière de doctrine de foi, surtout quand il s'agit d'accueillir des expressions nouvelles de la tradition[9] ».

Toutefois, c'est dans le domaine du droit canonique que l'on fera un usage plus large de ce concept. La doctrine au sujet de la réception du droit a sa première formulation claire dans le *Décret de Gratien* (1140). Si des lois sont instituées lors de leur promulgation, leur confirmation dépend de leur approbation par les membres du peuple de Dieu qui les mettent en pratique. On le voit, une sorte d'autorité extrinsèque, celle du peuple, est reconnue à côté de l'autorité intrinsèque détenue par les législateurs. Pour être efficace, la législation doit composer avec la réalité de la réception. En faire l'économie équivaudrait à risquer l'échec. Dans une telle optique, la non-réception apparaît comme « un signe éventuel d'inadéquation de la loi[10] ».

Max THURIAN, (coll. « World Council Churches Studies », 116), Genève, World Council Churches, 1983, p. 166-167. C'est une histoire complexe que celle de la réception des conciles. « La foi de Nicée n'a été "reçue" et totalement qu'après 56 ans de démêlés ponctués de synodes, d'excommunications, d'exils, d'interventions et de violences impériales. [...] Le concile de Constantinople de 381 a marqué la fin des querelles », Y. CONGAR, « La "réception" comme réalité ecclésiologique », *loc. cit.*, p. 372.

9. Ion BRIA, « La "réception" des résultats des dialogues », dans *Les dialogues œcuméniques hier et aujourd'hui*, (coll. « Études théologiques », 5), Chambéry-Genève, Éditions du Centre orthodoxe du Patriarcat œcuménique, 1985, p. 289.

10. La non-réception représente alors un aspect positif puisqu'elle ne signifie pas en soi une opposition à l'autorité intrinsèque comme le fait remarquer Geoffrey KING dans son article « Réception, consensus et droit ecclésiastique », dans *Concilium*, 243, 1992, p. 50. Faut-il préciser que la validité ne dépend pas totalement du consensus ou de la volonté du peuple, par contre sans ce consensus une loi n'a pas à être gardée. Ce principe est même reconnu dans le Droit canonique romain, cf. Anton HOUTEPEN, « Reception, Tradition, Communion », dans *Ecumenical Perspectives on Baptism, Eucharist and Ministry, op. cit.*, p. 145. Il existe des exemples contemporains de non-réception : la Constitution apostolique de JEAN XXIII *Veterum sapientia* (1962) pour le développement de l'étude du latin; l'Encyclique de PAUL VI *Humanae vitae* (1968) sur les moyens artificiels de contraception; plus près de nous, la directive contenue dans le Motu proprio *Ministrae quaedam* (1972) interdisant aux femmes d'être préposées à l'autel lors de célébrations eucharistiques. À l'occasion de la visite du Pape Jean-Paul II au Canada, le

L'importance reconnue à l'autorité du peuple expliquerait-elle la disparition, dès la fin du XVIIᵉ siècle, de la réception dans la discussion canonique ? Toujours est-il que la réception réapparaît dans le nouveau *Code de Droit canonique* à la suite de son utilisation par le Concile Vatican II, mais c'est au seul profit de la fonction du Pape qu'elle est officiellement retenue. La Constitution sur l'Église *Lumen gentium* affirme « qu'il ne peut y avoir de concile œcuménique qui comme tel ne soit confirmé ou au moins *reçu* par le Successeur de Pierre » (nº 22). De même, le pape peut appeler les évêques à exercer une action collégiale et ainsi *recevoir librement* l'action conjointe des évêques. Le nouveau Code passe sous silence la question d'un concile œcuménique et ne retient que l'action collégiale « librement reçue » par le Pape (can. 341, § 2).

Pourtant, la même Constitution ouvre sur une perspective plus large la réalité de la réception et ce, à l'avantage de l'ensemble du peuple de Dieu :

> Il s'agit du nº 12 qui traite du *sensus fidei* et des charismes de l'ensemble du peuple de Dieu. Rappelons-en le passage central : « L'universalité des fidèles qui ont l'onction du Saint-Esprit ne peut faillir dans l'acte de croire; ce don particulier qu'elle possède, elle le manifeste par le moyen du sens surnaturel de la foi qui est celui du peuple tout entier, lorsque "des évêques jusqu'aux derniers des fidèles laïcs", elle apporte aux vérités concernant la foi et les mœurs un consentement universel[11]. »

D'autres textes conciliaires viendront d'ailleurs renforcer la perspective d'un peuple de Dieu sujet de la réception. Perspective même de l'ecclésiologie de communion qui sera reprise comme constitutive de la théologie actuelle de la réception. Quant au *Code de Droit canonique*, il ne semble aucunement retenir le concept de réception par l'ensemble du peuple de Dieu. Même « les mots "sensus fidei" qui sont à la racine de la réception ne se trouvent nulle part dans ce même code. Sur ce point donc le Code de 1983 n'a pas "reçu" Vatican II[12] ». Affirmation lourde de conséquences,

monde entier a pu constater, grâce aux images télévisées, la non-réception de cette directive par l'Église canadienne.

11. Emmanuel LANNE, « La notion ecclésiologique de réception », dans *Revue théologique de Louvain*, 25, 1994, p. 35 [30-45].

12. *Ibid.*, p. 36.

il va sans dire. Heureusement la théologie actuelle, poursuivant la réflexion, met spécialement en lumière le rôle actif des chrétiens et des chrétiennes dans le processus de la réception. De plus, elle s'enrichit de la contribution novatrice qui découle des dialogues œcuméniques.

En effet, depuis quelques années, le terme réception est devenu le mot-clé de l'œcuménisme contemporain, un mot « sacré », écrit Thomas Ryan[13]. La publication d'accords survenus entre diverses commissions œcuméniques[14] soulève l'importante question de leur réception par les différentes confessions chrétiennes. En plus du problème d'autorité que sous-tendent ces accords — et dont on n'a pas à traiter ici — se trouve posé celui de la méthodologie.

Ainsi, la pratique œcuménique oblige à penser autrement le processus de la réception. Si autrefois celle-ci exprimait l'unité ecclésiale, aujourd'hui le processus met en présence des partenaires de traditions différentes en quête précisément de cette unité. S'impose alors la nécessité d'inventer une méthodologie. Car, pressées par le souci impérieux de garder intacte la foi apostolique reçue, les Églises interrogent leurs interprétations de la Tradition. Dans ce contexte, on parle d'« une méthode de légitimation » qui est aussi « une méthode de confrontation[15] ». Nous le voyons, l'interpellation réciproque des Églises au moyen de cette méthode devient chemin de conversion. Chaque Église est invitée à revoir ses interprétations en référence à l'Évangile et à relativiser certaines de ses traditions, lesquelles sont plus redevables au contexte historique qui les a suscitées qu'au message évangélique lui-même.

---

13. Th. RYAN, « Démystifier ce nouveau mot sacré : réception », *loc. cit.*, p. 28.

14. À cet égard, le texte de Lima, *Le Baptême, l'Eucharistie et le Ministère* — désigné le plus souvent par les lettres *BEM*— de la COMMISSION FOI ET CONSTITUTION du Conseil œcuménique des Églises, apparaît comme une belle réussite au point de dire qu'il « se présente lui-même comme le moment actuel de la foi apostolique, communément reçue et proclamée », comme le reconnaît Th. RYAN, « Démystifier ce nouveau mot sacré : réception », *loc. cit.*, p. 31.

15. Cf. I. BRIA, « La "réception" des résultats des dialogues », *op. cit.*, p. 287-288. L'auteur soutient qu'il faut créer une méthodologie théologique de convergences qui cherche à exprimer la foi commune de l'Église une et catholique, p. 291.

Enfin, il faut encore souligner que la résurgence du concept de réception va de pair avec la redécouverte de l'ecclésiologie de communion. Pourrait-il en être autrement puisque l'Évangile se retrouve au cœur de ces deux phénomènes interreliés ? Le premier conditionne le second : la communion en Église passe par la réception de l'Évangile du Christ. Cette affirmation nous conduit d'emblée au prochain développement.

Théologie actuelle de la réception

Vivre en cohérence avec l'Évangile reçu, telle est bien la logique qui sous-tend l'ecclésiologie de communion, laquelle cherche à rendre compte de l'accueil de la Parole de Dieu dans la vie de la communauté croyante. Nous pouvons déjà entrevoir que la réception comme concept ecclésial renvoie à une réalité complexe que nous présenterons sous trois angles : elle est un fait constitutif de communion, un processus et l'acte-d'un-peuple. Voilà ce que les pratiques des femmes nous ont aussi donné de vérifier.

La réception : un fait constitutif de communion

La réception décrit autant le phénomène de la naissance de l'Église que sa consolidation à travers le temps et l'espace. En effet, de la réception de l'enseignement et de la pratique de Jésus est née la communauté des disciples du Christ. Mais si l'Église vient du Galiléen, elle est aussi née de l'événement pascal, c'est-à-dire de l'accueil de l'Esprit du Christ glorifié. Et on ne peut parler réellement d'Église qu'à partir de ce moment où la communauté réunie se voit aussi mandatée pour annoncer le Règne du Christ et, à travers cette proclamation, poursuivre l'annonce du Règne de Dieu inauguré par Jésus au cœur de son action libératrice (*Luc*, 4, 18; *Matthieu* 25, 31-46)[16]. Ainsi ce qui préside à la naissance de l'Église et la maintient dans l'être, ce n'est pas l'application d'une doctrine, mais une structure de tradition et de

---

16. Y. BERGERON synthétise très bien les recherches sur la double origine de l'Église dans *Partenaires en Église, op. cit.*, p. 44-49.

réception : « C'est sous cette forme de relation qu'est constituée l'Église[17]. »

Or, par *la catégorie de l'appel* notamment, nous voyons comment les femmes engagées en Église illustrent concrètement le processus de la réception. Nous l'avons abondamment souligné, c'est Jésus le Christ et son Esprit qu'elles reçoivent à nouveau aujourd'hui. Cette re-réception, pour reprendre une expression employée dans le milieu œcuménique, se vérifie de façon existentielle dans leur souci de la mission ecclésiale et de son accomplissement authentique. N'est-ce pas d'ailleurs ce primat de la mission qui ressort des pratiques pastorales des femmes ? Et parce que la réception décrit l'« être et la mission de l'Église », elle est un fait de communion.

Pour comprendre cette affirmation, il faut remonter à la source de la communion : la mission reçue de l'Esprit. Le mot communion, comme nous l'avons déjà rappelé, ne vient pas d'abord des termes *cum* (avec) et *unio* (union), mais bien de *cum* et *munus* (tâche). La communion signifie en premier lieu : prendre part à la tâche. Ce sens du mot rejoint la signification du terme grec *koinônia* : action d'avoir en commun, de participer. Que l'union des cœurs s'ensuive, rien de plus normal, de plus désirable ! Mais cette union des cœurs ne précède pas la tâche, elle en exprime une conséquence. Force est de constater que c'est la tâche, donc la mission, qui met ensemble des personnes et fonde ainsi la communion. Le fait d'avoir accueilli la Bonne Nouvelle du Ressuscité rend donc femmes et hommes partenaires d'une même tâche et les constitue en « communauté de réception », suivant l'expression de Michael J. Scanlon[18].

Ici encore, une autre catégorie, celle de l'*interdépendance*, vient illustrer l'affirmation précédente. Elle le fait en rendant compte de la réalité d'un NOUS ecclésial responsable d'une unique mission. Les femmes, avons-nous montré largement, comprennent que la communion ne peut s'accomplir que dans le processus des rapports d'interdépendance. Interdépendance inscrite dans l'être ecclésial lui-même et qui renvoie au partenariat comme une

---

17. *La réception d'un concile, op. cit.*, p. 210.
18. M. SCANLON, « Catholicism and Living Tradition : The Church as a Community of Reception », *op. cit.*, p. 1-16.

manière d'être et de vivre en Église. Voilà ce que les pratiques pastorales des femmes entendent à la fois traduire et revendiquer. Aussi pouvons-nous affirmer que le partenariat, loin d'être une concession à la mentalité contemporaine, trouve dans la mission son fondement théologico-ecclésiologique. L'ecclésiologie du partenariat est l'ecclésiologie de communion. Et seule une ecclésiologie de communion de type missionnaire peut respecter en tous points l'égalité des chrétiens et des chrétiennes. Car les ecclésiologies de communion de types eucharistique et trinitaire, commandées par une vision hiérarchique de l'Église, ne peuvent le prétendre. Pour cette raison, entre autres, l'ecclésiologie de communion de type missionnaire a de l'avenir. Plus encore, elle est celle de l'*avenir*. D'où l'urgence de la faire *advenir*[19].

La réception : un processus

Fait constitutif de communion, la réception n'a rien d'une réalité statique. Elle est un processus continuel qui touche la Tradition, les rapports Monde/Église et, ultimement, elle devient un processus de conversion.

Nous l'avons vu, la réception implique non seulement l'accueil de la Bonne Nouvelle de Jésus Christ, mais aussi sa transmission tout au long de l'histoire. Et c'est à cette source que l'Église puise sa notion de Tradition. Aussi souscrivons-nous au point de vue de la théologienne américaine, Letty Russell, qui soutient que « *la Tradition est la Mission*[20] ». Tradition qui désigne essentiellement l'accueil continu de l'événement Jésus ressuscité dans l'histoire. En d'autres termes, la Tradition n'est-elle pas « ce mouvement

---

19. Voir Yvonne BERGERON, Micheline LAGUË, « Partenariat intégral : l'à-venir d'une réalité », dans *Femmes et Hommes en Église. Partenaires autrement*, Colloque œcuménique international 1991, Livre des communications, Paris, 1992, p. 32-41.

20. L'auteure continue et précise sa pensée : « L'origine de la tradition remonte à l'action missionnaire de Dieu envoyant le Christ. L'objet de cette action est le Christ lui-même. Le moyen par lequel tous participent à la tradition consiste pour chacun à recevoir et accueillir le Christ », Letty RUSSELL, *Théologie féministe de la libération*, Paris, Cerf, 1976, p. 91-92.

incessant de transmission de l'Évangile à travers les âges, par lequel l'Église ne cesse de recevoir et de donner[21] » ? Et parce qu'un processus se vit toujours au présent, il n'y a pas de transmission fixée sur un passé : la Tradition est fondamentalement vivante. En conséquence, elle exige une réinterprétation tout au long de l'histoire, l'interprétation de la foi n'étant jamais achevée. Sous l'action de l'Esprit qui conduit l'Église vers la vérité (*Jean* 16, 13), la Tradition ouvre sans cesse un espace de nouveauté et de créativité.

Sur cet horizon de la Tradition s'insèrent des traditions particulières, c'est-à-dire des pratiques concrètes, circonstanciées selon les époques, que le magistère établit en référence à la Tradition vivante et pour mieux réaliser la mission historique de l'Église. Ces traditions peuvent et doivent être modifiées, et même disparaître au nom d'une plus grande fidélité à l'Évangile. Qu'on se souvienne, par exemple, de Paul qui rejetait l'obligation d'observer les prescriptions rituelles juives pour les non-Juifs. Pierre, de son côté, voulait les maintenir comme une condition d'entrée dans la communauté chrétienne. Jésus lui-même ne les avait-il pas observées ? Devant la gravité de la question, la communauté de Jérusalem fut convoquée et donna raison à Paul (cf. *Actes*, 15, 28). Qu'on se souvienne également, plus près de nous, de la suppression, par les autorités ecclésiales, de la loi de l'abstinence du vendredi. On le voit, c'est dans une fidélité créatrice à sa mission et dans une recherche de vérité plus totale[22] que l'Église est constamment appelée à réinterpréter ses traditions. L'innovation est donc inhérente à la vitalité de l'Église. N'est-ce pas d'ailleurs la logique de la loi de l'incarnation ?

N'est-ce pas également pour entrer dans cette logique que les femmes interviewées font état des défis posés par la rencontre entre la culture contemporaine et l'Évangile ? La catégorie de *l'acculturation* montre concrètement que les femmes mettent en corrélation l'expérience chrétienne fondamentale présentée dans le Nouveau Testament et l'expérience vécue par les humains d'aujourd'hui. Elles réalisent aussi, parfois douloureusement, l'inadéquation de certaines traditions : disciplines, lois, structures... Rien d'étonnant alors que

---

21. Bernard SESBOÜÉ, « Tradition et traditions », dans *Nouvelle Revue Théologique*, 112, 1990, p. 574.
22. Cf. B. SESBOÜÉ, « Tradition et traditions », *loc. cit.*, p. 583.

l'urgence d'une réinterprétation ressorte avec autant de force non seulement de leurs discours, mais aussi de leurs pratiques. Ne pas recevoir leur interpellation, c'est risquer de trahir la mission, qui consiste à « transmettre la réalité vivante de la Parole divine, destinée à des hommes [et à des femmes] de contextes historiques différents[23] ». Telle est ultimement la portée de la réalité de la réception dans l'Église. Ces affirmations nous conduisent directement à la question suivante : qui est sujet de la réception ?

La réception : acte-d'un-peuple

Nous avons affirmé que la réception est un fait constitutif de communion. Et, parce que les femmes et les hommes qui accueillent l'Évangile sont mis ensemble pour une même mission, il faut en conclure que *tout le Peuple de Dieu, animé d'un même Esprit, est sujet de la réception*[24]. Cela implique qu'il ait une part active dans l'interprétation de la Parole de Dieu, laquelle, comme l'a rappelé Vatican II, est confiée avant tout à l'Église tout entière, à la *catholica*, comme Corps du Seigneur, comme Peuple de Dieu à travers le temps et l'espace[25]. Cela implique aussi qu'il soit tout autant actif dans la mise en œuvre des décisions conciliaires et des enseignements du magistère ordinaire. La même réalité peut d'ailleurs jouer dans les cas d'une non-réception, rendant ainsi inopérantes les lois formulées. La théologie actuelle de la réception, nous le voyons, insiste davantage sur la part active prise par les laïques dans l'interprétation de ce qui leur est proposé. Ce faisant, elle rompt avec une compréhension qui réduisait la réception à une attitude plutôt passive des baptisés : obéir aux directives des autorités.

---

23. Jean-Marie AUBERT, *L'exil féminin*, Paris, Cerf, 1988, p. 231.
24. Cf. Hermann J. POTTMEYER, « Vers une nouvelle phase de réception de Vatican II. Vingt ans d'herméneutique du Concile », dans *La réception de Vatican II*, édité par Giuseppe ALBERIGO et Jean-Pierre JOSSUA, Paris, Cerf, 1985, p. 46. William G. RUSH écrit : « All stages of reception involve the who baptised people of God with their sense of faith (*sensus fidelium*), the "sense of the faithful believers" », « Reception. An Ecumenical Opportunity », dans *Lutheran World Federation Report*, 22, 1988, p. 60.
25. Cf. La Constitution dogmatique *La Révélation divine*, **Dei verbum**, n° 10.

Or, *parties prenantes du Peuple de Dieu, les femmes sont de droit et de fait des sujets à part entière.* Dans l'Église, « c'est par le baptême qu'on obtient la personnalité juridique[26] ». Rien ne justifie que les femmes soient considérées comme un cas d'espèce ainsi que le sous-tend « la théologie de la femme[27] » préconisée par les autorités ecclésiales. Le vécu ecclésial des femmes s'avère porteur de signification pour toute l'Église. Aussi doivent-elles être entendues afin que le service de la Parole soit mieux accompli. Afin également que soient tirées les conséquences des déclarations conciliaires sur la vocation baptismale comme source de toutes les vocations, sur l'égalité, la dignité, la sainteté et la mission. Ces dernières affirmations, en exprimant déjà les interpellations qui montent du vécu des femmes engagées en Église, nous obligent à pousser plus loin la réflexion en établissant le bien-fondé du droit de ces chrétiennes à être entendues.

---

26. Joseph RATZINGER, « Démocratisation de l'Église ? », dans Joseph RATZINGER et Hans MAIER, *Démocratisation de l'Église. Possibilités, limites, risques,* Paris/Montréal, Apostolat des Éditions/Éditions Paulines, 1971, p. 44.

27. L'élaboration d'une « théologie de la femme » par des théologiens commence avec les années 50. Une théologie discourant sur la nature de la femme se concentre sur un point précis : la femme est faite pour être mère. C'est là sa dignité, sa vocation, sa mission. Il nous semble que le courant « spiritualiste » qui traverse actuellement les écrits de certaines femmes prend le relais de cette théologie. Au nom d'une anthropologie différentielle, fondée toutefois sur la reconnaissance d'une unique nature humaine, la féminité est exaltée au point d'« affirmer que la femme, dans sa relation à Dieu spécialement, est établie dans un rapport de supériorité vis-à-vis de l'homme ». Faut-il alors se surprendre que l'auteure de cette citation, Janine HOURCADE, ait intitulé le chapitre 3 de son volume : « Le sexe féminin, le sexe religieux », dans *Pourquoi la femme ?,* Paris, Desclée, 1992, p. 57-74. La citation se retrouve à la p. 58. Dans le cas présent, l'expression « dérive de la féminité » employée par Suzanne TUNC s'applique très bien. Cf. *Féminité et ministère,* Paris, Femmes et Hommes en Église, 1994.

LE FONCTIONNEMENT INVERSÉ
DE LA RÉCEPTION :
LE DÉFI DE LA CONFRONTATION

L'accueil réservé présentement dans l'Église à la notion de réception indique que l'on assiste à de profonds changements dans la manière de comprendre l'Église comme communion[28]. Sans prétendre que les femmes sont au fait des théories portant sur la réception, nous constatons qu'elles vivent au quotidien la réalité visée par le concept. Leurs engagements découlent de l'Évangile reçu. Tout est là ! Toujours revenir à la Parole de Dieu, la réentendre, la réactualiser, la dire *autrement*. Voilà ce que les travailleuses en Église affirment sur tous les tons. *Femmes de Tradition*, elles interpellent les autorités ecclésiales car, entre les exigences évangéliques et leurs réalisations dans le temps, entre le contenu des discours officiels et les pratiques concrètes de l'institution, un large écart existe toujours. Faut-il alors s'étonner que les pratiques des femmes questionnent certaines interprétations de la Tradition ? L'*interpellation* prendra toute sa place dans la communauté ecclésiale si on l'accepte comme un acte légitime de l'autorité reconnue aux chrétiens et aux chrétiennes. Qu'est-ce que cela suppose ?

Le fondement de l'autorité du peuple chrétien

La structure pyramidale de l'Église romaine masque une donnée importante du vivre-ensemble ecclésial, à savoir : « le peuple catholique est le sujet actif et autorisé de la foi exprimée[29] ». En effet, aussi bien chez ses responsables que chez les autres membres de l'Église, perdure l'idée que seul le clergé, notamment les évêques en communion avec le pape, est habilité à interpréter les données de la foi. Pourtant, la légitimité d'une autorité des croyantes et des

---

28. Cf. Michael J. HIMES, « The ecclesiological significance of the reception of doctrine », dans *Heytrop Journal*, 23, 1992, p. 156.

29. Christian DUQUOC, « Le peuple de Dieu, sujet actif de la foi dans l'Église », dans *Concilium*, 200, 1985, p. 95.

croyants en cette matière est bien fondée. Reconnaître une part active aux fidèles dans l'interprétation de la Tradition découle de la *réception* du baptême, qui est le sacrement du don de l'Esprit et de l'incorporation à l'Église. D'où l'affirmation que le peuple a une autorité d'enseignement. Cette autorité exprime une harmonique du « sens de la foi » (*sensus fidei*), lequel s'entend comme « une capacité de percevoir la vérité de la foi et de discerner son contraire[30] ». Il s'agit

> [d'] un libre charisme appartenant à tous les membres de l'Église, charisme d'accord intérieur avec l'objet de la foi, en vertu duquel l'Église dans sa totalité, qui s'exprime dans le consensus de la foi, connaît l'objet de foi et le confesse dans le concret de la vie, en consonance constante avec le magistère ecclésial[31].

Cette sorte de jugement instinctif concernant le contenu de la foi, qui pourtant n'est pas un instinct mais bien un mode particulier de connaissance[32], appartient à toute personne qui croit à la révélation de Dieu.

Cet ensemble d'affirmations globales et valables pour toute la communauté croyante ne dénie pas cependant l'existence de fonctions particulières dans l'Église. Fonctions ministérielles diversifiées dont l'objectif consiste à accompagner le peuple de Dieu dans sa manière de comprendre et de vivre l'Évangile. Trouve ici sa place et sa raison d'être, par exemple, la fonction magistérielle de l'Église assumée par le pape et les évêques[33]. Celle-ci toutefois ne doit jamais s'exercer comme un monopole : elle doit, au contraire, toujours composer avec le « sens des fidèles » (*sensus fidelium*). Ce « sens » relève de « l'expérience

---

30. Salvador PIÉ-NINOT, « Sens de la foi », dans *Dictionnaire de théologie fondamentale, op. cit.*, p. 1248. L'expression « sens de la foi » a été forgée par la scolastique du XIIIe siècle.

31. Définition de W. Beinert et citée par Herbert VORGRIMLER, « Du "sensus fidei" au "consensus fidelium" », dans *Concilium*, 200, 1985, p. 14.

32. Point de vue de M. Seckler repris par Henrich FRIES dans son article « Existe-t-il un magistère des fidèles ? », dans *Concilium*, 200, 1985, p. 107.

33. Il va sans dire que, pour nous, le fait de reconnaître le bien-fondé du magistère n'implique aucunement que cette autorité pastorale officielle doive prendre la forme pyramidale. L'ecclésiologie de communion telle qu'entrevue dans ces pages a déjà montré comment la réalité du « partenariat » donnerait de concevoir autrement la structure de l'Église.

de l'Évangile dont il représente comme le commentaire par la vie[34]». Ne l'oublions pas, ce qui est fondamentalement normatif dans l'Église, ce n'est pas l'autorité magistérielle, mais le dépôt confié[35], c'est-à-dire l'Évangile :

> le fondement tant de la vie revêtue d'autorité de la communauté croyante que de l'autorité ministérielle qui s'y exerce est la Seigneurie de Jésus Christ qui gouverne l'Église par son Pneuma, qui est le Pneuma de Dieu[36].

C'est dire que tout pouvoir-autorité s'inscrit dans la visée même de l'action de Jésus : la libération intégrale de l'être humain. Resitué dans la perspective néo-testamentaire, le pouvoir-autorité se conçoit d'abord et avant tout comme un « service de la vie ». Nous rejoignons en cela ce que les femmes expriment quand elles parlent de ministères.

Or, parce que n'existe pas ce rapport d'interdépendance entre l'autorité du magistère et l'autorité du peuple dans l'Église, certaines décisions prises par les dirigeants apparaissent souvent déconnectées des réalités concrètes vécues par les femmes et les hommes. De ce fait, des malaises surgissent, des voix s'élèvent, des protestations se multiplient, des résistances s'accentuent jusqu'à en arriver à la non-réception, c'est-à-dire au refus de faire sien un enseignement venu d'en haut. En ces diverses manifestations, les dirigeants des communautés chrétiennes se voient interpellés au nom même de l'Évangile reçu. N'est-ce pas d'ailleurs dans ce sens que les travailleuses demandent à être entendues ? Ce faisant, elles exercent un droit rattaché au processus même de la réception — processus dont la dimension bidirectionnelle doit être soulignée.

---

34. Jean-Marie R. TILLARD, « Théologie et vie ecclésiale », dans *Initiation à la pratique de la théologie. Introduction*, t. 1, Paris, Cerf, 1982, p. 163. La notion de « sensus fidelium » apparaît chez les théologiens de la moitié du XVIe siècle comme « fruit d'une étude de la critériologie doctrinale », S. PIÉ-NINOT, « Sens de la foi », *op. cit.*, p. 1248.

35. Cf. *1 Timothée* 6, 20; *2 Timothée* 1, 14.

36. Edward SCHILLEBEECKX, *L'histoire des hommes, récit de Dieu*, Paris, Cerf, 1992, p. 326.

La bidirectionnalité du processus de la réception[37]

La réalité même de la *réception* dans l'Église, rappelons-le, engage de par sa nature tous les membres de l'Église, laïques et clercs, à se mettre à l'*écoute* des uns et des autres afin de garder vivante la Parole du Ressuscité. La communauté chrétienne représentant le lieu de la présence de l'Esprit de vérité, le magistère se doit de saisir « ce que croient et professent les fidèles[38] ». Le processus de la réception comporte, en effet, une « bidirectionnalité » : l'échange du bien à recevoir emprunte une voie à double sens. En clair cela signifie que le processus de réception joue dans les deux sens :

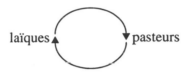

laïques   pasteurs

C'est ainsi que :

> *sensus fidelium* et magistère hiérarchique sont en consonance, en écoute mutuelle, dans le respect des compétences réciproques, chacun étant à sa façon normatif pour l'autre. C'est là une forme fondamentale de *communion*[39].

Cette « forme fondamentale de *communion* », faut-il s'empresser de dire, reste encore à venir puisque l'écoute caractérise presque exclusivement l'attitude des laïques. L'incapacité des autorités ecclésiales à simplement entendre l'expérience chrétienne des fidèles demeure, malheureusement, un constat trop répandu pour le taire ici. À trop vouloir insister sur le fait que « tout le corps ecclésial agit suivant la structure hiérarchique sacramentelle donnée par le Seigneur[40] », les autorités laissent dans l'ombre

---

37. G. ROUTHIER remarque que l'aspect de la bidirectionnalité de la réception est peu étudié, cf. *La réception d'un concile, op. cit.*, p. 230-233, voir aussi p. 123, note 156.
38. S. PIÉ-NINOT, « Sens de la foi », *op. cit.*, p. 1248.
39. J.-M. R. TILLARD, *Église d'Églises, op.cit.*, p. 145.
40. Card. Johannes WILLEBRANDS, « The Ecumenical Dialogue and its Reception », dans *One in Christ*, 21, 1985, p. 222.

l'obligation qu'elles ont de se montrer attentives aux désirs des fidèles[41]. Non seulement elles entretiennent sous une forme tautologique le rapport qui les lie au reste de l'Église, « les fidèles attestent ce qui leur a été enseigné par leurs pasteurs[42] », mais elles laissent entendre que le processus de la réception fonctionne suivant *une seule direction : de haut en bas.*

En somme, la réception est comprise et expliquée selon l'ecclésiologie adoptée, en l'occurrence une ecclésiologie de peuple hiérarchisé[43] : c'est la communauté croyante qui *reçoit* de ses autorités les enseignements. Quant à l'ecclésiologie de communion entrevue dans ces pages, elle équilibre cette vision du processus de la réception en montrant que « le bien à recevoir » vient aussi « de la base ». Se trouve ici inclus le mouvement *ascendant* : de *bas en haut.*

On le pressent, ce n'est qu'en sauvegardant la bidirectionnalité du processus de la réception que le passage d'une Église hiérarchique à une Communauté de disciples égaux pourra s'effectuer. Alors le mouvement réciproque de la réception fonctionnerait non plus sur le mode vertical, mais bien sur le mode horizontal. Déjà, par leurs pratiques, les femmes se sont mises à la tâche pour modeler autrement la vie de l'Église, mais elles se heurtent continuellement à des résistances qui retardent la réalisation du vivre-ensemble communionnel. Voilà pourquoi, au nom même d'une « autorité d'interpellation » propre au processus de la réception, elles réclament que leurs pratiques pastorales soient reçues comme l'expression d'un *vécu ecclésial* accordé aux exigences évangéliques, un *vécu* qui soit signe du Royaume dans le monde d'aujourd'hui.

---

41. Cf. *La Constitution dogmatique sur l'Église*, n° 37.
42. H. FRIES, « Existe-t-il un magistère des fidèles ? », *loc. cit.*, p. 112. L'auteur caractérise ainsi une tendance de la théologie de l'école romaine au XIXᵉ siècle.
43. *La Constitution dogmatique sur l'Église* parle de l'Église comme étant « une société organisée hiérarchiquement », n° 8.

L'autorité d'interpellation et l'exigence de la conversion

Parler maintenant d'*autorité d'interpellation*[44], c'est désigner le pouvoir que possède la communauté croyante de questionner l'autorité institutionnelle en l'occurence. Ce pouvoir découle de l'autorité d'enseignement du peuple et en l'exerçant, la communauté s'acquitte d'un rôle de vigilance, de gardienne, qui lui est imparti en tant que sujet du témoignage porté à l'Évangile. Le pouvoir de l'*autorité d'interpellation* n'a donc pas à se réclamer de l'«autorité d'opinion publique», pratiquée dans les démocraties, pour exercer la fonction de régulation[45]; il lui vient de l'Évangile reçu et de la responsabilité de garder vivante la Tradition. Il n'en demeure pas moins cependant que l'expression de «l'opinion publique» compte parmi les droits des fidèles. Les chrétiennes et les chrétiens,

> selon le devoir, la compétence et le prestige dont ils jouissent, ont le droit et même parfois le devoir de donner aux Pasteurs sacrés leur opinion sur ce qui touche le bien de l'Église et de la faire connaître aux autres fidèles, restant sauves l'intégrité de la foi et des mœurs et la révérence due aux pasteurs, et en tenant compte de l'utilité commune et de la dignité des personnes (can. 212, § 3).

En dépit de l'énonciation «précautionneuse» de ce canon à l'égard de l'exercice d'un tel droit, «l'opinion publique» appartient bel et bien à une dynamique de communication nécessaire pour la réalisation d'un dialogue fécond au sein de l'Église. D'ailleurs le Pape Jean-Paul II reconnaît que «la vérité est indissolublement liée à la liberté d'expression, et qu'elle est le facteur principal

---

44. L'expression est utilisée par J.-M. R. TILLARD dans le cadre d'une réflexion sur l'autorité reconnue aux commissions d'experts appelées à soumettre des accords survenus entre partenaires de dialogues œcuméniques. «L'autorité en question n'a donc pas le poids d'un "magistère". Ses vues ne peuvent qu'interpeller chaque groupe en lui demandant de s'interroger devant l'Évangile et sa propre tradition. Il s'agit d'une autorité d'interpellation, non de décision», *Église d'Églises*, *op. cit.*, p. 158.

45. «L'autorité reconnue à l'opinion publique dans les démocraties s'inscrit sur l'horizon d'un consensus : la volonté de vivre ensemble, volonté qui postule qu'aucun groupe n'impose sa loi particulière. Ce vouloir vivre ensemble implique la tolérance, l'opinion publique joue en ce sens un rôle de régulation», C. DUQUOC, «Le peuple de Dieu, sujet actif de la foi dans l'Église», *loc. cit.*, p. 100.

du progrès dans tous les domaines de la vie humaine...[46] ». Malheureusement, à l'intérieur de l'Église, le silence imposé aux voix dissidentes en dit long sur ce beau principe recommandable pour les institutions civiles, mais dont l'application connaît des entorses dans l'institution ecclésiale même. C'est là une autre illustration de l'écart entre un enseignement officiel et sa mise en pratique. Un autre paradoxe dénoncé maintes fois par les travailleuses en Église.

C'est au nom de ce droit reconnu à la communauté ecclésiale que les femmes engagées en pastorale brisent un silence trop longtemps gardé pour interpeller les dirigeants de l'Église. En questionnant une *théologie de l'appel*, les travailleuses en Église demandent aux représentants de cette institution de respecter le fait « prioritaire et même décisif » de l'action de Dieu qui prend l'initiative d'appeler qui Il veut et, par là même, de bannir de l'Église la discrimination exercée à l'égard des femmes. En dénonçant le primat accordé à certaines pratiques et disciplines ecclésiales au détriment des personnes et des communautés chrétiennes, les croyantes engagées incitent les autorités ecclésiales à réviser le maintien de certaines traditions, à changer des lois et des structures inadéquates afin de promouvoir des *pratiques acculturées* inhérentes à la « réception » de la Bonne Nouvelle du Royaume. Finalement, en questionnant la structure pyramidale et masculine de l'Église, les femmes réclament de ses dirigeants qu'ils fassent en sorte que l'institution ecclésiale reflète la réalité de l'*interdépendance* pour faire advenir *dans les faits* la communauté des disciples égaux du Christ.

Voilà les interpellations qui demandent à être « reçues » par les dirigeants de l'Église. Si l'autorité et le pouvoir reconnus aux baptisés découlent de la réception de l'Évangile, il s'ensuit que le droit d'interpeller apparaît comme une forme d'expression de cette autorité, de ce pouvoir. Les femmes entendent exercer ce droit[47]. C'est alors que nous voyons le processus de la réception fonctionner dans le sens inverse : *de bas en haut*. De bas en haut, faut-il

---

46. Propos tenus en février 1986 devant un millier de journalistes, cité par Jan KERKHOFS, « Le Peuple de Dieu est-il infaillible ? L'importance du *sensum fidelium* dans l'Église postconciliaire », dans *Freiburger Zeitschrift für Philosophie und Theologie*, 35, 1988, p. 15.

47. Cf. E. SCHÜSSLER FIORENZA, « Revendiquer notre autorité et notre pouvoir », *loc. cit.*, p. 61-71.

continuer de dire, puisque la structure hiérarchique demeure bien implantée dans l'Église.

Il n'y a pas là une utilisation indue du processus de la réception, mais sa mise en application intégrale. Loin de porter un préjudice à la compréhension de la réception, cette manière de s'exprimer, au contraire, fait ressortir son aspect bidirectionnel. Parler de *fonctionnement inversé* montre que la réception ne se restreint pas au mouvement *descendant*, des autorités vers les laïques, mais qu'elle inclut également le mouvement *ascendant*, des laïques vers les autorités.

Il s'ensuit que l'exercice de l'« autorité d'interpellation » comporte une inévitable *confrontation*, laquelle consiste à comparer des disciplines, des pratiques, des lois ecclésiales toujours en vigueur, avec l'esprit du message évangélique. De ce point de vue, la confrontation occasionnée par les pratiques des femmes est loin d'être négative, elle conduit plutôt à une plus grande fidélité à la Tradition. Nous l'avons déjà dit, il existe trop souvent une confusion entre des traditions et la Tradition; la confrontation oblige ainsi à mettre au clair ce qui appartient à des pratiques ecclésiales « canonisées » et ce qui relève véritablement de la foi au Ressuscité. La confrontation met sur la voie de la conversion : ne pas s'enfermer dans une certitude qui refuse la remise en question, mais au contraire s'ouvrir aux changements nécessaires au renouvellement de l'Église. C'est à cette condition que la Tradition demeure vivante, elle qui invite à une continuelle « re-réception » de la Bonne Nouvelle du Royaume sous l'action de l'Esprit. N'est-ce pas là le sens et la portée des interpellations qui surgissent des pratiques pastorales des femmes? Chose certaine, c'est ce que veulent, à leur tour, faire entendre et illustrer les enjeux formulés dans le chapitre suivant.

CHAPITRE 6

DES ENJEUX POUR L'ACTION

Une étude qui épouse les voies de la recherche-action ne peut évoluer autrement qu'à l'intérieur d'un vaste cercle herméneutique arrimant étroitement pratique interprétée et interprétation agissante. N'est-ce pas là aussi le mouvement d'une théologie qui se veut pastorale? C'est pourquoi ce dernier chapitre tente résolument d'accentuer le pôle de l'action.

En effet, il nous apparaîtrait malvenu d'entendre tant de commentaires de la part des femmes, d'observer tant de pratiques concrètes, de découvrir profils et configurations d'ensemble, de *recevoir* pour mieux réfléchir théologiquement, sans nous engager à discerner quelques-uns des enjeux qui en ressortent. Plus encore, sans les affronter courageusement. Car, au-delà des jugements sommaires qui ne manquent jamais d'être rendus dans les situations difficiles, derrière les masques de circonstances se cachent des drames humains et spirituels, tant personnels que collectifs. Pour peu qu'on s'en soucie, ils ne tardent pas à révéler maintes questions de vie et de mort pour l'avenir de l'Église d'ici. Déjà, la lectrice et le lecteur attentifs en auront surpris, ici et là, l'émergence.

Les quatre enjeux, objet de ce dernier chapitre, font écho aux questions soulevées par les répondantes elles-mêmes et également par les auteures de cette recherche. En aucune façon, les développements qui suivent ne prétendent être traités de manière exhaustive. Ils soulèvent très succintement des problématiques relatives aux réalités des ministères, de la mission, de la communion ecclésiale et de l'institution. Par certains aspects, l'un ou l'autre de ces enjeux se rapprochent des appels lancés par deux autres recherches-actions réalisées dernièrement au Québec. Par d'autres aspects (approches et points de vue), ils s'en éloignent. Mais une chose est sûre, nous partageons avec leurs auteurs l'impératif et l'urgence de relever l'immense défi de changements fondamentaux[1]. L'Église est à l'heure d'un tournant inéluctable, si elle ne veut pas perdre toute signification.

Ce chapitre propose donc des scénarios de renouvellement. Nous souhaitons qu'ils soient repris, ressassés, discutés, enrichis, non seulement par les femmes qui ont inspiré notre réflexion, mais également par ceux et celles qui, cherchant à entrer dans ce vaste mouvement de réception, accueillent et habitent les nombreux espaces d'Évangile en train d'advenir aujourd'hui. Ainsi, partie de la vie, cette recherche retournera à la vie et, espérons-le, à une action audacieuse et entraînante.

ENJEU MINISTÉRIEL

Si les ministères ne sont pas repensés en lien avec les théologies de la mission et de l'appel, l'institution ecclésiale continuera de priver des communautés de ministres et de maintenir des pratiques discriminatoires.

---

1. Là-dessus tout le monde s'entend. Deux citations tirées de chacune de ces enquêtes suffiront à convaincre. Voyons d'abord ce qu'en disent les auteurs de *Entre l'arbre et l'écorce, op. cit.*, p. 267 : « Les mots de la foi [ont] de moins en moins de signification pour la population, non seulement parce que celle-ci [a] quitté les lieux traditionnels de sa transmission [...], mais aussi, et surtout peut-être, parce que nous sommes de moins en moins présents aux enjeux quotidiens qui ont des impacts sur la vie des hommes et des femmes d'ici. Si le langage religieux ne peut plus dire les réalités de tous les jours en les resituant sur un horizon d'espérance, il n'a, pour ainsi dire, plus de crédit ; il devient lettre morte. » *Risquer l'avenir, op. cit.*, p. 134, est encore plus explicite : « L'Église d'ici est acculée au mur. Tout indique que la présence évangélique va se faire de moins en moins forte si on n'intervient pas pour réorienter le cours de l'histoire des communautés chrétiennes. Si elles veulent non seulement survivre mais assumer le projet évangélique, elles se doivent donc de relever ouvertement le défi que pose la modernité [...], c'est en leur sein même qu'elles ont à livrer bataille, elles ont à identifier les enjeux qui leur sont propres de manière à se donner une prise réelle sur leur devenir. »

L'Église est porteuse d'une mission qui la constitue, c'est-à-dire qui la fait exister. Cette donnée fondamentale devrait être la source de tout discours sur l'Église. Les différents éléments qui structurent la communauté chrétienne trouvent dans la mission la référence essentielle pour appréhender le mystère de l'Église comme signe du Royaume de Dieu dans le monde. N'est-ce pas en recourant à cette référence première que le concile Vatican II a reconnu la responsabilité de tous les baptisés à l'égard d'une *unique* mission à vivre ensemble[2]? Femmes et hommes reçoivent ainsi le même appel à proclamer la Bonne Nouvelle et à témoigner du Ressuscité : c'est l'appel à servir l'Évangile. Toute la communauté chrétienne se retrouve ainsi en situation de ministère :

> Le ministère de l'Église est porté par tous les chrétiens. C'est la loi de l'existence chrétienne que tous soient au service de tous selon la particularité des fonctions de chacun. « Vous êtes le corps du Christ et vous êtes ses membres chacun pour sa part » (*1 Corinthiens* 12, 27)[3].

Aussi la ministérialité de l'Église implique d'emblée une pluralité des ministères. Bien que ce discours ne soit pas nouveau, sa mise en forme dans la vie des communautés connaît encore des difficultés. L'éventail des services auxquels pourrait correspondre une diversité de ministères ne parvient pas à s'ouvrir en raison du monopole exercé par le ministère ordonné. Seule l'ordination sacerdotale confère les « pouvoirs sacrés » pour exercer la triple charge du service de la parole, de la présidence des sacrements et du gouvernement de la communauté ecclésiale. Le ministère non ordonné (institué, reconnu) continue d'être vécu comme une participation au ministère des prêtres si bien qu'il n'existe pas toujours d'autorité réelle correspondante à la charge confiée. Et pourtant, assumer une responsabilité sans pouvoir de décision est un leurre. En réclamant d'être parties prenantes des décisions, femmes et hommes exercent des pressions pour une réorganisation des structures ecclésiales qui puisse permettre l'avènement d'une autorité partagée. Cela mettrait fin à un monopole du pouvoir

---

2. Pourtant les notions de « mission spécifique des laïques » et de « mission de la femme » se retrouvent encore dans les textes du magistère, cf. *La vocation et la mission des laïques, op. cit.*; *La dignité et la vocation de la femme, op. cit.*

3. Jean RIGAL, *L'Église en chantier*, Paris, Cerf, 1994, p. 141.

décisionnel des ministres ordonnés et ferait apparaître « une figure collégiale de la prise en charge ». Cette figure « exprime d'ailleurs beaucoup mieux (sacramentellement) la seule autorité de Jésus Christ. Cette conviction reçoit une confirmation lorsqu'existe diversité de responsables[4] ». De toute évidence, la nécessité de séparer le pouvoir décisionnel de l'ordination se présente comme la première condition à réaliser pour que soit reconnue effectivement la diversification des ministères.

En outre, en fidélité au Nouveau Testament, on devrait questionner le maintien du langage sacerdotal pour désigner le ministre ordonné. Car, « un fait est clair : lorsque les textes du Nouveau Testament parlent du sacerdoce, ils visent Jésus ou la communauté, *jamais les ministres*; lorsqu'ils énumèrent les ministères, ils ne font pas référence au sacerdoce[5] ». L'auteur de la *Lettre aux Hébreux* témoigne de ce choix conscient de l'Église naissante. Parce que le prêtre (*hiereus*, en grec), dans la majorité des religions, est le sacrificateur cultuel et le médiateur entre Dieu et les hommes, la communauté primitive confesse, pour sa part, qu'elle n'a qu'un seul prêtre, le Christ. Par sa mort et sa résurrection le Christ réconcilie Dieu et les êtres humains une fois pour toutes. Il devient le grand prêtre permanent, l'*unique* Médiateur. Nul besoin pour la communauté chrétienne de recourir à d'autres prêtres pour avoir accès à Dieu : « Nous avons là une voie nouvelle et vivante, qu'il a inaugurée à travers le voile, c'est-à-dire par son humanité. Et nous avons un prêtre éminent établi sur la maison de Dieu » (*Hébreux* 10, 20-21; cf. 2, 17). Grand prêtre de la Nouvelle Alliance, le Christ opère une mutation du cultuel au personnel. Par l'offrande de sa vie, Il rend tous ses disciples, femmes et hommes, participants à son « sacerdoce ». Ceux-ci appartiennent donéravant à une « communauté sacerdotale » (cf. *1 Pierre* 2, 5.9).

Peuple de prêtres sans clergé, l'Église des commencements a toutefois à sa tête des chefs, des dirigeants, des responsables. Selon que les communautés ecclésiales sont issues du monde juif ou de

---

4. *Ibid.*, p. 144. Cette figure collégiale n'exclut pas la possibilité de faire participer d'autres membres des communautés chrétiennes en raison de leur compétence, leur expertise dans un domaine ou l'autre sans pour autant qu'ils se réclament d'un ministère particulier.

5. Joseph AUNEAU, *Le sacerdoce dans la Bible*, (coll. « Cahiers Évangile », 70), Paris, Cerf, 1989, p. 58. C'est nous qui soulignons.

celui de la gentilité, leurs responsables sont désignés par des noms variés, entre autres : ancien (*presbyteros*), surveillant (*episcopos*) et diacre (*diaconos*)[6]. Pourtant c'est le terme prêtre qui a traversé les siècles de la vie de l'Église. Si, d'une part, l'on peut convenir que le mot *prêtre* présente une forme abrégée du mot *presbytre* (*presbyteros*), d'autre part, l'on doit s'étonner que ce mot ait revêtu la signification habituellement reconnue au terme *hiereus* : l'homme-médiateur possédant des pouvoirs sacrés. Cette conception sacerdotale du ministère demeure toujours présente dans les discours officiels, en dépit des tentatives conciliaires de situer le ministère dans la ligne presbytérale de la direction et de l'animation de la communauté, ces deux fonctions étant l'essentiel de la charge octroyée par l'ordination. Dès lors, il apparaît avec plus de netteté que la communauté est prioritaire dans le ministère pastoral et non le ministre. Or, cette priorité ne ressort pas toujours dans une conception sacerdotalisante du ministère. Aussi le retour au langage sacerdotal pour désigner le ministère ordonné inquiète-t-il. Des conséquences peuvent déjà être entrevues :

> conséquences sur la priorité absolue du peuple de Dieu, sur la diversité des vocations et des fonctions ecclésiales, également sur la place des prêtres dans une Église qui s'ouvre à un nombre croissant de responsabilités et de ministères[7].

De plus, en établissant que seul un homme célibataire peut recevoir l'ordination sacerdotale, les autorités ecclésiales privent de nombreuses communautés des ministres dont elles ont besoin. Ces communautés comptent pourtant dans leurs rangs des chrétiennes et des chrétiens qui assurent l'animation de la communauté en accomplissant des tâches importantes. Femmes et hommes aux statuts de vie différents, célibataires ou mariés, assument dans les faits des responsabilités ministérielles, dont quelques-unes se rattachent au presbytérat. Le magistère tarde pourtant à lire dans ce vécu ecclésial des signes de l'Esprit de Dieu invitant à reconnaître

---

6. Ces trois mots grecs sont à l'origine de la hiérarchisation des fonctions dans l'Église : évêques-prêtres-diacres. Une triade qui s'impose à partir d'Ignace d'Antioche († vers 110) et devait mener à la sacerdotalisation du ministère.

7. *L'Église en chantier*, op. cit., p. 202. L'auteur constate que Jean-Paul II utilise amplement le langage sacerdotal dans *Je vous donnerai des pasteurs*.

l'existence de nouveaux types de ministres. S'il le faisait, peut-être comprendrait-il que l'exercice du ministère ordonné ne doit plus être relié à l'appartenance sexuelle, mais essentiellement à l'être de la personne baptisée qui répond à un appel à servir la mission selon ses capacités ou ses charismes. Car, nous insistons, d'une part, les fondements de la mission et de l'égalité de tous les baptisés ouvrent la voie de la pluralité des statuts de vie des ministres et, d'autre part, l'importance pour les communautés chrétiennes de célébrer l'Eucharistie nous y conduit tout naturellement.

L'Eucharistie, en effet, structure la vie de l'Église[8] et avec insistance Vatican II l'a présentée aux fidèles comme « la racine, le centre et le sommet de la vie chrétienne, de l'évangélisation[9] ». Aussi la « relativisation » actuelle de cet enseignement étonne grandement, voire scandalise. On préfère priver les gens de cette importante réalité qui donne à « l'Église vie et croissance continuelle »[10] plutôt que de consentir à revoir une discipline ecclésiale. Ce renversement des priorités est néfaste pour la vie de l'Église et pour son avenir. D'ailleurs, est-ce la conscience de la possible disparition de communautés chrétiennes qui incite la hiérarchie à taire des expériences (dites souterraines) de célébrations eucharistiques présidées par des hommes ayant quitté la pratique du ministère ordonné (des ex-prêtres)?

Si le droit des fidèles aux sacrements, inscrit dans le *Code de Droit canonique*[11], s'accompagne du devoir de participer à l'eucharistie dominicale, il exige aussi de leur reconnaître le droit de pouvoir y participer. Pour répondre à cette exigence légitime, les évêques demandent à des prêtres de desservir plusieurs communautés chrétiennes. L'image des prêtres « magiciens des sacrements » donne alors prise à « une définition résiduelle du ministère presbytéral, définition mortelle parce que négative : *le rôle du*

---

8. Henri DE LUBAC a contribué à répandre l'expression « L'eucharistie fait l'Église et l'Église fait l'eucharistie. »

9. Décret sur *Le ministère des prêtres*, **Presbyterorum ordinis**, nos 5 et 6; *La Constitution dogmatique sur l'Église*, no 11; Décret sur *La charge pastorale des évêques dans l'Église*, **Christus Dominus**, no 30.

10. Constitution dogmatique sur *La révélation divine*, nos 21 et 26.

11. « Les fidèles ont le droit de recevoir de la part des Pasteurs sacrés l'aide provenant des biens spirituels de l'Église, surtout de la parole de Dieu et des sacrements », (can. 213).

prêtre se limite à ce que le laïc ne peut absolument pas faire[12] ». Le rôle de présidence de la communauté et de son animation échappe dans les faits à ces prêtres itinérants, la direction des communautés se trouve assumée par des ministres non ordonnés, hommes et femmes. C'est là une des distorsions ecclésiologiques provoquées par le maintien de la discipline réservant aux hommes célibataires l'ordination presbytérale.

Par ailleurs, faut-il entrevoir un desserrement du lien entre célibat et sacerdoce, un lien de neuf siècles, dans le geste d'accueil posé par le Vatican à l'égard des ministres mariés de tradition anglicane ? Cela représente un pas vers l'acceptation d'un changement important dans l'établissement de statuts de vie différents, le mariage n'étant plus un obstacle à l'ordination. En regard des femmes cependant, la situation reste inchangée. Elle met davantage encore en évidence que, finalement, ce n'est ni le baptême, ni la mission, ni l'appel vocationnel, mais bien le facteur sexuel qui est déterminant pour recevoir l'ordination. Une telle discipline ecclésiale laisse toujours entendre que la femme, bien que créée à l'image de Dieu (cf. *Genèse* 1, 26-27), est inapte à représenter le Christ. Il s'agit d'une attitude discriminatoire qui met ultimement en cause l'image même de Dieu, car c'est au nom de la volonté divine que l'on justifie la décision humaine d'exclure les femmes du ministère ordonné. D'ailleurs si, par pure hypothèse, l'ordination était « exclusivement réservée aux femmes », l'image d'un Dieu sexiste serait tout aussi évidente.

Soutenir que le pouvoir sacerdotal trouve son fondement dans l'autorité du Dieu-Père sur le Fils, comme le prétend Mgr Eugenio Corecco[13] et, conséquemment, déduire que l'homme symboliserait mieux la transcendance divine que la femme, c'est transposer en Dieu une hiérarchie sexiste. En effet, établir que l'initiative de

---

12. Bernard SESBOÜÉ, « Les animateurs pastoraux laïcs. Une prospective théologique », dans *Études*, 377, 1992, p. 255.

13. « La *sacra potestas* exprime l'autorité du Père sur le Fils », déclarait cet évêque de Suisse lors du Synode sur les laïcs, « Intervention de Mgr Eugenio Corecco », dans *La Documentation catholique*, 84, 1987, p. 1171. Alors que, pour sa part, Jean-Paul II affirme que le pouvoir sacerdotal dépend de l'Esprit Saint, « artisan suprême du pouvoir sacerdotal », « Lettre du Jeudi saint », dans *L'Osservatore Romano*, 19 mars 1991, p. 6.

l'homme dans son union avec la femme représente le primat du Dieu Père, c'est affirmer que l'image du Dieu révélé ne peut être autre que masculine. C'est conclure que « le féminin/la femme ne peut représenter la plénitude de Dieu[14] ». Introduire ainsi en Dieu une hiérarchie des sexes, n'est-ce pas oublier avec trop de facilité la nature essentiellement spirituelle de l'Autre, Dieu étant au-delà des sexes? Certes, il faut reconnaître que les genres masculin et féminin reflètent des aspects du mystère de Dieu, mais cela n'implique pas pour autant que l'un des genres l'emporterait sur l'autre pour dire Dieu. D'ailleurs, tout être humain ne possède-t-il pas en lui du masculin et du féminin? Pour ne pas assez insister sur la distinction entre le sexe et le genre, un certain discours théologique risque d'entretenir encore longtemps dans l'imaginaire des chrétiens et des chrétiennes une vision masculinisante de Dieu.

En conséquence, le magistère doit consentir à revoir sa conception du ministère afin qu'elle reflète la communauté chrétienne dans sa beauté humaine : femmes et hommes au service de l'Évangile. Une Église qui ne parvient pas à inscrire dans sa structure l'égalité de tous les baptisés entretient des vues paradoxales au sujet de la dignité humaine et ne se montre pas fidèle au message de libération qu'elle annonce à l'humanité entière. Les trois scénarios suivants illustrent la gravité du présent enjeu.

Premier scénario :
le maintien ferme de la norme disciplinaire[15]

L'Église locale suit à la lettre la position du magistère concernant les ministères ecclésiaux. Pour compenser la pénurie de prêtres, des laïques, femmes et hommes, exercent toutes les fonctions inhérentes à l'animation d'une paroisse, mais sans être reconnus comme « pasteurs de communautés ». On préfère leur donner le

---

14. Card. A. SIMONIS, cité par Hedwig MEYER-WILMES, « La nature de la femme et l'identité féminine. Justifications théologiques et questions féministes », dans *Concilium*, 214, 1987, p. 131.

15. Dans *L'ordination sacerdotale exclusivement réservée aux hommes*, JEAN-PAUL II prévient qu'il s'agit d'une doctrine. On peut s'en étonner puisque cette question est généralement traitée comme une norme disciplinaire.

titre de coordonnateur ou d'animateur manifestant ainsi la limite de leur autorité. En même temps, les autorités officielles confient à un prêtre (venu d'une autre paroisse, d'une autre région et même d'un autre pays) une « tâche de regard » et de présidence des sacrements sur quelques paroisses. Les communautés recourent également à une solution « qui n'est pas de tradition dans l'Église catholique », à savoir l'assemblée dominicale en l'absence du prêtre (ADAP[16]). Enfin, aucune politique de formation théologique ou pastorale pour les laïques n'est mise en place et on continue de recourir au bénévolat pour gérer la décroissance au plan ministériel.

Deuxième scénario :
quelques brèches dans la politique ecclésiale

L'Église locale entend tirer profit au maximum des ouvertures qu'elle considère comme possibles en regard du *Code de Droit canonique*. Des laïques, femmes et hommes, sont effectivement responsables de paroisses et ils sont reconnus officiellement comme pasteurs de communautés. Non seulement le diaconat est promu pour les hommes mariés, mais, de plus en plus, circule la pratique du « couple engagé » dans le diaconat, la femme y accomplissant les mêmes fonctions que celles de son conjoint sans pour autant être éligible au ministère diaconal. Un processus de formation des baptisés (hommes et femmes) s'instaure ou s'intensifie dans le diocèse afin de pouvoir relever les nouveaux défis avec plus de pertinence et d'efficacité. Les communautés prennent aussi conscience que même une transgression légale peut arriver à « être reçue » par le magistère[17].

---

16. L'ADAP consiste dans la direction par une personne laïque ou un diacre d'un service dominical avec une liturgie de la Parole et la distribution de la communion. La citation est de Mgr Rembert G. WEAKLAND archevêque de Milwaukee, « La création de nouvelles paroisses et le manque de prêtres », dans *La Documentation catholique*, 88, 1991, p. 400.

17. À titre d'exemple, rappelons que, pour assurer la bonne marche de la communauté et, plus encore, pour exprimer une responsabilité commune des baptisés, de très nombreuses paroisses acceptaient des femmes comme acolytes pendant les célébrations eucharistiques. Ce faisant, elles

Troisième scénario :
l'ouverture au partenariat intégral

L'Église locale s'inscrit résolument dans une voie de changement. Elle accepte d'accompagner dans leur discernement vocationnel des femmes qui se considèrent « appelées » au ministère ordonné. Elle demande que soit reconnue l'ordination des femmes au diaconat[18]. Honorant l'intelligence humaine, elle la met au service de la foi et poursuit le débat sur la question du ministère ordonné exclusivement réservé aux hommes. À la lumière des recherches théologiques déjà effectuées, elle reconsidère les arguments généralement avancés par le magistère pour maintenir sa position. Favorisant l'expérimentation, l'évêque, sans abolir le conseil presbytéral, crée de nouvelles instances pour permettre à des laïques, femmes et hommes, de participer à l'élaboration de l'ensemble des orientations et d'être ainsi parties prenantes des décisions pastorales :

— Conseil des agents et agentes laïques de pastorale,

— Conseil du « partenariat » (pasteurs et laïques),

— Bureau de pastorale d'ensemble (ministres ordonnés et non ordonnés),

— Bureau de la direction générale de la pastorale d'ensemble,

— Conseil diocésain de pastorale, etc.

Explorer les diverses avenues ouvertes par ce dernier scénario conduit l'Église à se donner « les moyens pastoraux de son ecclésiologie[19] » missionnaire et ministérielle. Les communautés

---

transgressaient la norme qui refusait aux femmes l'exercice de l'acolytat (Motu proprio *Ministeria quaedam*). Or, le Vatican, par sa CONGRÉGATION POUR LE CULTE DIVIN ET LA DISCIPLINE DES SACREMENTS, est revenu récemment sur cette décision et autorise maintenant les femmes à assister le président à l'autel, cf. « Les fonctions liturgiques exercées par des laïcs, hommes et femmes », dans *La Documentation catholique*, 91, 1994, p. 509-510.

18. N'y avait-il pas des diaconesses dans les premiers siècles de l'histoire de l'Église ? À partir du IVe siècle, elles furent d'ailleurs comptées parmi les clercs et elles recevaient une ordination avec une imposition des mains, cf. Roger GRYSON, *Le ministère des femmes dans l'Église ancienne*, Gembloux, Duculot, 1972, p. 173.

19. B. SESBOÜÉ, « Les animateurs pastoraux laïcs », *loc. cit.*, p. 254.

chrétiennes s'assurent de la présence des ministres dont elles ont besoin pour leur bonne marche puisque :

> selon la compréhension néotestamentaire du sacerdoce commun, il n'existe pas, en fait, de manque de prêtres, mais tout au plus un obstacle que l'on met soi-même à la plénitude des ministères charismatiques de l'Église que l'Esprit ne cesse d'accorder[20].

ENJEU MISSIONNAIRE

Si le sort des exclus et leur libération ne devient pas la priorité réelle de sa pratique, l'Église passe à côté d'une dimension constitutive de sa mission.

La raison d'être de l'Église c'est de servir l'Évangile de Jésus le Christ au cœur du monde. C'est d'être témoin actif, c'est-à-dire *porteuse de sa Bonne Nouvelle pour l'humanité à partir des pauvres*. Disciple de Celui dont la condition sociale fut celle d'un être relégué à la « marge de l'histoire », la communauté chrétienne ne peut se permettre d'oublier que la personne laissée pour compte est « véritable sacrement de Dieu ». Cela est d'ailleurs rappelé avec vigueur dans un document récent du Comité de théologie de l'Assemblée des évêques du Québec[21].

Or la grande tentation de l'Église, à tous les niveaux, n'est-elle pas d'oublier sa mission à son propre profit ? De faire passer ses besoins immédiats, sa gérance interne et ses contraintes institutionnelles avant sa tâche missionnaire ? Plus précisément encore, d'oublier que dans l'Évangile le point de départ de l'amour l'universel c'est l'amour des pauvres ? Bien sûr, nous en sommes

---

20. Bogdan SNELA, « Prêtre/évêque », dans *Dictionnaire de théologie*, Paris, Cerf, 1988, p. 588.

21. « Le Dieu qu'il [Jésus] nous révèle ne peut être conçu sans les exclus de tous ordres : lui et eux sont inséparables. La situation des personnes laissées pour compte devient une offense profonde à Dieu.[...] Celui-ci se place de leur côté pour rétablir la justice à leur égard », *L'engagement des communautés chrétiennes dans la société*, Montréal, Fides, 1994, p. 42.

conscientes, la priorité du « choix des pauvres » est affirmée avec force et constance dans l'Église. Mais la réalité *c'est qu'elle est souvent contredite par la pratique*[22]. Rappelons d'abord ici la place imposante réservée à la pratique sacramentelle dans l'agir pastoral des femmes concernées par la présente étude. Place également soulignée dans d'autres recherches récentes dont celle du diocèse de Saint-Jérôme qui n'hésite pas à parler de « l'omniprésence des pratiques sacramentelles dans l'ensemble des pratiques pastorales », affirmant que près de 70 % de celles-ci « gravitent autour de la réalité sacramentelle[23] ». Les communautés chrétiennes sont, par là même, très souvent renfermées sur leurs activités, leur sécurité, leur préoccupation de survie et de gestion interne. Elles ont beaucoup tendance à demeurer en vase clos, à l'abri « des affaires extérieures », pour mieux fortifier la vie du dedans. Plusieurs agentes et agents parlent avec justesse d'une réalité structurelle qui maintient la majorité des ressources humaines à l'intra-ecclésial.

De plus, face au collectif et au social, croyants et croyantes ressentent généralement une grande impuissance. Serait-ce une conséquence du fait d'appartenir à une communauté maintenant minoritaire comme le laissent entendre les auteurs de *Risquer l'avenir*[24]? Serait-ce aussi l'influence d'un courant individualiste qui s'installe en réaction à une société contraignante où la majorité respire péniblement? Serait-ce encore une sorte de paralysie causée par la peur de briser l'unité en prenant parti pour les personnes et les groupes marginalisés ou par cette absence d'analyse des situations dont nous avons fait état dans la présente recherche? Absence que nous considérons comme une importante lacune au plan de l'agir pastoral des répondantes comme de celui de l'Église dans son ensemble.

---

22. Pour, à la fois, illustrer et élargir la question, voir Collectif, *L'option pour les pauvres, menacée? Santo Domingo, 1992*, Montréal, Fides, 1992.

23. *Entre l'arbre et l'écorce, op. cit.*, p. 249.

24. « La plupart des membres, affirment-ils, de façon habituelle, ont le sentiment de ne plus pouvoir exercer une influence réelle sur leur milieu et sont spontanément tentés de devenir passifs et de laisser à des groupes plus nombreux le loisir d'agir. La plupart réagissent comme s'ils étaient dépouillés et démunis, faute du poids de la majorité. En particulier, le défi de l'évangélisation de la culture les écrase. Ils sont aussi portés à mettre en parenthèses le projet d'une présence qui transforme la vie des collectivités », p. 138-139.

Chose certaine, quels que soient les facteurs en cause, le résultat est le même : la réalité sociale est peu présente dans les communautés chrétiennes. Celles-ci sont plutôt maintenues dans les ornières d'une foi privatisée sans prise sur les enjeux collectifs et sans pratique historique transformante. Ainsi, confrontées au phénomène de l'appauvrissement, elles privilégient les pratiques de bienfaisance[25] et, en s'engageant dans des types d'intervention qui visent rarement les causes des problèmes, elles ne contribuent qu'exceptionnellement à des changements en profondeur. C'est alors toute la pertinence sociale et historique de la foi qui est en jeu. C'est aussi son caractère prophétique[26].

Nous le voyons, *l'enjeu missionnaire est de taille.* Renvoyant l'Église à sa propre raison d'être, il comporte une décision radicale appelée de façon urgente par la majorité des femmes interviewées dans notre étude et par un nombre croissant d'autres croyantes et croyants de chez nous et d'ailleurs. Si l'Église, à tous les niveaux (paroissial, diocésain, romain), ne prend pas au sérieux cet enjeu, elle passe à côté d'une dimension essentielle à sa mission. Par surcroît, elle risque de «perdre», d'une part, ceux et celles que nos systèmes marginalisent et, d'autre part, nombre de femmes et d'hommes qui ont endossé la cause des plus mal-pris. Car, il en est plusieurs (comme le laisse entendre la présente recherche) qui parlent d'aller travailler ailleurs, en dehors d'une Église qui, souvent, marginalise elle-même parce qu'elle n'accueille pas les individus et les groupes marginalisés. Si, au contraire, l'Église travaille à libérer une humanité blessée, souffrante, atteinte jusque dans ses valeurs les plus profondes, elle annonce une Bonne Nouvelle qui devient force de changement. En se faisant partenaire des exclus et des groupes qui soutiennent leur cause, elle participe à l'élaboration d'une nouvelle société et d'une nouvelle

---

25. Cette constatation émerge d'ailleurs largement du *Sondage sur la pastorale sociale dans les diocèses du Québec* effectué à l'occasion de la session sur la pastorale sociale tenue par l'Assemblée des évêques du Québec en mars 1991. De son côté, *Risquer l'avenir, op. cit.*, en fait état au paragraphe « Les pratiques sociales adoptées », p. 52-53.

26. Faut-il le redire, dans la vie de l'Église, le prophétisme s'exprime « d'une part, dans la prise au sérieux des pauvres comme destinataires privilégiés de la Bonne Nouvelle, d'autre part, dans la capacité d'accueillir positivement et avec discernement ce qu'il y a de neuf dans l'esprit du temps, et de témoigner de Dieu dans la nouveauté du contexte », I. BERTEN, « Prophétisme et institution », *loc. cit.*, p. 563.

humanité. En élaborant avec eux des alternatives aux structures déshumanisantes, elle contribue de façon concrète à la reconstruction de l'espérance. Aussi, en ce moment où *tant d'êtres humains subissent les conséquences dramatiques de la marginalisation sociale,* il nous semble important de présenter quelques scénarios qui nous paraissent possibles.

Premier scénario :
s'occuper des exclus

L'Église, à tous les niveaux, proclame et célèbre avec persévérance la Bonne Nouvelle d'une libération humaine intégrale et même d'une vie en plénitude pour tous et pour toutes. À l'égard des pauvres, elle promeut les valeurs d'accueil, de compréhension, de générosité, de partage fraternel. Bref, elle parle d'amour, et d'un amour concret qui se traduit surtout par des gestes d'assistance aux multiples facettes. Toutefois, sa lecture de la réalité sociale ne va pas jusqu'à l'analyse des causes de la pauvreté. En conséquence, ses actions ne s'attaquent pas aux racines du problème. Tout en combattant les préjugés à l'endroit des exclus, elle insiste particulièrement sur leur éducation à la prise en charge. Parce qu'elle n'identifie pas ses solidarités réelles, elle ne prend pas conscience de la place qui est faite, ou qui n'est pas faite, aux personnes et aux groupes marginalisés. Et, dans les faits, elle continue d'accorder la priorité à la pratique sacramentelle. Pratique non questionnée qui ne se préoccupe pas de mettre en relation le culte chrétien et la justice sociale. Pratique qui, oubliant d'être signe de libération historique, continue finalement de tolérer l'exclusion.

Deuxième scénario :
faire une plus grande place aux exclus

L'Église, à tous les niveaux, entreprend une révision de son activité missionnaire. Poussée par la conjoncture actuelle, elle considère qu'il est urgent de faire une « place spéciale » aux personnes et aux groupes délaissés. Insistant sur l'universalité de l'amour évangélique, elle considère que les pauvres doivent en être largement bénéficiaires. Convaincue cependant que les changements en leur faveur peuvent se réaliser quelles que soient les alliances privilégiées, elle ne questionne pas ses solidarités réelles. Mais, sans s'obliger à l'analyse sociale, sans modifier substantiellement ses priorités, sans chambarder les événements-clés de son agenda, *elle insère la préoccupation des exclus dans l'ensemble de sa pratique pastorale*. Cela l'oblige à les écouter davantage, à se faire particulièrement attentive à leur situation et à multiplier les interventions à leur endroit. Interventions dont la plupart, étant de l'ordre de l'assistance, visent plutôt à réduire les effets de la marginalisation qu'à en supprimer les causes.

Troisième scénario :
donner la première place aux exclus

L'Église, à tous les niveaux, opère un déplacement volontaire vers le monde de l'exclusion. Elle considère les personnes et les groupes qui en font partie comme les agents premiers d'un changement libérateur. Comme les partenaires privilégiés de l'évangélisation. Acceptant de créer des alliances avec eux et avec toute personne qui porte leur cause, elle se laisse atteindre et déranger. Cela veut dire qu'*elle consent, en fonction du choix de cette priorité, à redéfinir toute sa pratique pastorale* : ses engagements, l'organisation de son temps, l'ensemble de ses activités (liturgie, éducation de la foi, gestion des biens, etc.). Cela veut dire aussi qu'elle vérifie constamment la vitalité de son parti pris en se préoccupant de la place réelle reconnue aux exclus, de l'image qu'en donne la communauté et du comportement qui en découle. Attentive à mettre à jour son information par une analyse sociale approfondie, sans négliger les pratiques de bienfaisance, elle soutient et entreprend des actions qui visent à supprimer les causes de l'appauvrissement et de l'exclusion. Alors naît, de cette pratique de solidarité, une nouvelle compréhension de la foi et de la fraternité comme exigence de justice sociale. Alors aussi, la pratique cultuelle, questionnée dans son contenu et sa portée sociale, cherche à se vivre comme signe de libération historique.

Ainsi, la conclusion reste encore à tirer et elle nous appartient comme Église. Souhaitons qu'elle exprime le passage entre la radicalité du discours et la vérité d'une pratique ancrée en des lieux précis. À cette condition seulement les communautés contribueront dans les faits à l'avènement d'un ordre social au service des humains et des collectivités. Alors elles s'évangéliseront en évangélisant.

ENJEU COMMUNIONNEL

Si les communautés chrétiennes n'adoptent pas une structure collégiale de participation de leurs membres à l'exercice de la mission, l'Église risque de manquer à sa vocation de communion.

Affirmer la responsabilité missionnaire de tous les baptisés conduit du même souffle à reconnaître une forme collégiale dans son exercice :

> À une communion active, comme est toute communion ecclésiale, doivent correspondre une structure et un fonctionnement actif des structures collégiales, qui sont la concrétisation canonique de cette communion-là[27].

Or, dans les faits, cette réalisation tarde à venir. Les chrétiens et les chrétiennes ont peine à faire entendre leur voix à ce chapitre de l'autorité partagée. On est encore loin de profiter au maximum de toutes les conséquences inhérentes à la reconnaissance de la nature missionnaire de l'Église.

Pourtant, depuis la déclaration que « l'ecclésiologie de communion est le concept central et fondamental des documents du Concile[28] », les discours officiels se sont multipliés pour célébrer le mystère de communion et inviter les baptisés à apporter leur contribution à la vie de leur communauté paroissiale. On ne saurait taire, ici, l'existence de l'exhortation postsynodale sur *La vocation et la*

---

27. Théodore Ignace JIMENEZ-URRESTI, « Ontologie de la communion », dans *Concilium*, 8, 1965, p. 21.

28. Card. GODFRIED DANNEELS, « Rapport final », dans *Synode extraordinaire. Célébration de Vatican II*, Paris, Cerf, 1986, section C, n⁰ 1, p. 559.

mission des laïcs dans l'Église et le monde de Jean-Paul II qui, à plusieurs reprises, met en relief cet appel à la collaboration auquel ont répondu généreusement de nombeux laïques. Or, c'est précisément suite à leurs engagements que certains d'entre eux « désenchantent » face au peu d'attention accordée à leur parole, à leur compétence et à leur place dans la prise de décision. S'ils reconnaissent le bien-fondé de la diversité des fonctions dans la « communion organique » du corps ecclésial (cf. no 20), ils comprennent moins, toutefois, pourquoi le pouvoir décisionnel ne revient de plein droit qu'aux seuls membres ayant reçu l'ordination. N'est-ce pas là une entorse à la toute première loi sur la responsabilité commune ? Du même coup, la communauté se trouve privée de lumière sur moult questions relatives au vivre-ensemble social chrétien en ne faisant pas appel à ses membres possédant des expertises dans différents domaines professionnels, techniques ou autres. En plus d'être regrettable, cela entraîne l'élaboration d'orientations et de prises de décision pas toujours ajustées aux situations réelles des personnes ou aux contextes socioculturels dans lesquels évoluent les chrétiens et les chrétiennes.

« Depuis que c'est une femme qui se trouve à la tête de la communauté, déclare une paroissienne, c'est curieux comme les laïques peuvent faire beaucoup de choses pour la qualité de vie de notre paroisse... » Juste par son commentaire, cette femme n'indique-t-elle pas un des résultats tangibles du leadership partagé ? En effet, la possibilité de vivre autrement les fonctions rattachées à la direction des paroisses et des diocèses est réelle. La participation des baptisés à la croissance de la vie de la communauté s'avère une condition nécessaire pour assurer son existence. Et lorsque cette participation s'exerce sous une forme collégiale, elle se présente comme un fruit mûr de la communion ecclésiale. Le partenariat devient alors possible : pasteurs et laïques œuvrent ensemble pour le bien de la communauté.

La forme collégiale de l'exercice d'une responsabilité suppose « un groupe de personnes revêtues de la même dignité ou associées pour travailler à un but commun. Ainsi le groupe peut produire un acte collégial où la voix de chacun est entendue au même titre[29] ».

---

29. « Collège », dans Olivier DE LA BROSSE, Antonin-Marie HENRY, Philippe ROUILLARD (dir.), *Dictionnaire des mots de la foi chrétienne*, Paris, Cerf, 1989, p. 163. Le *Code de Droit canonique* parle de « collégial » à propos

Cette manière de gouverner existe déjà dans les communautés de vie consacrée (féminines et masculines); elle pourrait fort bien s'étendre, en des modalités ajustées aux divers milieux, à tous les niveaux de la vie des Églises pour leur plus grand épanouissement. Peut-être pourrait-elle devenir pour l'institution hiérarchique une occasion de revisiter sa façon de mettre en œuvre la « collégialité ».

Car, trente ans après Vatican II, la « collégialité » se porte plutôt mal. Persistent des résistances à reconnaître aux évêques toute l'autorité qui leur revient, d'une part comme pasteurs d'une Église particulière, et d'autre part, comme membres à part entière d'une Conférence épiscopale nationale ou continentale. Il suffit d'évoquer le débat autour du statut théologique des « conférences épiscopales » pour se rendre compte de la fragilité de leurs acquis en matière de compétence et d'exercice de leur autorité. Quant à la collégialité des synodes d'évêques, elle demeure encore un problème non résolu[30]. Ces difficultés peuvent s'expliquer, entre autres, par le fait que la « collégialité » devient l'expression privilégiée de la « communion hiérarchique[31] » qui « situe les évêques dans leur relation collégiale entre eux et le Chef du Corps apostolique. Elle détermine leurs pouvoirs et l'exercice de leur charge, surtout celle du gouvernement et de leur magistère[32] ».

---

des personnes juridiques : « Un ensemble de personnes, qui doit être constitué d'au moins trois personnes, est collégial si ses membres en déterminent l'action en prenant part en commun aux décisions à prendre à égalité de droit ou non, selon le droit et les statuts; sinon, il est non collégial », can. 115, § 2.

30. Cf. Jan GROOTAERS, « La collégialité aux synodes des évêques. Un problème non résolu », dans *Concilium*, 230, 1990, p. 29-41. Le thème de ce numéro porte justement sur « La collégialité à l'épreuve ».

31. « Quelle formule lourde de malentendus ! » écrit Joseph THOMAS, « Les fruits de Vatican II », dans *Études*, 361, 1984, p. 259. Et Walter KASPERS se demande « quel est le sens de ce terme difficile », « L'Église comme communion. Un fil conducteur dans l'ecclésiologie de Vatican II », dans *Communio*, 12/1, 1987, p. 24. Quant à la « collégialité », elle est définie comme une propriété de l'épiscopat, selon laquelle tous les évêques forment ensemble un corps ou unité fonctionnelle solidairement responsable de l'Église universelle et de l'évangélisation du monde, sont juges de la foi et les législateurs suprêmes sous l'autorité de l'évêque de Rome. Cf. « Collégialité » dans *Dictionnaire des mots de la foi chrétienne, op. cit., p. 163.*

32. Jean BEYER, « Paroisse, Église locale, communion », dans *L'Année canonique*, 25, 1981, p. 180.

La « communion hiérarchique » se veut la gardienne de l'« unité » ecclésiale. Dans l'Église romaine, parler d'« unité » évoque trop souvent un appel à se soumettre aux directives données et aux décisions prises par les autorités. Dans ce sens, l'« unité » s'apparente à l'« uniformité », en dépit de tous les beaux discours qu'on peut tenir sur la pluralité. Il arrive alors que les Églises locales ne réussissent pas à exprimer leur manière propre de comprendre et de vivre le message évangélique. Le prix de l'« unité-uniformité » est-il si élevé qu'il faille consentir à ce que des évêques ne parviennent pas à faire entendre la voix de leurs Églises locales en haut lieu ? S'agit-il toujours de « communion ecclésiale » ? Voilà comment ces questions traduisent en partie les malaises ressentis face à l'exercice plénier de la « collégialité ecclésiale ». Les trois scénarios suivants y font écho en s'ouvrant à diverses manifestations de la participation communautaire.

Premier scénario :
une participation caractérisée par la soumission

Malgré les objectifs honnêtes d'ajustement à la situation actuelle, les communautés maintiennent une vision traditionnelle de l'organisation paroissiale. La fidélité à confesser la foi ecclésiale se manifeste par l'importance accordée aux enseignements et aux directives venant de Rome. Pour assurer cette conformité, les paroisses jugent essentiel d'avoir un prêtre à leur tête, dussent-elles consentir à une présence « partagée » avec d'autres paroisses. Le ministère du prêtre sert alors de point de départ pour l'élaboration des projets pastoraux favorisant en particulier le retour des fidèles à l'Église. La collaboration des membres à la vie ecclésiale est caractérisée par la soumission. Ces chrétiens et ces chrétiennes sont prêts à taire leurs différends afin d'assurer l'unité de la communion ecclésiale. Leur participation, en ne remettant pas en cause le monopole du pasteur, retarde l'avènement d'une reconnaissance entière des laïques au processus décisionnel dans l'Église[33].

---

33. Lire à ce sujet la prise de position de Nicole BOUCHARD, au chap. intitulé « De la quête d'identité laïque à la crise d'identité ecclésiale », dans *Ni curés ni poètes, op. cit.*, p. 91-109.

Deuxième scénario :
une participation axée sur la consultation

Les communautés locales et diocésaines espèrent améliorer la participation des fidèles en créant diverses modalités de consultation : sondages, rencontres informelles, consultations individuelles ou de groupes. Les responsables tentent au mieux de tenir compte des suggestions sans mettre en place un véritable partage des responsabilités et sans favoriser un dialogue en profondeur entre tous les membres de la communauté. Une certaine forme de « coresponsabilité » laisse miroiter une participation renouvelée mais, en définitive, seules quelques personnes monopolisent les tâches principales et prennent les décisions alors que la plupart des chrétiens s'en remettent allègrement à *leurs responsables*. Des chasses gardées peuvent même apparaître. Malgré les désirs de communion, tous ne se sentent pas égaux devant l'autorité, tous ne sont pas également reconnus pour la mission. Faute d'une implication entière des membres dans les processus communautaires de concertation et de décision, certaines communautés risquent la stagnation.

Troisième scénario :
une collégialité-en-acte

Tous les baptisés, laïques et clercs sont artisans ensemble de la communion. Au cœur d'un monde où se bousculent des problèmes de toutes sortes, les communautés ecclésiales s'entraînent quotidiennement à vivre la collégialité. Leurs membres travaillent à la difficile construction de la communion fondée sur le dialogue entre les différences et sur la communication des diversités. Les laïques, de concert avec les clercs, exercent une responsabilité globale de coordination, de planification, de concertation pour édifier la communauté. Ils prennent une part active à l'exercice collégial de la charge pastorale. Ils se sentent appelés à devenir ensemble un seul et même Peuple. Les communautés naturelles, les rassemblements de prière ou de partage, les lieux de célébration et d'engagement apostolique apparaissent comme des formes diversifiées de convivialité où se construit au jour le jour un dynamisme communautaire au service de la mission. Dans cet esprit d'ouverture et d'ajustement au monde d'aujourd'hui, la création de petites communautés fraternelles apparaît comme une voie d'avenir[34]. La mutuelle collaboration entre les groupes sociaux et ecclésiaux constitue la trame d'un tissu humain qui rouvre à l'expérience de l'amour et témoigne de la communion entre tous et toutes : « ils ne faisaient qu'un cœur et qu'une âme[35]... »

ENJEU INSTITUTIONNEL

Si l'institution ecclésiale ne reconnaît pas les femmes d'une façon pleine et entière, aux plans idéologique, structurel et juridique, elle devra faire face à une perte de crédibilité qui risque de compromettre très sérieusement sa pertinence sociale et culturelle, et cela pour plusieurs générations[36].

Si, au Canada français, nous sommes majoritairement chrétiens et chrétiennes par héritage, nous ne le sommes plus par une pratique active et engagée. La plupart ont quitté l'institution, beaucoup plus que la religion elle-même[37]. Peu à peu les croyances

---

34. C'est d'ailleurs ce que *Risquer l'avenir, op. cit.*, recommande et que certains diocèses du Québec s'appliquent à mettre en œuvre en investissant dans la formation des « Petits groupes de partage ».

35. *Actes* 4, 32; cf. aussi 2, 42-47.

36. Parler de la vie ecclésiale sous l'angle de son institution crée souvent des malaises, tant aux niveaux des fondements et du langage théologiques, qu'à celui des sensibilités. Certes, les documents conciliaires de Vatican II ne s'intéressent pas à la réalité institutionnelle proprement dite. Cependant, ils ne refusent en aucune façon les impératifs structurels et organisationnels de sa présence dans le monde. À cet effet, on pourra consulter M. LAGUË, « L'arrière-plan ecclésiologique des Soutanes Roses », *loc. cit.* Les pages 119-125 déploient brièvement notre pensée là-dessus.

37. Réginald BIBBY écrit : « En dépit de leur tendance, de plus en plus prononcée, à s'absenter de la pratique religieuse, les Canadiens n'abandonnent pas les groupes religieux qui, historiquement, sont les plus considérables. Cette constatation, malgré sa simplicité, est d'une extrême importance... près de 90 % des Canadiens se déclarent encore catholiques », *La religion à la carte, op. cit.*, p. 73.

explorent d'autres canaux, séculiers ceux-là, pour circuler librement. L'institution se vide graduellement, malgré quelques retours au triomphalisme, manifestés notamment lors de la visite du pape, ou à l'occasion des grands rassemblements de Noël et de Pâques. L'Église est en procès. Une accusation majeure est portée : sa perte vertigineuse de crédibilité. Comme le dit Paul Valadier, « quelque chose est survenu qui n'aurait pas dû avoir lieu. Une déchirure quelque part s'est produite qu'il s'agit de réparer[38] ». La blessure est profonde, les causes complexes. Abordons celle qui nous préoccupe ici : la place et le rôle de la femme dans l'organisation ecclésiale. Loin d'être insignifiante, cette cause a pour effet de susciter un regard incrédule sur toute femme qui choisit, *malgré tout*, l'engagement en Église.

La raison en est simple. Les autorités ecclésiales gardent, sur cette question controversée, une position paradoxale et dénuée de logique. Elles réclament justice et égalité pour les femmes dans la société et refusent une application semblable à l'intérieur de leur structure propre. Elles fustigent les régimes totalitaires qui briment les droits de la personne, mais s'abstiennent encore de signer la *Convention sur l'élimination de toutes formes de discrimination à l'égard des femmes*[39], proclamée par l'O.N.U. et déjà ratifiée par de nombreux pays. L'Église fut la première institution de l'histoire à reconnaître la femme comme un être spirituel égal à l'homme. Pourtant, elle persiste à la maintenir irrémédiablement dans des rôles mineurs qui paraissent de plus en plus rétrogrades à mesure que la société évolue. L'Église reste obsédée par la vocation maternelle, alors que les fonctions propres au *maternage*, c'est-à-dire celles particulièrement liées aux relations de la mère avec un ou des jeunes enfants, ne représentent plus que 12 % de la vie d'une femme. Son discours étroit et timoré sur la sexualité ne choque plus, il fait sourire. Ses appels à la prière pour les vocations presbytérales restent sans réponse devant son refus de reconnaître de telles vocations chez des femmes. Et la liste pourrait s'allonger.

La crédibilité diminue chaque fois que, dans la pratique et le discours institutionnel, on décèle l'une ou l'autre de ces incohérences.

---

38. Paul VALADIER, *L'Église en procès. Catholicisme et société moderne*, Calmann-Lévy, Paris, 1988, p. 8.

39. Convention proclamée en 1979 par les Nations-Unies et mise en vigueur en 1981.

Certains personnages publics prédisent même un échec historique très sérieux et affirment que « si l'Église rejette indéfiniment le défi de la modernité et de la promotion sociale de classes de gens brimés par d'anciennes structures sociales, elle risque un échec historique majeur[40] ». L'enjeu est de taille et ne peut se satisfaire de petits ajustements organisationnels; bien mal orientés sont ceux et celles qui cherchent encore à s'en convaincre. Car la perte de crédibilité de l'Église entraîne dans sa chute le message chrétien lui-même[41]. La Bonne Nouvelle perd toute saveur de libération et d'espérance pour l'avenir parce qu'elle est neutralisée dans des discours magistériels carrément injustes et antidémocratiques pour les femmes et sans portée réelle pour le monde d'aujourd'hui.

Il est urgent d'enclencher enfin un véritable débat sur les rapports entre les récriminations des femmes croyantes et la baisse continuelle de la crédibilité de l'institution ecclésiale dans nos milieux. Depuis plusieurs années déjà, théologiennes, sociologues et agentes de pastorale le réclament haut et fort. Notre étude, fondée sur les bases d'une parole collective lucide et sans compromission, prétend, après plusieurs autres, proposer des balises claires pour la discussion. Établissons d'abord les arêtes institutionnelles sur lesquelles repose cet enjeu :

— une reconnaissance idéologique (niveau anthropologique, philosophique et théologique),
— une reconnaissance structurelle (participation aux décisions à tous les paliers de la structure internationale),
— une reconnaissance juridique (un droit légal qui refuse toute inégalité d'ordre, de statut, de fonction et de pouvoir entre les hommes et les femmes).

---

40. Texte inédit d'une conférence prononcée par la députée de Montréal-Mercier, Céline HERVIEUX-PAYETTE et intitulée *L'Église catholique. Les droits de la femme et la constitution*, 1984. À ce propos, le sociologue des religions Réginald BIBBY mentionne dans son plus récent livre *Unknown Gods* que, à moins d'un virement inattendu, l'Église catholique, l'Église unie et l'Église anglicane risquent la disparition d'ici l'an 2035. Rapporté par Serge GAGNON, « La fréquentation religieuse au Québec, en chiffres : à la sortie de l'Église », dans le magazine québécois *Vie ouvrière*, 246, 1994, p. 17.

41. À cet effet, il faut lire les contributions de Simon DUFOUR, Éric TREMBLAY et Jacques GRAND'MAISON dans le dossier « L'Église d'ici a-t-elle un avenir ? », dans *RND* (Revue Notre-Dame), 1, 1994.

À défaut de ces reconnaissances des femmes, nous assisterons à l'enlisement de l'institution dans une perte croissante de crédibilité dont on mesure à peine les conséquences sur l'inscription sociale et culturelle de l'Église au tournant d'un nouveau millénaire. À la lumière de notre recherche, trois scénarios pourraient se produire. À nous de choisir.

Premier scénario :
refus du débat

Pendant que la démobilisation des forces de changement (nous avons vu combien les femmes peuvent en être) continue de s'aggraver, un débat franc et ouvert se retrouve sans cesse gommé, contourné, refusé. Des tensions et malaises empoisonnent les réseaux informels de base. Des récriminations encore souterraines grondent. Des relations hommes/femmes, clercs/laïcs, traditionnels/progressistes se polarisent et les énergies instituantes, c'est-à-dire les forces de vie, contournent l'institution qui s'affaiblit de plus en plus. Les doutes et la non-confiance atteignent le personnel qui ne parvient plus à se mobiliser et finit par constituer lui-même une masse d'inertie considérable.

Deuxième scénario :
débat à l'interne

Le débat est accepté et la mise à jour est possible. Remises en question, discussions, prises de parole permettent au personnel pastoral et aux réseaux ecclésiaux proches de soulever le couvercle de l'inconscient religieux, des spiritualités, des rites, des structures, des rôles et statuts, etc. Mais le débat reste en serre chaude, à l'intérieur des règles du jeu institutionnel. La distance est considérée hors de propos. On écarte ainsi plus facilement des idées reçues comme prématurées et dangereuses parce que transformatrices de l'ordre établi. Des expériences antérieurement tentées par ceux et celles qui ont déjà quitté restent cantonnées aux oubliettes des *révolutionnaires radicaux*.

Troisième scénario :
débat sur la « place »

Le débat est large et ouvert. Honnêtement, franchement, lucidement, il s'ouvre à l'horizon de la modernité. Mais pour ne pas se perdre dans l'anonymat de la place publique, il s'organise autour de petites cellules de réflexion-discussion où chaque personne peut prendre la parole en toute liberté. L'échange n'est pas souterrain, il est reconnu et supporté par l'ensemble de la communauté chrétienne, y compris les autorités. L'institution consent au questionnement et, tout comme la société actuelle, accepte de se remettre en cause. Adaptée au milieu qui entre en débat, elle invente et applique, graduellement mais concrètement, les tenants et aboutissants d'une pratique ecclésiale devenue souple et participative, en recherche d'une voie démocratique étrangère à l'exclusion sous toutes ses formes.

L'acceptation du débat est une condition primordiale pour la survie d'une organisation. Une juste tension entre les forces instituées (dogmes, normes, rites, habitudes établies, etc.) et les forces instituantes (idées nouvelles, créativité, mouvements de vie, etc.) permet à l'institution de « travailler[42] ». L'Église, dans son indissociable condition humaine, n'est pas à l'abri des lois et principes de la sociologie des organisations. Une formation sérieuse à cet effet pourrait faciliter le changement. La crise de crédibilité que traverse l'Église n'est pas unique. Toutes les institutions sociales actuelles doivent y faire face. Ce qui ne constitue nullement un argument de démission. L'important est de comprendre que la voix des femmes et des hommes de bonne volonté peut arriver à sauver ou à perdre la crédibilité de l'Église et, infiniment plus grave encore, la crédibilité de sa mission pour le monde d'aujourd'hui.

---

42. D'après R. LOURAU, « ce mouvement [de l'institué et de l'instituant] est le produit d'une énergie sociale et produit une énergie institutionnelle. Il y a un travail de l'institution, comme il y a une tendance à l'immobilité dans la bureaucratie. Quand elles *servent* vraiment, les institutions *travaillent* », *L'analyse institutionnelle, op. cit.,* p. 66.

Conclusion

Si nous avons cherché à faire émerger avec le plus de justesse possible la dynamique des pratiques des femmes engagées en Église, nous savons que tout n'a pas été dit et que le dernier mot appartient à leur vécu. Comment, en effet, ce genre d'étude pourrait-elle parler de conclusion? Justement, parce que *recherche et action*, elle n'est pas terminée. Une autre étape reste à franchir : celle du retour sur les multiples terrains qui ont constitué la matière première de notre réflexion. Matière première que nous avons retravaillée, lui imprimant des configurations pour la plupart inédites, et que nous remettons maintenant en circulation. Aussi osons-nous espérer que les lectrices et les lecteurs, à leur façon, prendront le relais et poursuivront la présente démarche.

Les femmes d'ici, nous le savons, ne sont pas les seules à lancer des interpellations et à réclamer des changements en profondeur. Leurs attentes, leurs inquiétudes, leurs invitations à renouveler le visage institutionnel de l'Église rejoignent les espoirs, les questionnements et les exigences d'un nombre croissant de femmes et d'hommes (clercs et laïques) d'ici ou d'ailleurs[1]. Il n'est donc pas étonnant que cette recherche, à maints égards, fasse écho à d'autres analyses du même ordre, d'autres problématiques

---

1. Dans un article intéressant, Marie-Thérèse VAN LUNEN-CHENU fait état de cette situation et elle en souligne quelques lignes de force. Voir « Femmes et hommes, hommes et femmes, pour faire Église », dans *Actualiser la morale. Mélanges offerts à René Simon*, Études réunies et présentées par Rodrigue BÉLANGER et Simone PLOURDE, Paris, Cerf, 1992, p. 427-459.

semblables, d'autres revendications identiques. Bref, en ce domaine, les études révèlent des convergences de plus en plus éloquentes. Ainsi, par exemple, soucieux de leur responsabilité en regard de la mission ecclésiale, ces croyants et ces croyantes se reconnaissent dans une conception de l'Église maintes fois évoquée en des colloques ou des écrits qui honorent leurs pratiques :

> La vision de l'Église, Peuple de Dieu et communauté des baptisés, appelle à changer toutes les situations et les structures dans lesquelles un groupe humain est empêché de croître à cause des barrières (politiques, économiques, religieuses) qui sont érigées par des humains et qui vont à l'encontre du message libérateur de l'Évangile. L'Église est appelée à se convertir chaque fois que dans sa propre vie s'érigent de telles barrières[2].

Aussi l'exigence de ces baptisés trouve-t-elle sa crédibilité dans l'expression de leur foi, dans leur engagement et leur appel pressant à instaurer, à tous les échelons de l'organisation ecclésiale des pratiques d'égalité et de réciprocité.

Par ailleurs, nous en sommes convaincues, les suites de la présente recherche demeurent aussi dépendantes de l'importance accordée au vécu des femmes dans l'Église et spécialement au questionnement qu'il fait naître. Quel traitement réservera-t-on à leurs interpellations ? Les laissera-t-on se dissoudre en des silences complices du *statu quo* ? Consentira-t-on à trouver temps et espace pour l'écoute et la discussion ? Ces interpellations deviendront-elles, pour les communautés locales et pour les instances décisionnelles, de « vraies questions » ? De vraies questions, c'est-à-dire des questions posées précisément à partir d'une situation donnée et traduisant un problème réel aujourd'hui. Des questions qui « tombent juste » en révélant une réalité saillante à travers les diverses expressions de malaise, d'indignation, d'invitation au changement. Des questions à propos desquelles Clodovis Boff dira :

---

2. *Femmes dans l'Église et dans la société*, Actes du colloque international, organisé à Bruxelles par la Conférence des Organisations Internationales Catholiques (OIC) du 9 au 14 juin 1987. Il s'agit du paragraphe 59 cité par M.-Th. VAN LUNEN-CHENU, «Femmes et hommes, hommes et femmes, pour faire Église», *op. cit.*, p. 439.

Elles quêtent le lieu exact où les choses «se mettent en croix» sur le chemin de l'Histoire. Voulant palper les «reliefs» du temps, les «bosses» d'une conjoncture, elles touchent le côté où l'avenir fait pression sur le présent. Ce sont les interrogations qui s'imposent à un moment donné et que Vatican II a appelées «signes des temps»[3].

Si les interpellations qui montent de la pratique des femmes deviennent de «vraies questions», le débat sur les ministères (y compris le ministère ordonné) apparaîtra comme primordial. Cela permettra non seulement d'accueillir les recherches théologiques faites au sein de la Tradition catholique, mais aussi d'élargir l'horizon de la réflexion en prenant au sérieux la pratique et le discours des autres Églises chrétiennes. Enfin, nous le croyons, ces interpellations renverront aux enjeux dont elles sont porteuses *comme à des lieux de passage...* Là où l'Esprit nous convoque et nous accompagne vers une liberté radicale. Alors les VOIX de FEMMES deviendront VOIES de PASSAGE.

---

3. Clodovis BOFF, *Théorie et pratique. La méthode des théologies de la libération*, Paris, Cerf, 1990, p. 296.

Annexe I

QUESTIONNAIRE
DES ENTREVUES

ÉTAPE NON DIRECTIVE

1. Une personne de ton entourage, qui n'est pas familière avec les questions de l'Église te demande de lui parler de ton engagement dans cette Église. Quelles sont les choses que tu jugerais les plus importantes de lui dire?

2. Tu dois faire un exposé-témoignage à des agentes de pastorale d'un autre diocèse, que dirais-tu de la tâche que tu exerces actuellement?

ÉTAPE SEMI-DIRECTIVE

1. Par rapport à la tâche pastorale dont tu viens de parler, qu'est-ce qui t'apparaît *nouveau, neuf* (pas comme hier), dans ce que tu fais?

2. Quelles sont les principales *difficultés* que tu rencontres dans ton travail pastoral? Arrives-tu à résoudre ces difficultés? Comment? Y a-t-il des problèmes sur lesquels tu n'as aucune prise?

3. Comment réagissent les gens de la communauté (une communauté peut être paroissiale, hospitalière, scolaire, carcérale, de quartier, de rue, etc.) face au type de travail pastoral que tu exerces? Dans son ensemble, y a-t-il des sous-groupes qui manifestent des avis différents? Quelles sont les réactions du clergé que tu côtoies? Crois-tu que dans la tête des gens qui t'entourent, il y a confusion entre le rôle du prêtre et le tien? Si oui, peux-tu donner un exemple, un fait?

4. Dans les faits, te sens-tu reconnue dans la tâche pastorale que tu accomplis? Si oui, par qui? Comment? Si non, par qui? Pourquoi?

5. Crois-tu que ton travail pastoral constitue un ministère dans l'Église actuelle? Si oui, qu'est-ce qui te fait dire que c'est un ministère? Si non, pourquoi? Y a-t-il d'autres personnes qui reconnaissent ton travail pastoral comme un ministère? Lesquelles? Si non, pourquoi?

6. Qu'est-ce que c'est pour toi, un ministère dans l'Église? Autrement dit, comment définirais-tu un ministère ecclésial? D'après toi, qu'est-ce qu'il faut pour qu'un travail pastoral soit un ministère ecclésial, soit désigné comme ministère dans l'Église?

7. Penses-tu exercer ton travail pastoral encore longtemps? Pourquoi?

8. As-tu vécu des événements où tu as eu l'impression de dépasser ce qu'il était permis «officiellement» de faire, où tu as mesuré la limite «canonique» de ton travail? Lesquels?

9. As-tu eu l'impression d'avoir *innové*, fait quelque chose de neuf, de nouveau par rapport à ce que les femmes pouvaient réaliser, hier encore, au plan de la pastorale dans l'Église?

Annexe II
PROFIL
DES PRATIQUES ÉVOQUÉES
Pratiques mentionnées par les interviewées

Classification qualitative et brièvement explicative des multiples tâches et fonctions pastorales mentionnées par les interviewées.

Le sondage fait auprès des diocèses par l'intermédiaire des répondantes à la condition des femmes complète ce tableau et permet un portrait assez complet des multiples pratiques pastorales des femmes entre 1992 et 1994.

1. FONCTIONS ADMINISTRATIVES

1.1 Plusieurs femmes sont *coordonnatrices* ou *responsables de paroisse* (une ou plusieurs) avec des fonctions variées et très diversifiées :
  - animation de l'équipe pastorale
  - gestion du personnel et des finances
  - présidence du CPP, du Conseil des marguilliers, de divers comités
  - coordination et gestion de divers services et activités de la paroisse : liturgie, vie sacramentelle, pastorale sociale, etc.
  - liens avec les autres paroisses, les autres institutions, les autres Églises
  - consultation et concertation de toutes sortes
  - membres de comités divers : presbytéraux et autres.

1.2 Plusieurs des répondantes sont *directrices* ou *responsables de centres de formation* pour des animatrices et des animateurs de pastorale, des catéchètes, des prêtres et des séminaristes, des divers agents et agentes, des futurs théologiens et théologiennes.

Leur travail en est aussi un de gestion et d'administration, de concertation, de sélection des personnes-ressources, de choix du personnel à embaucher.

Elles sont également responsables des contenus catéchétiques et théologiques des programmes de formation et/ou des programmes d'enseignement religieux.

La plupart relèvent du diocèse, d'autres œuvrent comme professeures ou directrices dans le secteur public (Universités, Cégep, Ministère de l'Éducation).

1.3 Des femmes sont *procureures*, présidentes des Assemblées de Fabrique, en charge des finances (achats, entretien, comptabilité, salaires, etc.) d'un diocèse ou d'une paroisse. Elles administrent les biens temporels de leur communauté, consultent des experts, prennent les décisions concernant les finances, les constructions, les politiques économiques.

1.4 Des femmes *chanceliers* ou *vice-chanceliers*[1]. Elles voient aux questions de droit canonique relatives à la vie ecclésiale. Quelques-unes travaillent auprès des personnes qui font une demande de reconnaissance de nullité de mariage. D'autres préparent les dossiers relatifs aux assignations ou nominations.

1.5 *Coordonnatrices de la pastorale d'ensemble.* Quelques femmes assument la coordination des services pastoraux. Elles collaborent à la nomination des agents pastoraux, clercs et laïcs. À noter que cette fonction varie selon les diocèses.

Quelques-unes participent au Conseil épiscopal ou à l'organisme qui en tient lieu, elles sont impliquées dans le processus de prise de décision pour l'ensemble du diocèse.

1.6 *Directrices de services diocésains.* Elles sont responsables de dossiers spécifiques : éducation de la foi, pastorale familiale, pastorale sociale, pastorale jeunesse, initiation sacramentelle, liturgie, etc.

1.7 *Présidentes ou animatrices de zones pastorales.* Leur travail en est un de planification, d'animation et de concertation. Ces postes présentent des aspects différents selon les diocèses.

1.8 *Autres postes de direction* : embauche et gestion du personnel, coordination d'activités, administration financière, politique d'édition, mise

---

1. Rôle du chancelier : selon le can. 482, les chanceliers gardent les papiers, contre-signent ce qui a été décidé par l'évêque pour que certaines décisions aient force de loi. Au Canada, en pratique, ça dépasse souvent le simple rôle inscrit au *Code de Droit canonique*.

en marché, marketing, direction de revues d'informations ou de formation religieuse, direction de maisons d'édition de livres religieux, etc.

Bref : Ces femmes se disent souvent à des postes-clés de service et même d'influence des personnes en autorité. Sur les femmes interviewées près de 60 % ont une fonction de gestion ou de participation au gouvernement paroissial, diocésain, des communications, des services divers de formation ou de pastorale sociale, et près d'une quarantaine mentionnent occuper des postes de direction.

2. FONCTIONS RELIÉES AU MINISTÈRE DE LA PAROLE

Nous classons ces fonctions d'*enseignement* selon deux catégories :

2.1 Prédication :

Des femmes prononcent des homélies régulièrement ou en certaines circonstances spéciales (plus d'une trentaine sur deux cent ont mentionné cette activité).

Quelques-unes insistent pour dire qu'elles préparent les homélies avec une équipe, d'autres favorisent des homélies « participatives ».

Plus d'une dizaine ont déjà animé des retraites paroissiales.

2.2 Formation catéchétique et/ou enseignement de la théologie :

- quelques-unes enseignent la théologie ou les sciences pastorales dans une université.
- plusieurs enseignent au niveau de l'éducation de la foi des adultes, donnent des cours de Bible, de liturgie, de pastorale, assurent la catéchèse aux enfants ou la catéchèse sacramentelle aux parents.
- plusieurs participent à la formation de multiplicateurs et de multiplicatrices capables d'animer les communautés chrétiennes et de prendre en charge certaines fonctions.

Au moins 50 % des répondantes ont mentionné leur implication dans ce domaine de la pastorale.

3. SERVICES CARITATIFS[2]

Nombre de femmes ont mentionné divers engagements davantage en lien avec une pastorale sociale :

_____

2. Ce terme englobe diverses fonctions reliées davantage aux œuvres

- animatrices de pastorale hospitalière (C.H., C.A.)
- animatrices de pastorale dans des prisons
- intervenantes ou directrices de maisons d'hébergement pour des femmes ou pour des sans-abri
- pastorale auprès des jeunes
- pastorale auprès des divorcés
- pastorale auprès des familles monoparentales
- travail auprès d'organismes populaires
- engagements et prises de position en faveur des plus petits, des démunis
- implication auprès des pays du Tiers-Monde
- humanisation et promotion des valeurs
- conscientisation du milieu aux droits humains

Près de 40 % des interviewées ont mentionné œuvrer dans ces secteurs à plein temps ou à temps partiel.

4. SERVICES LITURGIQUES

- animation de rassemblements liturgiques (ADAP ou ADALE), de célébrations de la Parole, de rencontres de prière
- présidence ou participation à des célébrations œcuméniques
- responsabilité de la préparation des liturgies dominicales et autres : exposition du Saint-Sacrement, imposition des cendres, célébration des baptêmes, coanimation des célébrations du pardon
- ministère de la communion : malades, personnes âgées, lors des célébrations eucharistiques.

Près de 25 % des répondantes ont mentionné leur participation à des activités liturgiques.

5. PASTORALE DE L'ACCOMPAGNEMENT SPIRITUEL

Le spécifique de ces accompagnatrices est d'accueillir le vécu, de ne pas juger, mais d'aider les personnes à s'accueillir et à accueillir Dieu dans leur vie. L'écoute active et le respect du cheminement des personnes au plan humain et spirituel reviennent constamment comme approche.

---

humanitaires, mais assumées par des répondantes engagées dans un travail pastoral.

C'est lors de ces rencontres de « direction humaine et spirituelle » que des femmes se voient demander l'absolution.

- accompagnement des mourants, des couples en difficultés, des divorcés remariés, des personnes séparées, des prisonniers, des malades
- counselling pastoral des familles ou relation d'aide
- croissance ou groupes de cheminement de foi et d'intégration spirituelle
- accompagnement des futurs agents et agentes de pastorale (clercs ou laïques).

Certaines femmes exercent cette pratique comme fonction principale (environ 7%) alors que plusieurs autres le font occasionnellement sur demande ou parce qu'elles en voient la nécessité.

6. PASTORALE SACRAMENTELLE

Dans leurs tâches d'animation pastorale en paroisse et au diocèse, les femmes sont très souvent :

- responsables auprès des parents et/ou des jeunes pour les sacrements d'initiation et pour celui de la réconciliation.
- formatrices ou coordonnatrices des responsables de l'initiation sacramentelle
- ministres du baptême, de la communion.

Près de 80 % des répondantes travaillent dans l'un ou l'autre de ces domaines où elles font surtout de l'animation.

TABLE DES MATIÈRES

AVANT-PROPOS 5

CHAPITRE 1 :
UNE AUTRE RECHERCHE SUR LES FEMMES 9

CHAPITRE 2 :
PAROLES ET PRATIQUES DE FEMMES CROYANTES 23

    Les femmes engagées en Église et leurs relations 25

    Les femmes engagées en Église et leurs pratiques 40

    Les femmes engagées en Église
    et le contexte socioreligieux actuel 58

    Les femmes engagées en Église :
    leurs rêves et visées d'avenir 68

CHAPITRE 3 :
PROFILS ET CONFIGURATIONS D'ENSEMBLE 87

    Profil en déplacement 89

    Profil d'assimilation 103

    Profil d'opposition 112

    Profil de rupture 122

    Profil de transformation 133

CHAPITRE 4 : ʌ
ÉMERGENCE D'UNE VISION THÉOLOGIQUE 151

L'appel : mystère de l'initiative divine
et vocation ministérielle 153

L'acculturation : le mouvement de la mission 172

L'interdépendance : une Église en passage 187

CHAPITRE 5 :
**LA RÉCEPTION, UNE CLÉ D'INTERPRÉTATION
DES PRATIQUES PASTORALES DES FEMMES**.......... 201

Le déploiement du concept de réception 203

Le fonctionnement inversé de la réception :
le défi de la confrontation 214

CHAPITRE 6 : ✕
DES ENJEUX POUR L'ACTION 223

Enjeu ministériel 224

Enjeu missionnaire 233

Enjeu communionnel 238

Enjeu institutionnel 243

CONCLUSION 249

ANNEXE I 253

ANNEXE II 255

Achevé d'imprimer
en juin 1995
sur les presses de
Imprimerie Métrolitho

Imprimé au Canada — Printed in Canada